中国文化遗产保护新论

李颖科 著

科学出版社

北京

内 容 简 介

　　本书立足中国文化遗产特性和中国传统的审美崇尚与价值取向，紧扣文化遗产在经济社会现代性发展过程中的价值和意义，客观审视划分中国文化遗产保护思想与实践发展演变历程；对当前中国文化遗产保护存在的主要问题及原因作出与学界完全不同的学术思考与认知；创新性研究提出中国特色文化遗产保护发展理念；重构当代中国文化遗产保护发展原则；全面系统地厘定出中国文化遗产保护发展的目的、任务及路径选择，并进一步阐释论证了新时代保护发展文化遗产肩负的历史使命与职责担当。

　　本书适合文化遗产研究者、保护管理者，专业院校学生和文化遗产爱好者参考阅读。

图书在版编目（CIP）数据

　　中国文化遗产保护新论 / 李颖科著. —北京：科学出版社，2023.5
　　ISBN 978-7-03-075551-3

　　Ⅰ．①中… Ⅱ．①李… Ⅲ．①文化遗产—保护—概论—中国
Ⅳ．① K203

　　中国国家版本馆 CIP 数据核字（2023）第086201号

责任编辑：赵　越 / 责任校对：邹慧卿
责任印制：吴兆东 / 封面设计：金舵手世纪

科 学 出 版 社 出版
北京东黄城根北街 16 号
邮政编码：100717
http://www.sciencep.com
北京厚诚则铭印刷科技有限公司印刷
科学出版社发行　各地新华书店经销

*

2023年5月第 一 版　开本：880×1230　1/32
2024年10月第二次印刷　印张：8
字数：200 000
定价：168.00 元
（如有印装质量问题，我社负责调换）

自序　重新认识定位中国文化遗产保护与发展

　　1979年9月，我考入西北大学历史系考古专业读本科。也正是从那时起，我与文化遗产保护工作结下了不解之缘。1997年6月，我调离学习、工作长达18年之久的西北大学，到西安市文物局从事文物保护管理工作。众所周知，西安作为世界四大古都和世界著名历史文化名城，有着3100年建城史、1100年建都史，拥有极其丰厚的文化遗产，是名副其实的"文物大市"。西安的文化遗产种类多、数量大、价值高，这也是广为西安人津津乐道和引以为豪的优势所在。不过，需要指出的是，西安的文化遗产保护工作任务重、难度大，特别是像周沣镐、秦阿房宫、汉长安城、唐大明宫"四大遗址"，占地108平方千米，保护难度极大。在20世纪末前后，西安经常有古遗址、古墓葬遭到破坏的新闻见诸电视、报端。比如，就大明宫遗址来说，部分残留宫墙坐落在农家后院里，农民养猪时常挖掉宫墙用以垫衬猪圈，或者建造房屋用宫墙回填夯筑庄基，使遗址遭到严重破坏，曾一度成为社会和舆论关注的焦点。我清楚地记得，2002年下半年的一天，西安市文物局专门从北京邀请了两位文物保护专家来西安研究商讨保护对策。两位专家到大明宫遗址现场查看后开出的"药方"是：文物价值很高，必须原封不动保护好。我当时陪同考察，暗自思忖：宫墙位于农家院落，文物保护工作者前脚离开，农民为了生存可随即挖掉它。另外，究竟是保护文物重要，还是农民的生存生计重要？这不禁使人联想到汉长安城遗址区内的老百姓为什么把"汉城"叫作"害城"。汉长安城遗址占地36平方千米，一方面，由于保护范围内受建筑高度限制，居民不能修建厂房从事工业或作坊生产；另一方面，出于地下遗址保护的需求，居民又无法在地上种植经济作物或进行渔业养殖等，致使遗址保护区内城镇居民的生活状况得不到有效改善，有些人甚至对文物保护产生抵触、怨恨情绪。可以肯定地说，这种情况尽管发生在西安，但在当时却是全国一种普遍现象。

在亲身经历了文化遗产保护之"难"，切身体悟城镇居民生存发展需求的过程中，我反复思考一个问题：究竟怎样才能既有效保护好文化遗产，又能满足遗产地居民生存发展需求？诚然，文化遗产遭受损害，保护效果不佳，这与政府投入保护的人力、物力、财力不足和人民群众对保护文化遗产的重要性认识不到位有关，但不能说与保守的文化遗产保护理念无关。我们常说，理念决定思路，思路决定出路，就是这个道理。20世纪80年代中期以来，由于受西方文化遗产保护理念的影响和制约，我国文化遗产界流行着一种"保存现状""原封不动"的文化遗产保护观念。我们知道，国际文化遗产保护交流与合作所强调的保护理念是以《威尼斯宪章》等一系列文件精神为原则。而《威尼斯宪章》主要是依托西方石质建筑结构及西方民族的审美崇尚、价值取向形成的"原真性"保护理念与实践规范。就文化遗产的特性来说，西方国家的古建筑基本上是石质结构，不易破损，保存时间长。如古希腊、古罗马时期的一些神庙、宫殿，虽历经数千年风雨剥蚀，但其主体轮廓仍然保存至今。中国则不然，大部分古建筑都是土木、砖木结构，易破损，保存时间短，如果不积极主动地采取有效措施加以保护，许多文化遗产将遭到人为或自然破坏，以致渐渐消亡。在我国历史上，前人在维修保护文物古迹时，都程度不等地根据文物古迹本身土木、砖木结构耐

久性差的特点，采取积极有效的创新措施实施保护，从而使许多重要的
文化遗产得以保存至今。唐代大雁塔之所以能够饱经1300多年的风雨
侵蚀，至今仍巍然耸立在古都西安，一个很重要的原因是明代维修保
护时在其外围加固了一层60厘米厚的砖。再就审美崇尚与价值取向来
看，一方面，中西方的审美崇尚源自不同的标准。中国人的审美倾向在
于"美即是善"，核心思想是"尚善"。而西方认为"美是和谐与比例"，
核心思想在于"求真"。以善为美的具体内涵是重教化、尚伦理；而以
真为美的具体内涵是重科学、尚真诚。以建筑遗产为例，中国古建筑
无论从宫廷到官府还是民宅、寺庙，基本呈现以"主体居中、轴线对
称、序列递进"的水平铺陈排列形态，凸显不偏不倚的中庸之道，这种
建筑形态承载着我国古代"宗法观念和封建礼制，建筑集合群是一个封
闭内向系统，映衬着规范明确、等级森严的宗法礼制，开间、色彩、装
饰囿于严格的礼制等级，受宗法守旧思想的影响，一直沿用木构框架体
系。而以古希腊建筑为代表的西方建筑，突出单体建筑，布局也不刻意
追求对称，反而突出差异与不规则性，建筑整体简洁朴素①。"影响遍
及世界的"希腊古典柱式"，堪称古希腊哲学美学思想的集中体现，它
是数、比例、人体美的凝集，强调各个部件和谐地组合。再如古希腊的
帕台农神庙，其正面的高与宽完全按照黄金分割定律而设计，体现了整
个西方古建筑重视立面形象的设计构思，是重视几何概念和各比例关系
和谐的结果。不同的审美崇尚形成不同的文化遗产保护理念：中国人更
注重意义的传承，西方人则更注重信息的可读。另一方面，中西方的价
值取向侧重不同的哲学思想。中国传统文化重和谐、包容，主张天人合
一，顺其自然，强调曲线与含蓄美，尚悟性，表现内向；而西方文化重

---

①　刘天华：《文化传统和建筑学——简论中西方建筑差异之原因》，《上海社
会科学院学术季刊》1986年第1期。

对立、斗争，主张征服自然，提倡竞争扩张、优胜劣汰，强调规模与平直性，尚理性，表现外向。以园林为例，东方建筑讲求意境，特别重视人居与环境的统一，讲究风水，在小小的庭院中融入微缩的山水意境，也融入了崇尚自由、崇尚自然的精神，园林布局、立意、选景皆强调虚实结合、文质相符，或追求自然景致，或钟情田园山水，或曲意寄情托志。人工的建筑与空间场所常常是意境的点睛之笔，对于建筑与空间场所的重建，就是意境的重现。历史上的重要景观建筑多次损毁后多次重修重建，即源于对意境和精神境界的不懈追求。如《岳阳楼记》所记载："政通人和，百废俱兴。乃重修岳阳楼，增其旧制，刻唐贤今人诗赋于其上。"①每一次岳阳楼的重修就是"先天下之忧而忧，后天下之乐而乐"的精神延续。而西方园林则以平直、匀称和规模宏大、气势雄伟为美，如开阔平坦的大草坪、巨大的露天运动场以及宏伟壮丽的高层建筑等皆是强调体现几何图形的分析性，而平直、空阔、外露等无疑都是深蕴其中的重要特点，其几何式园林则体现了天人对立、天人相分的思维和精神理念。每座建筑都是一个独立、封闭的个体，常常有着巨大的体量和超然的尺度，远远超出了实际需要，重在表现一种理念，赋予建筑向上与向四周扩张的性格，在某种意义上，它反映了西方人征服自然的外向、进取的行为模式与价值取向。在两种不同哲学思想的引导下，中国人更注重整体的和谐，西方人则更看重个体的精确。

正是由于受上述西方石质建筑结构特性及审美崇尚、价值取向的影响，《威尼斯宪章》提出"原真性"保护理念与实践规范。这一套关于保护文物建筑及历史遗址、遗迹的国际主流原则，虽有其足够的权威性和广泛的适应性，但正如该宪章的前言所说"每个国家有义务根据自己

---

① 范仲淹：《岳阳楼记》，《范仲淹全集》（第一册卷八），中华书局，2020年，第164页。

的文化和传统运用这些原则"一样，它不是一剂万能的灵丹妙药。换言之，无论就人类文化发展的客观规律，还是就不同地域文化不同民族的遗产特性，抑或不同国家、民族的审美崇尚、价值取向来看，《威尼斯宪章》都在很大程度上"水土不服"，存在着进一步完善的空间。为此，世界各国纷纷探讨适合本国的文化遗产保护发展理念，对国际普遍遵循的保护原则展开"本土释义"，提出原真性应该尊重各地区不同建筑背景与民族、文化差异。1972年11月联合国教科文组织通过的《保护世界文化和遗产公约》，1977年12月在利马提出的《马丘比丘宪章》，1994年12月在日本古都奈良会议上通过的《奈良文件》，1999年3月在美国得克萨斯州圣安东尼奥通过的《圣安东尼奥宣言》和2005年10月在中国西安通过的《西安宣言》，都是对《威尼斯宪章》的补充和发展。

　　中国作为一个享誉世界的文明古国，拥有独特而丰富的历史文化遗产，如何对中国文化遗产进行保护、保存、利用和传承发展是一项重要的时代课题，同时也是做好人类文化遗产保护发展工作的重要组成部分。长期以来，在中国文化遗产保护发展中，由于受西方文化遗产保护理念的束缚，或是由于对此理念理解上的偏差和教条移植，以"原真性"保护为圭臬，形成"保存现状""原封不动"这一消极、被动的保护思想。至少到目前为止，我们尚未形成符合自身文化遗产特性、文化发展客观规律和遵从中国传统审美崇尚、价值取向的保护发展理念。在相当大的程度上，人们总是用西方的思想理论、学术观点、原理、概念来对待中国文化遗产保护发展，往往使遗产保护发展与实际要求产生出入，其结果既使大量理应得到有效保护的文化遗产没有得到很好保护，又使一些不应损毁的文化遗产遭到破坏甚至消亡，文化遗产的文化、社会、经济价值没有得到充分彰显，可持续发展也受到严重影响。比如，位于陕西省扶风县的法门寺塔，由于受1976年8月四川松潘大地震影响，塔体西南面第二层砌砖粉碎跌落，塔身向西南严重倾倒。此后，塔身又接连出现裂缝和垮塌。对此有关部门迟迟未采取任何抢救性措施加以保护。到1981年9月，塔顶自行跌落，东北部轰然倒塌。1986年将倒塌残缺的部分清理拆除。1988年按照明代十三级八角形砖塔样式建成今所见钢筋混凝土结构法门寺塔。再比如，山西应县木塔，近千年来，历经风雨、地震、战争，已扭曲变形。20世纪90年代初，木塔修缮即正式立项，但直至今日，长达30多年过去了，修缮方案尚未"出笼"，以致有人呼吁，别让"病歪歪"的应县木塔在"议而不决"中倒掉①。

不唯古建筑，对大遗址的保护也是如此。如对汉长安城遗址的保护，在十几年前，除用铁栏杆把残留在地面上的"残垣断壁"和宫殿建筑的夯土台基围护起来以外，再无任何保护措施。可想而知，这既不能阻挡人为的破坏，也无法抵御风吹雨淋的自然侵蚀。有感于此，我在2003年以《对当代文物保护观念的质疑》②为题撰写一文，对当时"保存现状""原封不动"的文化遗产保护理念质疑。鉴于此文篇幅不长，为如实说明我当时的学术观点，兹将原文照录于下：

　　中国作为一个有五千年文明史的国家，地上地下保存着极其丰厚的文物古迹。保护好这些文物古迹是当代国人义不容辞的责任和神圣使命。正因如此，从国家到地方先后制定了一系列有关法律、法规和措施，文物保护工作取得了令人

---

① 《别让"病歪歪"的应县木塔在议而不决中倒掉》，《新华每日电讯》2020年10月19日（http://www.xinhuanet.com/local/2020-10/19/c_1126627347.htm）。

② 见拙文《对当代文物保护观念的质疑》，《新世纪西安历史文化名城保护与发展论文集》，陕西人民出版社，2003年，第189～192页。

瞩目的成就。然而，令人遗憾的是，在当今文物界流行一种"保存现状""原封不动"的文物保护观念，尤其是这一观念成为古建筑、古遗址等文物古迹维修保护的紧箍咒，在很大程度上制约着我国文物保护事业的发展，使一些不应损毁的文物古迹遭到破坏甚至消亡，给文物保护工作造成不必要的损失。笔者不揣浅陋，拟对上述文物保护观念质疑，求教于方家同仁。

一、"保存现状""原封不动"的文物保护观念有悖于中国文物的特性

"保存现状""原封不动"的文物保护观念，在很大程度上是受国外特别是西方国家的影响。我们知道，西方国家的古建筑基本上是石质结构，不易破损，保存时间长，如古希腊、古罗马时期的一些神庙、宫殿，虽经数千年风雨剥蚀，但其主体结构、基本轮廓依然保存至今。所以，西方国家的一些专家学者自然而然地提出"保存现状""原封不动"的保护观念。中国则不然，大部分古建筑都是土木结构，易破损，保存时间短，如果一味教条地按照"保存现状""原封不动"的观念来进行保护，必然违背中国文物古迹的特性，势必造成一个严重的恶果，即一些完全可以保存下来的文物古迹不是遭到人为或者自然破坏，就是彻底消亡。例如，位于今西安市西北郊的汉长安城遗址，是全国重点文物保护单位，经过近两千年自然和人为的破坏，今天只留下来部分城墙的残垣断壁和一些宫殿建筑的夯土台基。可想而知，如果继续按照"保存现状""原封不动"的观念和原则对汉长安城遗址实施保护，那么在不久的

将来，汉长安城遗址将荡然无存。

二、"保存现状""原封不动"的文物保护观念违背了文化发展的客观规律

文化的发展是一个扬弃和创新的过程，每一个时代的文化总是在继承前一时代文化的精华并剔除其糟粕，同时再融入本时代新的文化成分而不断加以创新发展起来的。没有对以前文化的继承，文化的发展就没有根基。与之相应，只是一味地继承，而不融入新时代新的文化因素，不加以创新，文化的发展只能是一种毫无生机、毫无价值的僵死的重复。文物作为文化的物化表现，其发展也必然是一个扬弃和创新的过程。比如就可移动文物本身的形制而言，无论是青铜器、瓷器、陶器，还是金银器、玉器等，一个时代的器物形制总是在继承前一时代优点特长的同时不断加以创新而发展的；就不可移动文物来说，一幢古建筑或是一座古塔，其外在形式和风格也是在继承和创新的过程中发展变化的。

文物古迹本身的发展是如此，相应地对文物古迹的保护也应如此。换言之，对任何一种文物古迹的维修保护，应根据其本身的特性及现存的实际情况，采取局部和整体加固措施，特殊情况下，为了使其更好、更长久地留存于世，也可改变其原有结构或材质加以维修保护，而不能教条地恪守"保存现状""原封不动"的所谓维修保护原则，否则，不是能够留存下来的文物古迹将灭绝于世，就是能够较长久留存于世的文物古迹将在较短的时间荡然无存。这绝非无病呻吟或危言耸听，前人保护文物古迹的举措早已证明了这一点。众所周知，唐代

大雁塔之所以能够饱经1300多年的风风雨雨至今仍旧巍然耸立在古城西安，就在于明代维修保护时在其外围加固了一层砖。不难想象，如果明人维修保护大雁塔时完全采用我们今天"保存现状""原封不动"的做法，那么我们后人将无缘看到大雁塔这一古塔杰作。再比如，20世纪80年代初，如果没有西安市委、市政府和广大市民齐心协力对西安明城墙的大规模维修保护，那么保存至今的明城墙的残破景象将是不言而喻的。事实上，在我国历史上，前人在维修保护许许多多文物古迹时，都程度不等地根据文物古迹本身的特性和当时的实际情况，采取积极有益的创新措施实施保护，从而使许多重要的文物古迹得以保存至今，而且还将继续保存下去。

三、"保存现状""原封不动"的文物保护观念割裂了主体与客体的联系，是一种消极、被动的做法

从主体和客体的联系，尤其是主体对客体的能动性角度来说，"保存现状""原封不动"的文物保护观念只强调作为客体的文物古迹的自然属性，而忽略了作为主体的文物保护者的主观能动性，严重割裂了客体与主体的联系，使文物古迹与文物保护者处于相互隔绝、彼此孤立的状态，文物保护者只能眼巴巴地看着文物古迹一天天地遭受风吹雨淋、自然风化和人为的破坏而垂手而立，无所作为，始终处于消极被动的地位，就如同父母眼看着心爱的儿子被人痛打而不能解救一样，人为地延误或丧失了制止恶果出现的有利时机，这不能不说是一种极其消极、被动的做法。

综上所述，无论从中国文物的特性，还是中国文化发展的

规律，或者就哲学角度上主体与客体的关系方面来看，"保存现状""原封不动"的文物保护观念是一种消极、被动的思想观念，严重地讲，是一种不负责任的态度，它已经且正在而且还将继续给我国的文物保护事业造成不良影响和危害。笔者吁请各级文物管理部门和有关文物考古专家及广大文物保护工作者，应彻底改变这种有害无益的思想观念，根据我国文物的特性和现存实际情况，采取灵活多样的保护措施，真正肩负起继承和弘扬我国优秀历史文化遗产的神圣使命和历史责任。

我承认，我的上述观点，可能会让人，特别是文化遗产界的有些专家学者感到不适，但我还是要继续坚持我的学术认知，正如意大利诗人但丁所说，走自己的路，让别人去说吧。我坚信，正确与错误总是会在时间与实践中得到检验证明的。

在任何时候任何情况下，一种约定俗成或被大多数人认可的思想观念，对人、社会的影响都是巨大而深远的，而每当此时，个人的力量总会显得很单薄。唐大明宫遗址保护工程的实施正说明这一点。唐大明宫是我国唐朝重要的文化和政治中心，曾造就出令人称赞的大唐盛世。早在1961年，大明宫遗址就被国务院列入第一批全国重点文物保护单位名录。长期以来，遗址保护现状和周边环境不佳，南部含元殿遗址以南为市区叠压区，人口稠密；东部有大面积临时性建筑，城市建筑垃圾和生活垃圾大量涌入其中。存在的主要问题是：遗址区内人员组成复杂，工人和无业者居多；居住环境差，房屋面积大，光线阴暗，结构简陋，供气供热设施基本没有；治安条件恶劣，由于流动人口较多，管理不便，打架、斗殴时有发生；交通状况差，路面较窄且人车混流；环境污染严重，生活垃圾堆放在路边简陋的公共垃圾站，取暖期燃煤对空气造成污染；生活服务设施短缺，幼儿园和医疗诊所等级较低。很难想象这是西安这个特大城市二环以内近10万居民的居住区。针对这些长期困扰大明宫遗址区的尖锐问题，从2007年10月开始，西安市政府经过多方规划、论证，创新性地开展了遗址保护与利用工作：首先是整体完整保护，把遗址本体和周边环境共同纳入保护范围之内。大明宫遗址占地3.5万平方千米，周边改造区域达12.76平方千米，实行了整体保护。同时，借用现代科学技术，对夯土层进行修复，在保护遗产完整性和真实性的基础上确保传承。其次是直观、形象地展示，如建设独特的东方古建筑遗址地标性标识——紫宸殿、含耀门等。同时，在科学研究的基础上，建设再现大明宫风貌的微缩景观。再次是深挖遗产文化内涵，发展遗产创意产业，如建设集考古、科研、科普、游艺和旅游于一体的大明宫国家考古遗址公园考古探索中心。根据史料记载，利用多媒体系统展示拍摄MAX 3D电影《大明宫传奇》和环幕电影《飞跃大明宫》，不仅延伸了遗产自身潜在价值，而且成为现代创意创业的动力源泉。以上这些保护展示手段，既有国际大遗址保护的先进经验，更具有东方大遗址保护的智慧。直接效果是，长期困扰遗址保护的老大难问题终于取得了永久的解决，昔日拥挤、密集覆盖遗址的城中村棚户区被拆除，堆积如山的垃圾被清理，遗址区和城市建设区与生活区成功剥离开来，遗址区内的老百姓住进了窗明几净的新居，城市面貌得到极大改善，真正地造福了当地百姓。

然而，令人百思不得其解的是，这种既有效保护文化遗产本体、优化周边环境，又大幅提升人民群众幸福指数的好方法、好模式，却遭到有些专家学者及媒体的质疑和责难，毫不夸张地说，当时全国各大主流媒体蜂拥而上，负面报道铺天盖地。尤其是有些批评相当尖锐，如"120亿元的投资让这个具有重大考古价值的文化遗址变成了迪士尼式的游乐园""这种做法违反了文物保护原则，也违反了文物保护法的规定"，"大明宫建设方式违背了国家遗址公园的初衷，是错误的"①。

面对如此尖锐、严厉的批评，在当时的西安乃至陕西，没有一家媒体，也没有任何一个组织或个人做出一星半点的正向回应或反向诘问，声名远播的文物大市、文物大省，出奇地沉默和平静。那时，我已调离西安市文物局，在《西安日报》《西安晚报》社担任总编辑。出于自己所学专业和研究兴趣之所在，再加上曾经的文物保护工作经历，我主持策划了以"东方文化遗产保护的典范"为主题的专题报道，于2010年12月9日至2011年11月5日间分四期在《西安日报》和《西安晚报》同时刊出，每期一个整版，由一篇言论和两篇报道（西安文化遗产保护典型案例）组成，介绍和评论西安在文化遗产保护方面的理念、思路、举措和成效。第一、二期的言论由我撰写。当时，我认为，从根本上讲，对大明宫遗址保护模式的非议，在很大程度上是"保存现状""原封不动"的文化遗产保护观念在"作怪"。遂延续上文所及《对当代文物保护观念的质疑》一文的学术思考，立足大明宫遗址和西安其他文化遗产保护实践，以《东方文化遗产保护的典范》②为题为第一期报道撰写了3000多字的言论，通过从文化遗产特性、传统审美崇尚和价值取向、时代发展内涵三个方面进行论证，指出：

　　一方面，从理论层面来说，西安文化遗产保护实践符合我国文化遗产特性，遵从我国传统审美崇尚与价值取向，体现出发展的时代内涵。另一方面，从实际效果而言，西安文化遗产保护实践有效保护了遗址本体，优化了遗址周边环境；

---

① 《失去历史 你会不会恐慌——警惕文物保护背后的地产冲动》，《人民日报》2010年10月22日。

② 见拙文《东方文化遗产保护的典范》，《西安晚报》2010年12月9日。

有效传承了遗址的历史文化信息，展现了遗址的教育价值；有效提高了遗址区居民的生活质量，增强了幸福指数。应该说，这是一种成功的实践模式，是我国乃至东方文化遗产保护的典范。

也许是时间上的巧合，在将近一个月时间里四个整版的专题报道刊出之后不久，《人民日报》、中央电视台等多家国家主流媒体通过采访国内有关文化遗产保护、经济学、社会学等领域有代表性的专家学者，对大明宫遗址保护模式给予充分肯定和赞誉，称赞大明宫遗址保护为"东方文化遗产保护的典范"。

多年来，通过理论上对文化遗产保护理念、思路的不断思考和实践层面对保护路径、举措及成效的探索与追问，我切身感受到，符合文化遗产特性和文化发展规律是文化遗产保护发展的前提和基础，发挥人的主观能动作用是文化遗产保护发展的动力和支撑，遵从传统审美崇尚与价值取向是文化遗产保护发展的立场和原则，传承民族文化和促进经济社会发展是文化遗产保护发展的宗旨和目标。据此，我认为，在新的历史时期，需要重新认识定位中国文化遗产保护与发展。我的整体思路与研究理路是：回首过往——直面问题——构建理念——确立原则——提出对策——明确目标——谋划发展——肩负使命。贯穿其中的一条主线是保护传承与发展创新。

第一，我打破传统的按朝代顺序划分历史阶段的做法，遵循文化遗产保护思想发展演变的轨迹，将中国文化遗产保护历程划分为三个历史阶段，即重道轻器的古物保护（先秦至唐以前）、注重象征意义与精神传承的文物保护（唐至20世纪80年代中期）和恪守"原真性"原则的文化遗产保护（20世纪80年代中期至今）。在前两个阶段，人们在"重道轻器"观念①和"抒情言志"审美情趣②的影响下，无论是什么形式的外在，传承文化遗产所蕴含的思想内涵、精神特质，始终是中国人保护文化遗产的重要目的。为达此目的，一代复一代，人们用"重修殿宇，再塑金身"的方法，不断维修、重建受损或被毁的文物古迹，像大雁塔、黄鹤楼、岳阳楼等名塔名楼，正是在被持续修复、重建中不断传承发展着中华民族的工匠精神、创造创新精神。到后一阶段，文化遗产界学人，特别是一些深受西方文化影响的专家，置中华文化特性、文化传统于不顾，一味移植照搬西方"原真性"保护原则，给中国文化遗产保护事业带来不必要的影响和损害，尤其是从保护人类文化多样性的角度来说，削弱了中国文化遗产保护在思想观念、方法手段上的特色与优势。

第二，我坚持以解决问题为导向，运用历史的、发展的观点，以文化遗产保护的实际成效和文化遗产资源促进经济社会发展的作用为标准，对中国文化遗产保护存在的主要问题及成因作出与学界完全不同的

---

① 《周易·系辞》云："形而上者谓之道，形而下者谓之器。"这一哲学命题塑造了中国传统文化"重道轻器"的思维定式。古人认为，"道"是客观物质世界中始终存在的规律，任何事物都要遵循"道"的模式发展。"器"是"道"在各种形态下的表现载体，可以随着外界的影响而发生改变。在这种观念中，人们更加关心历史的内在信息，而非其承载的模式。具体到古物保护中，决定了古人对精神性遗产的重视超过了对物质性遗产的重视。

② "抒情言志"是中国传统的重要的审美情趣，主要体现在文学艺术和绘画艺术之中。受此影响，中国艺术不像西方艺术那样重在"再现"，而是重在"表现"，对于文艺作品，人们不满足于追求客观物质的外在模拟与形似，而是要尽力表现出内心的情感志向，即注重写意传神，而不重视形似逼真。体现在文物保护中，人们更多关注和用心用力的是文化遗产的象征意义和蕴含其中的精神的传承。

研究与认知①，提出当前中国文化遗产保护存在的主要问题是：文化遗产受损严重、文化遗产保护与文化发展严重脱节、文化遗产价值没有得到充分彰显、文化遗产保护以人为本未能落到实处，并从缺乏中国特色文化遗产保护发展理念、注重保护传承轻视发展创新、忽视文化遗产的时代价值、忽略人在文化遗产保护中的地位与作用等方面剖析其原因所在。

第三，我立足中国文化遗产特性和中国传统审美崇尚与价值取向，遵循文化发展的客观规律和文化遗产的时代价值属性，按照新时代中国特色社会主义建设的实际需要，结合文化遗产保护存在的主要问题，运用创新发展思维考量文化遗产保护发展，研究提出中国特色文化遗产保护发展理念——保护与传承为主，发展与创新为要；保护与发展并重，传承与创新并举②。进而围绕这一理念，从保护、传承、发展、创新四个方面重构当代中国文化遗产保护发展原则，提出真实保护、有效保护、全面保护的保护原则；传承遗产智慧、传承遗产精神、传承遗产力量的传承原则；促进遗产发展、促进文化发展、促进经济发展的发展原则；创新遗产表现形式、创新遗产内容构成、创新遗产价值追求的创新原则③，力图真正走出一条新时代中国特色文化遗产保护发展新路子。

---

① 长期以来，学界对中国文化遗产保护存在问题多有研究，主要集中在保护意识薄弱、法律法规不够健全完善、保护管理体制不健全、专业人才匮乏、保护经费短缺、宣传教育工作不到位等。时至今日，讨论中国文化遗产保护存在问题依然在这些方面打转转。事实上，无论是用历史的、发展的观点来看，还是就新的历史时期对文化遗产事业的功能定位来说，以上这些已不是当前中国文化遗产保护存在的主要问题。（详见本书第二章第一节"主要问题"部分）

② 见拙文《中西方文化遗产保护理念辨析——兼论中国特色文化遗产保护发展理念的理论建构》，《中国文化遗产》2020年第1期。

③ 见拙文《中国文化遗产保护发展原则的当代重构》，《碑林集刊》（二十六），三秦出版社，2021年，第295～302页。

第四，按照上述文化遗产保护发展理念、原则，一方面，针对我国文化遗产界在对文化遗产保护的目的和任务的认知上存在的窄化或笼统化倾向，我依托文化遗产在经济、社会现代性发展过程中的价值和意义，研究提出文化遗产保护具有传承发展民族文化、服务国家战略需要、促进经济社会发展、铸牢民族共同体意识、增强国民创新能力、提升人民幸福指数的鲜明目的，并从整体保护、内涵挖掘、精神传承、功能重构、价值实现、制度再造六个方面比较系统全面地论述了实现这些目的需要完成的具体任务。另一方面，循此目的和任务，对新时代中国文化遗产保护发展作出提升品位、彰显内涵、强化特色的总体定位和突显优势、加强弱项、补齐短板的路径选择，努力实现构建体系、增强实力、惠泽民生的目标和愿景。在此基础上，立足新时代中国特色社会主义伟大实践的战略需要，从增强文化自觉、坚定文化自信，以文化人、培育和践行社会主义核心价值观，守正创新、繁荣发展社会主义文艺，参与全球治理、推动构建人类命运共同体四个方面阐释论证了保护发展文化遗产所肩负的历史使命与职责担当。

学术研究仁者见仁、智者见智。上所胪陈，是我多年来研究中国文化遗产保护发展的思考与见地。我十分清楚，无论是其中的研究理路，还是所得结论，在许多方面与学界主流观点格格不入，甚至会遭到有些专家学者的强烈反对。比如，我在本书中反复强调既要保护传承文化遗产，更要发展和创造未来文化遗产，而文化遗产界多数学者认为，文化遗产是指前人创造并遗留下来的文化资源，是不可再生的，发展文化遗产这一表述本身就是错误的。记得当年我发表《对当代文物保护观念的质疑》一文时，原定的题目是《对当代文物保护观念的批判》，在即将付梓时，编辑同志一再要求将"批判"两字改为"质疑"。这也足见传统的力量是何等强大！也正是因为受此困扰，多年来，我每次在有关文化遗产论坛上作主旨演讲或参加有关学术研讨会时，开场白总会说我是西北大学历史系考古专业毕业的，试图以科班出身为自己"正身"收"以正视听"之效。长期以来，无论是做人还是做学问，我始终坚持的一条是：不在乎别人怎么说，只注重自己怎么做。基于此，兹不揣浅陋，将自己的研究所得公之于世，并以《中国文化遗产保护新论》名之，是邪非邪？听由学界同仁和广大文化遗产爱好者论评匡正。是为序。

李颖科

2022年10月于古都西安

目　录

第一章　回首过往：中国文化遗产保护思想与实践的审视

与中华民族悠久的文明史一样，中国文化遗产保护也有着久远的历史。早在商周时期就有保护文化遗物的理念意识和行为习惯，当时皇室、贵族宗庙内"多名器重宝"，已保存着为数不少的青铜器、玉器等前朝遗物。商周以降，伴随着经济社会的发展和文明的进步，文化遗产保护经历了一个由古物保护到文物保护再到文化遗产保护的发展历程。如果因循文化遗产保护思想发展演变的轨迹，这一历程可分为三个特色鲜明的历史阶段，即重道轻器的古物保护（先秦至唐以前）、注重象征意义与精神传承的文物保护（唐至20世纪80年代中期）和恪守"原真性"原则的文化遗产保护（20世纪80年代中期至今）。

第一节　重"道"轻"器"的古物保护

一、传统文化中的"道""器"思想

"道"与"器"是中国传统文化中的重要哲学范畴。"道"最早是

由老子提出来的，他说："道可道，非常道；名可名，非常名。"①又说："道生一，一生二，二生三，三生万物。"②在老子看来，"道"是宇宙的本源，是先天地之生的万物本原，或一切事物永恒规律的代表，是一种无形的、抽象的、本质的精神观念与思想存在，没有任何万物可以先于"道"而存在，"道"也不会因万物的影响而发生丝毫变化。与"道"相对的是"器"，是指有形的存在，各种派生的、有形或具体的事物，是"道"之载体。"器"也可以理解为器物，是有形的、具象的、感性的物或者事物。纵观老子的学说理论，与"道"相关的论述颇多，而对于"器"的范畴尚未明确，《老子》一书中的几处列举也只是借"器"论"道"。尽管老子并未明确提出"道"与"器"之间的关系，但从整体而言，其学说体系奠定了我国古代"道器观"的基础③。

"道"和"器"之间的关系最早见于《周易·系辞上》："形而上者谓之道，形而下者谓之器。"④这一朴素的道器观体现了古人对器物与人、器物与自然之间关系的认真思考。此后，关于道器问题的讨论都是在《周易·系辞》的基础上展开的。儒家学派关于道器关系的讨论，涉及道器体用关系、道器形上形下之分以及与此相关的问题，其中既有事物及其规律的内容，亦有与此相通的一般与个别的关系问题，而最具代表性的是明末清初思想家王夫之对道器关系的认知。他认为，"形而上"与"形而下"之别是彰显之别，形统上下的观念，批判了程朱的"道离乎形器"的观点，提出"天下惟器""无其器则无道"以及道与器"统

① （春秋）老子：《老子》，一章。

② （春秋）老子：《老子》，四十二章。

③ 孟程程：《传统"道器观"及其当代启示》，《长春师范学院学报》2013年第5期。

④ 周振甫：《周易译注》，中华书局，1991年，第250页。

乎一形"的思想，无疑是中国古代哲学对这一问题认识的总结。

二、"重道轻器"思想与古物保护

在对道器关系讨论认知的过程中，以儒家、道家学派为代表主张"重道轻器"，至春秋战国时期形成"重道轻器"思想观念，并长期积淀渗透于中国传统文化的各个方面。在这里，"道"是一种无形的、抽象的、本质的精神观念与思想存在；"器"则是一种有形的、具象的、感性的人为事物。所谓"重道轻器"，就是注重人伦道德，轻视科技发明和创造[①]。在儒家看来，"道"是万物与人性之本原，是治国理政之本，要"以道御器"，让器服从于道，服务于道。孔子明确主张"君子谋道不谋食"[②]，讲究"安贫乐道"，即使处在"一箪食，一瓢饮，在陋巷，人不知"[③]的境地，也不改其志，甚至强调求道是生命的意义与价值所在，"朝闻道，夕死可矣"[④]。循此，孔子的一贯思想是"君子不器"，表达了其心目中对"君子"的核心定位[⑤]。如果将《论语》中共出现六次的"器"的含义相联系，就会发现将这句话理解为"君子不谋器"更符合孔子的本意[⑥]。《论语》一书没有直接论述道与器的关系，只是通过列举来阐述孔子"重道轻器"思想。比如，孔子的学生樊迟向他请教"学

---

① 薛学共：《中国传统文化与马克思主义中国化》，湖南师范大学出版社，2010年，第141页。

② 杨伯峻：《论语译注》，中华书局，2006年，第190页。

③ 杨伯峻：《论语译注》，中华书局，2006年，第65页。

④ 杨伯峻：《论语译注》，中华书局，2006年，第40页。

⑤ 谌洪果：《所谓"君子不器"》，《民主与科学》2010年第5期。

⑥ 孟程程：《传统"道器观"及其当代启示》，《长春师范学院学报》2013年第5期。

稼""学圃"不仅没有得到答复，反而被孔子说成"小人哉，樊须也！"这是说作为"器"的稼圃之术不在君子所学之列，此可见孔子"重道轻器"思想之一斑。再说道家，在《庄子·天道》《庄子·知北游》《庄子·达生》中分别记载了斫轮①、铸剑②、操舟③三个历史故事，其中列举的工匠，在实际工作中均未突出"器"的作用，斫轮、铸剑、操舟显然都需要工具，但工匠们的注意力并不在器上，而是在自身技能所能达到之境界，亦即更关注"道"的修炼。这种"重道轻器"思想在《老子》中表现得更为突出，老子认为"人多利器，国家滋昏；人多技巧，奇物滋起"④，甚至提倡"使民复结绳而用之"⑤。当然这里并不是狭隘地提倡不使用工具，而是重在提倡"重道轻器"思想。

在"重道轻器"思想的影响下，传承古物中所包含的思想内涵成为中国人保护古物的主要目的，在这种"目的"的引导下，中国在古物保护上的态度呈现出与西方截然不同的一面。在西方，古希腊人出于对古代伟人的崇拜有意收集保存前人的遗物，他们甚至会打开墓穴收集那些被他们相信是古代英雄的遗物。在古埃及，人们认为诸神是在时间开始的时候以一种完美的方式创造了文明，而古器物与古建筑被认为是可以更接近神圣文明原型的模式受到保护与重视。在古罗马，人们看重古器物的艺术价值，并设法购买原作或精美的复制品。与此不同，中国传统

---

① （晋）郭象注，（唐）成玄英疏，曹础基、黄兰发校：《庄子注疏》，中华书局，2011年，第265～266页。

② （晋）郭象注，（唐）成玄英疏，曹础基、黄兰发校：《庄子注疏》，中华书局，2011年，第404～405页。

③ （晋）郭象注，（唐）成玄英疏，曹础基、黄兰发校：《庄子注疏》，中华书局，2011年，第346～348页。

④ （春秋）老子：《老子》，五十七章。

⑤ （春秋）老子：《老子》，八十章。

文化所理解的"器"非止于器，而是思想与知识的载体，保护古物，不能只满足于对器物形制特点的描述与欣赏，而要透过"器"观人睹事，正所谓目见以器，心怀以道，对精神性遗产的重视远超过对物质性遗产的重视。《左传·襄公二十四年》云："大上有立德，其次有立功，其次有立言。"[1] 这说明在先秦时期就已形成比较完整的"三不朽"思想。因为古人认为再好的古物、古建筑也会在岁月流逝中衰败，他们退而求其次，即通过保存历史信息来延续文化传统[2]。这也是为什么在中国古代，建筑物本身并不能体现不朽之精神，只有通过文字描述才能使其成为值得被保护的文化遗产[3]。据《论语·为政》记载，有一次，孔子弟子子张问孔子："十世可知也？"孔子回答："殷因于夏礼，所损益可知也。周因于殷礼，所损益可知也。"[4] 从这段话中可以看出孔子对遗产方面的思考，最明显的是对精神性遗产的重视超过了对物质性遗产的重视。孔子认为，礼仪制度的发展可以继承和创新，其外在形式可能变革，但其内在的精神实质不会改变，正所谓"立权度量、考文章、改正朔、易服色、殊徽号、异器械、别衣服，此其所得与民变革者也。其不可变革者则有矣，亲亲也，尊尊也，长长也，男女有别，此其不可与民变革者"[5]。这段话是在说，上到国家礼仪制度，下至民众衣食住行，都会随着时代的发展而发生改变，而融入人们日常认知中的长幼尊卑、男女之

---

① 杨伯峻：《春秋左传注》（修订版），中华书局，1990年，第1088页。

② 喻学才：《中国古代遗产保护传统的七大特征》，《旅游学研究》（第二辑），东南大学出版社，2007年，第231～234页。

③ 吴隽宇：《从东西方哲学思想探讨建筑文化遗产概念之差异》，《华中建筑》2011年第5期。

④ 杨伯峻：《论语译注》，中华书局，2006年，第22页。

⑤ （清）孙希旦撰，沈啸寰、王星贤校：《礼记集解》卷三四《大传第十六》，中华书局，1989年，第906～907页。

别等观念则会一直流传下去。"孔子这种对于内在性思想观念继承的观点，经汉代董仲舒的精心囊括，对于文化遗产保护观念在中国社会的产生和发展起到了潜移默化的影响。"① 的确，从先秦到唐以前，重道轻器思想始终影响左右着古物保护的理念与实践，对于古物，人们更加关心其承载的历史信息与精神内涵，而非其外在的形式与风格。也正是因为这一点，人们也就不难理解，汉高祖刘邦在灭掉秦朝后，萧何进入咸阳城的宫殿里并没有抢夺里面的金银珠宝，而是让人把保存文献的屋子封禁，将记载礼仪制度的文献典籍全部藏起来②。

如何看待"重道轻器"思想对中国古代古物保护理念与实践的影响？有学者指出，"重道轻器"思想持久地压抑着社会各阶层民众的积极性与创造性，严重地阻碍了人们对科技知识、自然规律的研究探索③。另有学者认为，"重道轻器"思想对古代造物设计造成了三个方面的不利影响：一是影响中国古代设计理论的建立，二是影响器物设计者的社会地位，三是影响造物设计的整体水平，对社会生产力的发展产生阻碍作用④。笔者认为，回首先秦至唐以前的古物保护历程，应客观理性地看待"重道轻器"思想对古物保护的影响。"重道轻器"作为中国古代一种很重要的哲学思想，影响着中国传统文化内涵特质及其发展走向，亦即形成中华民族特有的文化传统。在文化多样性的支配下，世界不同民族都有各自的文化传统。文化传统是一个民族、一个国家或一个地区世代沿袭下来的具有悠久历史的文化特质或文化模

---

① 刘霄霞：《中国古代遗产观下的文化遗产保护》，《卷宗》2019年第4期。

② 喻学才：《孔子的遗产观》，《华中建筑》2008年第4期。

③ 孟程程：《传统"道器观"及其当代启示》，《长春师范学院学报》2013年第5期。

④ 江建龙、蒋炜：《论"重道轻器"思想对中国古代造物设计的影响》，《美术教育研究》2010年第4期。

式。在文化传统的运行过程中，一定社会生活共同体中的人们形成相对
稳定的心理、艺术、道德、社会组织形式等方面的因素与特征，并渗
透在民族思维方式、审美情趣、风俗习惯之中，最终形成与文化传统
相契合的价值判断体系。在"重道轻器"哲学思想的作用下，中国传
统文化在总体上呈现出一种伦理本位的特征，以人为本，以礼乐教化
为本体的"道德人本主义"深刻影响着政治社会的方方面面，在对义
与利、身与名、社会与自然的关系上表现为重义轻利、重名轻身、重
人伦轻自然的价值取向。很显然，"重道轻器"的古物保护理念与实践
正是这种文化传统的折射，是中国传统文化内在特质的本真反映，因
此，就不能用简单地贴标签的方法予以正确与否的评判。更何况，"重
道轻器"的古物保护理念在今天仍然有着积极的借鉴意义。在当下的文
化遗产保护中，人们越来越强调传承弘扬遗产蕴含的内在精神，亦即
"道"，可是在许多地方、许多方面却表现出轻道重器现象，比如，我
国在评审和宣布第一批国家级非物质文化遗产名录时，把非遗分为十
大门类，包括民间文学、传统戏剧、传统手工技艺、传统医药、民俗
等。这种分类基于现有的学科分类，便于操作，在非遗保护初期具有
一定的现实意义，但却容易束缚人们的视野，使许多人单纯地从现有
学科的视角认识非遗，重视非遗之"器"，即实践工具、技术与实践形
式、产品，忽略了非遗之"道"，即实践工具、技术与实践形式、产品
背后的精神因素[①]。就此，我们可以这样认为，古代"重道轻器"的古
物保护思想对当代的文化遗产保护，至少在精神传承上具有积极的借鉴
意义。

---

① 宋俊华：《警惕非遗保护中重"器"轻"道"的倾向》，《决策探索》（下半
月）2013年第3期。

第二节　注重象征意义和精神传承的文物保护

在历史文献中，"文物"一词最早见于战国时期成书的《左传》。《左传·桓公二年》曾有记载："夫德，俭而有度，登降有数，文物以纪之，声明以发之。"①此处的"文"是指礼仪制度规定的各种纹饰图案，"物"则是礼仪活动中使用的各种器具。此后，多以"文物"指代礼乐典章制度和与典章制度相关的礼器、乐器，并进一步引申为前代的遗物。例如，《后汉书·南匈奴列传》记载"制衣裳，备文物"②，唐代刘禹锡《为裴相公进东封图状》一文中的"开元十三年，玄宗皇帝以天下太平，登封东岳，声明文物，振耀古今"③，宋代邵雍《五帝》诗中的"五帝之时似日中，声明文物正融融"④等，其中的"文物"都是指礼乐典章制度。而到了唐代，骆宾王《夕次旧吴》诗中的"文物俄迁谢，英灵有盛衰"⑤，杜牧《题宣州开元寺水阁阁下宛溪夹溪居人》诗中的"六朝文物草连空，天淡云闲今古同"⑥，以及韩愈《题杜工部坟》诗中的"有唐文物胜复全，名书史册俱才贤"⑦等，其中的"文物"已是指有历

---

① 杨伯峻：《春秋左传注》（修订版），中华书局，1990年，第89页。

② 《后汉书》卷八九《南匈奴列传》，中华书局，1965年，第2967页。

③ （唐）刘禹锡：《为裴相公进东封图状》，《全唐文》卷六〇三。

④ （宋）邵雍撰，郭彧整理：《伊川击壤集》卷一三《五帝》，中华书局，2013年，第202页。

⑤ （唐）骆宾王：《夕次旧吴》，《全唐诗》卷七九。

⑥ （唐）杜牧：《题宣州开元寺水阁阁下宛溪夹溪居人》，《全唐诗》卷五二二。

⑦ （唐）韩愈：《韩愈集》，《唐宋八大家全集》，国际文化出版公司，1996年，第408页。

史、艺术价值的前代遗物，其含义已接近现代所认识文物的概念。也正是在这个意义上，笔者认为，从唐代开始，中国进入了文物保护新的历史时期。

一、注重"写意"的艺术观念

每一个民族的文化艺术都必然要受到本民族哲学思想的引导和影响。在先秦诸子百家中，儒家的思想核心是以尊崇社会的道德精神为根本，其基于入世的仁学体系，关注人生，崇尚伦理，更注重艺术的教化功能。道家学说基于出世的哲学思想，主张使人的精神从一切实用的因果关系的束缚中超脱出来，追求理想的人格与精神上的自由，崇尚自然，更重视艺术的自由创造精神。魏晋时期，玄学作为老庄哲学的新形式，以追求内在的精神本体为时尚，在纵情山水中感受自然的愉悦与人格的超逸，求得在自然界中的真正感悟。在儒、道之外，禅宗强调"冥思顿悟"，以静坐思维的方法以期彻悟自己的心性。庄禅哲学在归化自然理想上的一致性，为艺术创作主体的超越自然提供了理论上的依据。不难看出，正是基于儒、道、释特别是庄禅哲学思想，中国古代文学家、画家、书法家在认识世界时，一开始就排除了时空序列性的制约，使他们对客观物象的认知与把握，成为一种经过心理综合带有超然的主动性、宏观的辩证性极强的类相性综合描述。也正是在此基础上形成中国特有的写意性艺术观念。

"写意"是中国艺术的传统，是中国艺术的精神、核心和灵魂，不仅造型艺术，所有的中国艺术都是写意的，音乐、戏曲、诗词莫不如是。孔子早就有"圣人立象以尽意"[①]的说法；《庄子·外物篇》也有

---

① 周振甫：《周易译注》，中华书局，1991年，第250页。

"言者所以在意，得意而忘言"①之说；卫夫人在《笔阵图》亦云："意后笔前者败""意前笔后者胜"②；王羲之也说过："须得书意转深，点画之间皆有意"③。中国的艺术观轻"实"重"意"，留下许多诸如"意境""意象""意态""意趣""意绪"等精辟的语汇。还有"意在笔先""意在言外"等，都是表达中国人对"意"的追求付诸语言和思维的结晶。

中国传统的诗歌、绘画"意存笔先"的"写意"艺术观开始于先秦时期，后经秦汉至西晋形成系统理论，到唐朝则趋于成熟并在其后得到进一步发展。"写意"的艺术观注重主观与客观的相互融合，强调借物抒情，表达意象，不刻意力求客观物象的外观相似性，而追求形象和作品意境与客观物象"神似"的艺术效果。

二、"抒情言志"的审美情趣与文物保护

在"写意"性艺术观念的影响下，中国传统文化表现出强烈的"抒情言志"审美特征。在古代中国，大凡优秀的文学作品、绘画、戏曲等，基本上都是抒情言志的典范。就文学作品来说，无论是楚辞、汉乐府，还是唐诗、宋词和一些明清小说，都有一个基本核心，即"抒情言志"。这里仅就诗歌略作说明。中国素有"诗国"的美称。在古代文艺史上，诗歌始终享有至尊的地位。远在先秦时期，即已是"不学

① （晋）郭象注，（唐）成玄英疏，曹础基、黄兰发校：《庄子注疏》，中华书局，2011年，第493页。

② （晋）卫夫人：《笔阵图》，《法书要录》（卷一），人民美术出版社，2003年，第7页。

③ （晋）王羲之：《题卫夫人〈笔阵图〉后》，《法书要录》（卷一），人民美术出版社，2003年，第8页。

诗，无以言"，诗歌成为人们在进行社交和外交等政治活动时不可缺少的辞令。后到唐代，诗歌更被作为科举考试的基本内容，成为士大夫走向官场的必由阶梯，文人学士一时趋之若鹜。诗歌在中国文学艺术中所占的独特地位决定了它最明显地体现出中国人的审美情趣。自古以来的中国诗论都一致认为诗歌是人的思想情感的表现，《诗大序》说："诗者，志之所之也，在心为志，发言为诗。情动于中而形于言，言之不足故嗟叹之，嗟叹之不足故咏歌之，咏歌之不足，不知手之舞之，足之蹈之。"[①]以后的诗论，都是沿着这种"诗言志"的路子发展的。例如，朱熹说："诗者，人心之感物而形于言之余也。"[②]严羽说："诗者，吟咏情性也。"[③]袁枚也说："诗者，性情也。"[④]朱自清更认为"言志"是中国诗的"开山的"纲领。这些都从本质上阐明了中国诗歌"抒情言志"的审美特征。别林斯基曾经说过："如果说任何人性的（不是兽性的）感情，由于本身是人性之故，已经是美的，那么，……任何感情，作为艺术的感情，是尤其美的。"[⑤]中国传统诗论强调的正是这种艺术的情感美。由于受传统诗论重视诗歌言情特征的影响，"抒情言志"一直是中国诗歌的主潮，可以毫不夸张地说，数千年五光十色的社会生活，正是通过诗人的情志抒发出来的。相反，在中国像古希腊赫拉克利特、苏格拉底、

---

① （汉）毛苌、郑玄注，（唐）孔颖达疏：《毛诗注疏卷第一》，《十三经注疏·毛诗正义》（卷一），北京大学出版社，1999年，第7页。

② （宋）朱熹集注：《诗集传·序》，中华书局，1958年，第1页。

③ （宋）严羽著，郭绍虞校释：《沧浪诗话校释·诗辩五》，人民文学出版社，1961年，第26页。

④ （清）袁枚撰，李梦生选注：《童二树诗序》，《袁枚散文选集》，百花文艺出版社，2009年，第163页。

⑤ 〔俄〕别林斯基著，梁真译：《别林斯基论文学》，新文艺出版社，1958年，第59页。

德谟克里特、亚里士多德等哲学家主张的"艺术模仿自然"论那样，以描述客观事物见长的叙事诗总是成为众矢之的，始终不占主导地位。大诗人屈原那些光耀千古的不朽诗篇，不论是《离骚》《九歌》，还是《天问》《九章》，无一不渗透着诗人炽烈的思想感情。东汉著名赋家张衡在其《归田赋》中，用清新的语言描绘出春日自然景物的美妙，借以抒发自己在当时宦官擅权、朝政腐败的情况下不愿同流合污而退隐田园之后的恬淡安适之情。特别值得一提的是《古诗十九首》，其作者往往先在诗的开头推出客观物象，然后紧接着融情入景，寓景于情，使情景犹如水乳交融一般紧密结合。唐宋以后，抒情言志更为诗人所孜孜以求。王维的"独在异乡为异客，每逢佳节倍思亲。遥知兄弟登高处，遍插茱萸少一人"①，李白的"故人西辞黄鹤楼，烟花三月下扬州。孤帆远影碧空尽，唯见长江天际流"②，欧阳修的"万树苍烟三峡暗，满川明月一猿哀"③，苏轼的"人生到处知何似，应似飞鸿踏雪泥"④等，都是千古传颂的"抒情言志"的杰作。今天，中国人依然保持着这种抒情言志的审美情趣，诗人写诗，读者欣赏，都注重的是思想感情的表现。再平凡的客观现象，通过诗人的描绘，也能表达出深刻的思想感情。

诗是这样，绘画亦然。西方艺术重在"再现"，中国艺术重在"表现"，这种差异在绘画艺术中表现得尤为明显。西方画家注重写生，即注重作为审美客体的自然物象的真实面貌的再现，描绘人所知觉到的活生生的世界是画家挚爱的理想。他们利用透视学、解剖学、光学和一切

---

① （唐）王维：《九月九日忆山东兄弟》，《全唐诗》卷一二八。

② （唐）李白：《黄鹤楼送孟浩然之广陵》，《全唐诗》卷一七四。

③ （宋）欧阳修著，洪本健校笺：《黄溪夜泊》，《欧阳修诗文集校笺》卷一〇，上海古籍出版社，2009年，第309页。

④ （宋）苏轼著，黄任轲、朱怀春校：《和子由渑池怀旧》，《苏轼诗集合注》卷三，上海古籍出版社，2001年，第90页。

在当时可资利用的科学方法，以求得直对物象时视觉印象的准确、清晰与细致，在绘画技法上特别强调立体感与准确性。如西方油画的细涂慢刮，正是这种重视"再现"特色的体现。与西方画家不同，中国画家不满足于追求事物的外在模拟与形似，而是要尽力表现出内心的情感志向。因而，同样是面对自然物象，中国画家注重的不是直对物象时惟妙惟肖的描摹，而是设法撷取物象与情感交融之后在大脑中形成的业已主观化了的意象，以深刻地表达出某种内在的风神。清代画家郑板桥曾经说过这样一段话："江馆清秋，晨起看竹，烟光、日影雾气，皆浮动于疏枝密叶之间。胸中勃勃，遂有画意。其实，胸中之竹，并不是眼中之竹。因而磨墨、展纸、落笔，倏作变相，手中之竹，又不是胸中之竹也。总之，意在笔先者，定则也；趣在法外者，化机也。"[①]早上起来，放眼看去，那在清风吹拂下的婆娑翠竹在画家眼中交织成一幅幅妙趣横生的图画，这图画即是作为"表象"的"眼中之竹"，它来自于画家对竹这个客观外物的初步知觉。这是画竹的第一步。紧接着，就是从"表象"到"意象"的飞跃，即从"眼中之竹"到"胸中之竹"的飞跃。作为"意象"的"胸中之竹"是画家的情感、想象和审美理想对知觉表象进行加工改造的结果，换句话说，它经过了画家的模拟想象与概括提炼，并渗入了画家的情感因素。最后就是画家再把融铸了自己思想感情的"胸中之竹"定型和物化为"表现形象"的"手中之竹"。显而易见，郑板桥画竹的三个阶段或者说三种形象是在依此逐级远离外部实体，而不断趋向和接近于画家内在思想情感的表达。在这里，从"眼中竹"到"胸中竹"，再到"手中竹"，虽则是郑板桥画竹技法的自我表白，但完全可以看作是中国绘画的创作规律。而这，正是中国人"抒情言志"审美情趣在绘画艺术中的具体表现。在中国，几乎所有的画家都

---

①　郑板桥：《题画·江馆清秋》，《郑板桥全集》，齐鲁书社，1985年，第199页。

不以逼真自然、再现物象为满足，而总是在尽力塑造既表现自然景物的生动风貌，同时又蕴含艺术家对自然景物的心理感受的艺术形象，即在尽力表达自己内在的思想感情。比如，唐、宋、元、明、清的绘画，无论是人物画，还是山水画，都有一个共同的特征，即注重写意传神，而不重视形似逼真。那些为追求形似而注重细部的描摹与准确的再现的工笔重彩，总是为大多数中国人所鄙弃厌恶。相反，笔法简练、形象草率甚至一挥而就，但能直接表露或抒发情感、理想与愿望的绘画却为人们孜孜以求。唐代写意画家王维，无论是画人，还是画物，都不注重细节的忠实，而致力于追求画家主观情感的色彩与理想。他画人，"远人无目"；画树，"远树无枝"，这正是通过对对象的高度概括，来表现自己的感受和追求的理想境界。五代和宋的大量绘画作品，诸如关全的《大岭晴云》，范宽的《雪景寒林》《溪山行旅》，董源的《潇湘图》《龙袖骄民图》等①，也都是通过描绘客观物象来表达思想感情的佳作。尤其是到元代，画面上的自然物象可以非常草率简单，但意兴情趣却很浓厚，这正是前人所说的"愈简愈佳"②"愈简愈入深永"③。众多的画家实际上是借助于近似的自然物象来传达自己的情感志向。到了明清，一些绘画大家如石涛、郑板桥、朱耷以及扬州八怪等，进一步抛弃形似，而一味追求主观意兴心绪的表达。在画家的心目中，所要描摹的"正确"的形象，不是具有透视、光影层次、色彩变幻的高度写实形象，而是渗透着自身情感、想象和审美理想的某种焕发着生命的活力、运动或人生目的的东西。

---

① 郑春泉：《图像与文本的隐喻——宋元画格之比较》，《南京艺术学院学报》（美术与设计版）2005年第1期。

② （清）钱杜著，赵辉校注：《松壶画忆》，西泠印社出版社，2008年，第20页。

③ （明）沈颢：《画麈》，《中国书画全书》，上海书画出版社，2009年，第430页。

　　笔者在此之所以不惜花费较多笔墨阐释中国诗歌、绘画创作的艺术观念，旨在让事实证明：中国人基于"抒情言志"的审美情趣而形成的忽视客观物象的再现，注重人的情感心志的表达的艺术创作手法，能够使各类艺术摆脱那些被动地反映客观外界的僵滞的艺术风格，而走上一种与现实人生紧密结合、充分反映人类社会生活的奔放活泼的艺术之道。在这种艺术观念的作用影响下，再加上中国人美即是善、以善为美，重教化、尚伦理的审美倾向和重和谐、包容，主张天人合一、顺应自然，强调曲线和含蓄的价值取向，从唐代开始，直至20世纪80年代初，中国人保护文物古迹，更多地关注整体风格、人文环境与象征意义，或为表达文化传承之精神，或为表现自身的理想与追求，或为再现地方之历史记忆，形成一种重建损毁建筑之传统或者说文化现象。回望历史，清楚可见，中国古代的寺庙或名胜建筑普遍存在多次重建活动。当建筑古旧破败或不能满足当时需求的时候，人们通常是重修再建，使其修葺一新，添建、扩建更是常有之事。正如梁思诚所述，"以往的重修，其唯一的目标，在将已破敝的庙庭，恢复为富丽堂皇，工坚料实的殿宇，若能拆除旧屋，另建新殿，在当时更是颂为无上的功业或美德"[1]，并且"古来无数建筑物的重修碑记都以'焕然一新'这样的形容词来描绘重修的效果"[2]。前人维修保护许多古建筑，并不强调对原有建筑形态的恢复，而是程度不等地根据建筑特性和当时的实际情况，采取积极、有益的创新措施，运用重建时代的营造技术，尊重重建时代的审美崇尚，突出服务于现实的象征意义和精神传承的实用价值，从而使许

---

　　① 梁思成：《曲阜孔庙之建筑及其修葺计划》，《梁思成全集》（第三卷），中国建筑工业出版社，2001年，第1页。

　　② 梁思成：《闲话文物建筑的重修与维护》，《梁思成全集》（第五卷），中国建筑工业出版社，2001年，第440页。

多文物古迹得以保存至今并将继续保存下去。为说明问题起见，我们不妨以具体案例加以印证。

雷峰塔源于10世纪吴越国王钱弘俶筹建的"黄妃塔"，原计划修百丈13层，由于财力有限，只建了七层八角的阁楼式塔。"雷峰夕照"是杭州西湖十景之一，为历代文人所歌咏。北宋宣和年间，塔的木结构部分，包括塔刹、塔顶、塔檐、回廊等毁于方腊战火。南宋乾道年间重建为八面五级之塔，且塔身外围新建了木构搪廊。明以后，雷峰塔外部木檐被毁，仅存残损的砖砌塔身。1924年雷峰塔倒塌。1935年梁思诚先生对杭州诸塔进行考察，提出宜对雷峰塔恢复原状。1949年之后，先后又有余森文、陈从周、吴寅、金杰、陈洁行、田野等各界人士屡次提出重修雷峰塔的建议。1983年，国务院批准重建雷峰塔指出："恢复西湖十景之一、并建民间流传极广的雷峰塔。"①1999年底，杭州市政府基于展示遗址、完善西湖自然人文景观、再现雷峰夕照美景的思想，在对雷峰塔地宫进行考古发掘的基础上，于原塔遗址之上，采用旧塔被毁前的楼阁式结构，并根据南宋初年重修时的风格、设计和大小重建了今日所见之雷峰塔②。

黄鹤楼始建于东吴黄武二年（223年），最初是作为夏口城的瞭望角楼，筑于城之西南城墙之上。唐代，随着江夏城的改建，黄鹤楼成为独立的景观建筑，改军事哨楼形制而成雄奇壮美的游览楼阁③，成为文人墨客"游必于是，宴必于是"④的绝佳之处。唐代诗人崔颢、李白，

---

① 路秉杰：《雷峰塔的历经》，《同济大学学报》（社会科学版）2000年第4期。

② 王新文、张沛、孔黎明：《试论"重建"之于中国文化遗产保护的意义》，《东南文化》2016年第6期。

③ 梅莉：《军事哨楼 游宴场所 城市地标——黄鹤楼历史文化意蕴探寻》，《华中师范大学学报》（人文社会科学版）2014年第6期。

④ （清）胡丹凤：《黄鹄山志》卷六《艺文》，清同治十三年退补斋刻，第280页。

宋代张咏、岳飞等曾先后登临黄鹤楼赋诗咏怀。南宋中期，黄鹤楼曾毁废不存，其后又经重建。元末黄鹤楼被毁之后在明初重建。明代《江汉揽胜图》显示黄鹤楼形制逐渐由城楼一体的群组建筑演变为与城垣分离的单体塔形楼阁[①]。在距今1700多年的历史上，黄鹤楼屡建屡毁，仅在明清两代，就被毁7次，重建和维修了10次，形制变化很大。唐代黄鹤楼处于军事楼向观景楼的过渡时期，楼与城相连，四周绕以围墙，又有角楼。宋代黄鹤楼由楼、台、轩、廊组成建筑群体。元代黄鹤楼由纯建筑群改建为园林游憩场所。明代黄鹤楼在宋、元遗意的基础上，更加突显当时的时代特征。到清代重建黄鹤楼时，只剩一座居高临下的孤楼。

岳阳楼始建于 210 年前后，至今已有1800 多年的历史。因天灾人祸，岳阳楼屡废屡建。据考证，岳阳楼至少修葺过 51 次，重建过24次，其形态也在不断变化[②]。唐代岳阳楼建筑低矮，为二层、四边形，屋顶为单檐歇山。宋代时，岳阳楼发展为重檐歇山屋顶。明代时，岳阳楼平面由四边形变为六边形。清初康熙时期，岳阳楼平面又变回四边形。乾隆时期，岳阳楼发展为三层，楼顶也由歇山顶变为盔顶，宛如古代武士的头盔，为中国现存古建筑中所罕见。

青龙寺又名石佛寺，其前身是灵感寺，建于隋开皇二年（582年）。唐武德四年（621年），灵感寺废。景云二年（711年），改为青龙寺。唐大历年间（766～779年），不空三藏的密宗教徒惠果主持青龙寺，弘宣"真言大教"，并在该寺设立灌顶道场，被尊为"三朝供奉大德"。贞

①　陈熙远：《人去楼坍水自流：试论坐落在文化史上的黄鹤楼》，《中国的城市生活》，新星出版社，2006年，第327页。

②　何林福：《从历代〈岳阳楼图〉看岳阳楼建筑形制的演变》，《岳阳职业技术学院学报》2006年第4期。

元二十年（804年），日本入唐求法学问僧空海在青龙寺拜惠果为师，空海得到密宗嫡传。会昌五年（845年），禁佛时青龙寺废。会昌六年（846年），又改为护国寺。大中九年（855年），又恢复本名青龙寺。北宋元祐元年（1086年），青龙寺寺院仍存。明万历年间，青龙寺寺院废毁，地面建筑无存。20世纪20年代，日本僧人和田辩瑞及加地哲定先后来西安瞻礼青龙寺，并题词："所愿法灯再燃，佛日增辉。"①1977年11月，日本香川县知事前川中夫提议在青龙寺遗址修建空海纪念碑。1980年，日本真言宗各派总大本山会、日中友好真言宗代表提议投资在青龙寺遗址内修建纪念堂。1981年，中日双方决定建设空海纪念碑，并恢复重建青龙寺原有寺院格局，对4号遗址殿堂进行复原重建。重建之后的青龙寺成为隋唐长安城遗址重要的文化地标。

从以上案例可以看出，从唐代到20世纪80年代初期，重建已毁的前代建筑是中国历史上较为常见的一种文化现象。一方面，从理论层面上说，基于传统的"抒情言志"的审美崇尚，中国人在保护文化古迹的过程中，并不强调物质本体是否真实，每一次重建都不是基于历史实存的真实再现，而是接受对古建筑本体的重修再建，认可物质可以更新，但意义永存的精神传承，重视对古建筑使用价值和象征意义的维护，希望通过一定的物质本体来负载古迹的内在价值与精神延续性。诚如巫鸿先生所言："虽然中国不乏号称来源于古代的木构建筑，但它们大多被反复修建甚至彻底重建。每一次修复或重建都是为了重现建筑物本来的辉煌，但同时又自由地融合了当时流行的建筑元素和装饰元素。"②文物古迹不是冰冷的、貌似客观的历史物证，她也是人们寄托情感、传承精

---

① 畅耀：《青龙寺》，三秦出版社，1986年，第6页。

② 〔美〕巫鸿著，肖铁译：《废墟的故事——中国美术和视觉文化中的在场与缺席》，世纪出版集团、上海人民出版社，2012年，第13页。

神的家园。中国传统文化中对古迹的理解重在情感记忆、精神传承。在中国人看来，年代并非界定文物古迹的唯一标准，而是着重于其文化传统的对应与再现。由于古迹在文化发展、精神传承中的特殊性，重建之后的文物古迹作为一种符指、一个载体，就成为文化传统和历史记忆的实体再现。由此可见，中国传统的古迹重建活动可以看作是一种不考虑，或不过多考虑建筑真实的历史面貌，而是基于人们对历史记忆和地方文化传承要求而进行的一种建造活动。重建的建筑往往沿用原历史建筑的名称，这就在一定意义上使原建筑最为人们所重视的象征价值、情感价值得以延续①。这也正如陈薇教授所说："对于中国以木结构为主的古建筑，尤其是一些大型宫殿庙宇，'延年益寿'的不是建筑实体（建筑往往更新换代了），而是建筑所追求的思想和意蕴传之久远。"②另一方面，从实践效果层面来看，正是由于在重建作为一种传统、一种文化现象的作用下，通过不同历史时期人们的"建造"活动，许许多多的文物古迹得以保存至今并将继续传之后世。在中国文化背景下，文物古迹并非凝固的标本，而是有生命的机体。很显然，没有对文物古迹的重建，就没有其生命机体的物质循环，更无从奢望其文化意义、精神内涵的绵延不绝。尤其是，若没有前人的持续重建，我们今天的文化遗产事业，还能保什么？又将向后世传什么？至于让文化遗产"活"起来，把文化遗产"用"起来，更是一种空谈。严重地讲，若果真如此，那我们丢失的就不仅仅是文化遗存，还有比这更为重要的民族文化的精神特质和民族文化的优良传统。

---

①　王新文、张沛、孔黎明：《试论"重建"之于中国文化遗产保护的意义》，《东南文化》2016年第6期。

②　陈薇：《文物建筑保护与文化学——关于整体的哲学》，《建筑历史与理论研究文集》（第五辑），中国建筑工业出版社，1993年，第133～138页。

第三节　恪守"原真性"原则的文化遗产保护

20世纪80年代中期以来，在改革开放大潮的影响下，随着中国文物保护工作与国际遗产保护领域学术交流日益密切，西方文化遗产保护理念从思想到行为强有力地影响着中国文化遗产保护进程，中国文化遗产事业开始进入到恪守"原真性"原则的新阶段。

一、西方"原真性"原则的传入

在西方文化背景下，出于"艺术模仿自然"，注重自然物象的真实面貌的审美崇尚，在文化遗产界，面对耐久性强、易保存的数量庞大的石质建筑遗存，人们认为建筑是凝固的标本，对遗产的物质真实性表现出更为虔诚的崇拜，强调对遗产的原真性保存。1931年制定的《历史性纪念物修复的雅典宪章》和1964年签署的《威尼斯宪章》均强调对文物古迹现存物质遗存的保护以及修复过程中的最小干预理念。其中《威尼斯宪章》在前言中提出对"真实性（authenticity）"全面保护这一最高原则，并且在关于考古遗址的第15条中指出："对于所有的物质再造都要预先予以禁止，只允许重修，也就是说，把现存但已解体的部分重新组合。"①这一条文件体现了对古迹现有遗存的纯粹物质性的尊重，不提倡主观臆断的添加、再造。这两部宪章的精神构成了1977年联合

---

① 第二届历史古迹建筑师及技师国际会议：《关于古迹遗址保护与修复的国际宪章（威尼斯宪章）（1964）》，《国际文化遗产保护文件选编》，文物出版社，2007年，第54页。

国教科文组织第一版《实施〈世界遗产公约〉操作指南》的核心理念。其第9条明确要求：入选世界文化遗产的项目必须满足设计、材料、技艺和环境真实性的检验。基于对遗产物质层面真实性的理解，西方遗产界往往将遗产看作是凝固的标本、物化的史料，因而在实践中形成"原真性"保护原则，并在此基础上发展出最小干预、可识别以及禁止"重建"等修复原则。

1985年，我国加入《保护世界文化和自然遗产公约》。1986年开始申报世界遗产，文化遗产的概念逐渐引起社会广泛关注，并迅速普及，进一步推动文化遗产事业快速发展。1987年，明清皇宫、秦始皇陵、敦煌莫高窟、周口店北京人遗址、长城和泰山被列入《世界遗产名录》。此后，我国积极参与世界遗产申报工作，特别是2003年以来，我国世界遗产申报连续17年获得成功，成为世界遗产领域实行申报限额制以来，唯一一个世界遗产连续申报成功的国家。截至2022年，我国已有56项世界文化和自然遗产列入《世界遗产名录》，位居世界第一。此外，我国还积极申报世界记忆遗产、世界灌溉工程遗产、全球重要农业文化遗产等其他类型的世界遗产。随着我国列入《世界遗产名录》的文化遗产数量不断增多，我国文化遗产保护机构与联合国教科文组织、国际古迹遗址理事会、国际文化财产保护与修复研究中心等国际组织建立了广泛的合作关系。随着彼此之间交流合作的开始与深入，西方"原真性"文化遗产保护原则传入中国，并有力地影响和左右着文化遗产事业的发展方向与进程。

二、"原真性"原则与中国文化遗产保护

在西方文化背景下形成的"原真性"保护原则，带有根深蒂固的西方文化基因和时代特征，不可能是放之四海而皆准，也不可能是一成不

变的，但其自20世纪80年代中期传入中国以后却对中国现代文化遗产理念的形成产生了至关重要的影响，尤其是从21世纪初以来，更被奉为"普世价值"深深地影响着中国文化遗产保护进程。2002年修订的《中华人民共和国文物保护法》中明确规定："不可移动文物已全部毁坏的，应当实施遗址保护，不得在原址重建。"①这是中国在法理上禁止文物保护物质再造的开端。"这一上升到法律层面的强势否定，即便是在欧洲各国的文物保护法律条文中，也是比较罕见的。"②尽管该法律同时指出："因特殊情况需要在原址重建的，由省、自治区、直辖市人民政府文物行政部门征得国务院文物行政部门同意后，报省、自治区、直辖市人民政府批准；全国重点文物保护单位需要在原址重建的，由省、自治区、直辖市人民政府报国务院批准。"③但事实上，要得到批准是非常困难的。2004年，国际古迹遗址理事会中国委员会与美国盖蒂保护研究所合作，参照《威尼斯宪章》和《巴拉宪章》编订的《中国文物古迹保护准则》在第一版的基础上修订后正式出版发行。《准则》由国家文物局审定并推荐，作为文物保护实施过程中的"行业规范"。其中关于文物古迹保护重建的内容，可以视为是对《文物保护法》条文的补充。这一版的《准则》将重建视为一种"极特殊的""经过特殊批准的""个别"文物保护工程，表现出较强的限制性。此后，《文物保护法》与《准则》均在不同时期进行修订。前者在2007年的修订中缩小了国家文物局对文物古迹重建、复建的审批权限，将省级以下文保单位的决定权

---

① 中华人民共和国主席令（第七十六号）：《中华人民共和国文物保护法》（2002年），2002年10月28日（http://www.gov.cn/gongbao/content/2002/content_61821.htm）。

② 崔金泽：《破题——刍议中国文物古迹的物质性再造问题》，《中国文化遗产》2017年第2期。

③ 中华人民共和国主席令（第七十六号）：《中华人民共和国文物保护法》（2002年），2002年10月28日（http://www.gov.cn/gongbao/content/2002/content_61821.htm）。

下放到省一级行政部门；后者在2015年做出重大改动，首次提出文化遗产的社会价值和文化价值，并纳入了文化多样性、非物质文化遗产和对传统工艺的传承等概念，对重建、复建则被定义为对文物古迹的一种"不建议"采取的展示手段，而非文保工程①。

　　然而，尽管如此，重建在中国文化遗产保护过程中始终是一件非常艰难的事情，阻力重重。2005年，由33位古建筑保护与修复领域的专家联名签署《关于中国特色的文物古建筑保护维修理论与实践的共识——曲阜宣言》。宣言指出，中国古建筑具有利用木结构而产生的特殊性，修复只要"按照原型制、原材料、原结构、原工艺进行认真修复，科学复原"，结果"依然具有科学价值、艺术价值和历史价值"，不应被视为"假古董"②。虽则该宣言在文化遗产保护实际操作层面具有较大影响，但并不被国家文物局认可或推荐。例如，在2011年关于广州光孝寺文保规划的意见函中，国家文物局就明确指出："《曲阜宣言》不宜作为规划编制依据，应予以删除。"③伴随《文物保护法》与《准则》的修订，从书面条文上看，重建是被允许的，但问题是在实际操作层面往往不被批准。比如北京市文物局的行政审批职能中有一项就是关于文物保护单位的"重建"，然而该项目在启用以来直至2015年底的十多年中，审批过的项目是零④。以致有些重建项目不得不以改换名目的方式

---

①　崔金泽：《破题——刍议中国文物古迹的物质性再造问题》，《中国文化遗产》2017年第2期。

②　《关于中国特色的文物古建筑保护维修理论与实践的共识——曲阜宣言》，《古建园林技术》2005年第4期。

③　国家文物局：《关于光孝寺文物保护规划的意见》（办保函〔2011〕537号），2011年。

④　崔金泽：《破题——刍议中国文物古迹的物质性再造问题》，《中国文化遗产》2017年第2期。

完成审批，如北京市香山静宜园系列工程中，2012年正式启动的永安寺复建项目，就是以"修缮"的名义完成报批手续[①]。

从上不难看出，自20世纪80年代中期西方"原真性"文化遗产保护原则传入中国以来，中国文化遗产保护从理念到行为背离了中国传统的"重道轻器"的思想观念和"抒情言志"、注重象征意义和精神传承的审美崇尚，丢弃了文物古迹被反复重建以留住历史记忆、再现象征价值、延续民族精神的文化传统，中断了中国人自由自在地重建了上千年的文物古迹保护的历史，而一味照搬、套用有着巨大文化差异的西方权威遗产话语强调的"原真性"保护理念与原则，甚至有人还算起老账，对前人的重建行为提出非议[②]。这不能不说是中国文化遗产保护事业的悲哀！今天，我们在不断强调走中国特色文化遗产保护之路，努力加强中国在世界文化遗产保护领域的话语权和规则制定权，试想，如此将怎么实现我们的理想？又将怎么在弘扬中华优秀文化传统中接续前行？文化传统和时代诉求都在吁请我们，要在理性审视中国文化遗产保护历程的基础上，对今天的文化遗产保护理念与路径作出正确的抉择。

---

① 北京市文物局：《关于静宜园香山永安寺修缮工程方案的批复》（京文物［2011］1565号），2011年。

② 阮仪三认为，雷峰塔的复原，其商业行为远远大于文化行为。如果复原的历史建筑未充分考虑遗产的真实性就等于丢掉了建筑的灵魂。见张祖群：《基于真实性评判的雷峰塔重建争论》，《江苏师范大学学报》（哲学社会科学版）2013年第3期。

第二章　直面问题：中国文化遗产保护存在的主要问题及原因分析

中国作为一个拥有五千年文明史的国家，不仅地下地上保存着极其丰厚的文化遗产，而且有着悠久的保护文化遗产的历史传统①。保护传承发展好祖国种类繁多、形式多样、内涵丰富、特色鲜明的文化遗产，是当代国人义不容辞的职责与使命。长期以来，特别是改革开放40多年来，我国文化遗产保护取得举世瞩目的成就，保护意识不断增强，保护法规不断完善，保护体制不断健全，保护方法不断创新，保护技术不断提升，保护研究不断深入，保护队伍不断壮大。更为重要的是，文化遗产的内涵、外延，以及遗产保护理念也伴随着遗产的价值认知与实践的深入发展而不断变化提升：从保护文物到保护文物的环境；从保护单体的文物古迹，扩大至保护历史地段、历史城市；从保护单一要素的文化遗产，到保护多种要素的综合性文化遗产；从重视古代文化遗产，到重视近现代文化遗产；从保护古建筑遗址，到保护现代还有人继续生活、使用的建筑遗产和历史街区等；从保护宫殿、教堂、寺庙等建筑艺

---

①　早在商周时期就有保护古代遗物的理念意识和行为习惯。商周青铜器上常见铭文"子子孙孙永保用"表明人们妥善保存、永续利用前朝珍贵器物的愿望。商周时期，保存着为数不少的青铜器、玉器，以及前朝其他遗物，并将其视为显示政权合法性的神圣之物。

术精品，到保护乡土民居、工业建筑等与普通人生活密切相关的一般建筑；从保护物质文化遗产，到保护非物质文化遗产；从专家保护、政府保护，到民众保护、社会保护。文化遗产事业的内涵逐渐深化、领域不断扩大，并由此引发了遗产要素、类型、空间、时间、性质、形态等各方面的深刻变革。特别值得强调的是，随着文化遗产事业的深入推进，文化遗产也不断融入地方经济社会发展[①]，"传承弘扬中华优秀传统文化""强化重要文化和自然遗产、非物质文化遗产系统性保护""建设长城、大运河、长征、黄河等国家文化公园"等内容被写进《中共中央关于制定国民经济和社会发展第十四个五年规划和二〇三五年远景目标的建议》[②]，遗产的公共文化属性进一步凸显，遗产与人的关系进一步加强。不过，需要指出的是，我们在充分肯定这些成绩的同时，更要清醒地认识到其中存在的主要问题，并认真分析其原因，以便有针对性地提出解决对策，有力促进新时代文化遗产保护事业新发展。

第一节　文化遗产保护存在的主要问题

多年来，特别是近几年，学界同仁及文化遗产管理者不断从法律法规、体制机制、经费投入、舆论宣传等方面研究梳理、归纳总结中国文化遗产保护发展存在的相关问题，概括起来，主要有保护意识比较薄

---

① 国家文物局：《凝心聚力 奋进五年——国家文物事业发展"十三五"规划任务如期完成》，2020年12月31日（http://www.ncha.gov.cn/art/2020/12/31/art_722_165203.html）。

② 新华社：《中共中央关于制定国民经济和社会发展第十四个五年规划和二〇三五年远景目标的建议》，2020年11月13日（http://www.gov.cn/zhengce/2020-11/03/content_5556991.htm）。

弱、法律法规不够健全完善、监管执法力度不强、保护管理体制不健全、专业人才匮乏、保护经费短缺、宣传教育工作不到位等。客观地讲，运用历史的、发展的观点来看，以上这些不是当前中国文化遗产保护存在的主要问题，而且从纵向对比的角度来说，有些方面反而是今天中国文化遗产保护所取得的成绩与进步。比如，当前国人的文化遗产保护意识、国家和地方文化遗产保护法律规章的制定修订、国家各级财政对文化遗产保护经费的投入等方面，无疑均为历史上的最好时期和最好状态。就国人的文化遗产保护意识而言，一方面，随着信息技术的快速发展，传播渠道日益拓展，传播手段愈益多元，主流媒体、自媒体、传统媒体、新媒体，彼此交融互动，对文化遗产的价值、保护文化遗产的法律法规以及保护文化遗产的重要性等内容，在力度、广度和深度上不断进行着前所未有的阐释与宣传。另一方面，近些年来，党和政府大力推进文化建设和文艺繁荣发展，扎实开展文化惠民活动，不断健全完善公共文化服务体系，人民群众在享受"文化福利"的过程中不断增强文化自觉，坚定文化自信。在这两方面的交互作用下，当代国人保护文化遗产的意识和积极性、主动性日益增强，在见诸媒体报道的有关文化遗产遭到破坏的典型案例中，有许多即来源于人民群众的反映或举报。再就文化遗产保护经费来看，以财政投入为例，2015年中央财政安排文化遗产保护补助资金多达81.1亿元，"十三五"以来将21.68亿元中央财政资金投入西藏文物保护，2021年陕西投入13亿元支持文化遗产保护利用，2022年财政部下达非物质文化遗产保护资金12.7亿元。这些都是以前无法相比甚至不可想象的。另外，我们知道，文化遗产保护是一个由主体（人）到客体（遗产）和由客体到主体的互动过程，人要保护遗产，而遗产又需要为人服务。不难发现，指出上述存在问题的学者只着眼于人保护传承遗产的一面，而忽略了遗产服务于国民个体和经济社会发展的另一面，未免有失全面公允。

笔者认为，探讨中国文化遗产保护存在的主要问题，首先要用历史的、辩证的、发展的观点来看待，因为"在分析任何一个社会问题时，马克思主义理论的绝对要求，就是要把问题提到一定的历史范围内"①。任何一种文化现象都必须和它并存的社会政治、经济诸因素放在一起来分析；其次，要把文化遗产保护的实际成效作为评判的主要标准，因为有问题还是没问题，问题大还是问题小，都应由成效说了算；再者，要看文化遗产资源在促进经济社会发展中的作用发挥得如何，亦即文化遗产的时代价值彰显得怎样。因为从文化遗产的时代价值来说，一个民族的文化遗产作为该民族在生产生活中聪明才智的体现和劳动的结晶，总是为孕育产生它的那个时代和保护传承它的不同历史时期的社会发展、文明进步服务的。换言之，每个时代人们保护文化遗产都在传承弘扬民族优秀传统文化的同时，肩负着推动该时代经济社会发展的历史使命。最后，要坚持以人为本，用以人民为中心的发展思想衡量文化遗产保护的得与失，因为人民群众是文化遗产的创造者、拥有者，理应是文化遗产保护的主要参与者和保护成果的享用者。基于以上四个方面的思考，笔者认为，当前中国文化遗产保护存在以下几个方面的主要问题②。

一、文化遗产本体环境精神受损

（一）本体丢失

任何一种文化遗产都是由本体及其所处的周边自然和人文环境构成

---

① 〔俄〕列宁：《论民族自决权》，《列宁选集》（第二卷），人民出版社，1972年，第375页。

② 本节是在拙著《中国文化遗产保护发展体系概论》（西北工业大学出版社，2021年）第三章第一节"中国文化遗产保护发展存在的主要问题"部分研究架构上经过进一步修订完善，并丰富大量内容而成。

的。由于保护不及时或措施不到位，抑或人为或自然的破坏，许多文化遗产的本体，在整体或局部上遭受损害，没有做到能保则保、应保尽保。比如，始于2007年的第三次全国文物普查结果显示，2011年全国有4万多处不可移动文物登记消失，年均消失约2000处[①]。据《第一次全国可移动文物普查数据公报》，2012～2016年普查全国可移动文物共计超过1.08亿件（套），其中，完整保存占24%，基本完整占60%，残缺占14%，严重残缺占2%[②]。另外，随着经济全球化和现代化步伐的加快，我国文化生态环境发生了巨大变化，非物质文化遗产保护面临着严峻挑战，诸多依靠口授身传的文化遗产正在不断消失，许多传统技艺濒临灭绝，大量极其珍贵的实物与资料遭到严重破坏。正如冯骥才先生所说："每一分钟都有一批民间文化消亡。"[③]

（二）环境丧失

文化遗产周边环境与遗产本身唇齿相依，是遗产存在的重要支撑和遗产价值不可分割的重要组成部分，对于保护遗产的真实性和完整性具有重要意义。正因此，文化遗产自诞生之日起就与周边环境密不可分。现存中国古代建筑大多有着特定的环境，如大雁塔坐落在唐代著名的曲江风景区，仙游寺与法王塔修建在依山傍水的秀丽山间，青龙寺则和被唐代诗人李商隐描绘的"向晚意不适，驱车登古原。夕阳无限好，只是

---

① 王佳琳：《全国不可移动文物近77万处，约4.4万处登记消失》，《新京报》2011年12月30日（https://news.sohu.com/20111230/n330718195.shtml）。

② 国家文物局：《第一次全国可移动文物普查数据公报》，2017年4月7日（http://www.ncha.gov.cn/art/2017/4/7/art_1983_139586.html）。

③ 冯骥才：《守望民间：中国民间文化遗产抢救工程》，西苑出版社，2002年，第7页。

近黄昏"的乐游原胜景融会在一起。对遗产周边环境的理解，目前学界主要有两种观点。一是依据《世界遗产公约》的有关规定，将文化遗产的周边环境分为两个层次：一是指遗产建筑、遗址或地区的环境，可以是直接的或者扩展的，是遗产本身重要性和独特性的组成部分；二是指文化遗产与自然环境之间的相互作用，包括过去或现在的社会和精神活动、习俗、传统知识、用途或活动，以及其他无形的文化遗产形式、它们创造并形成的环境空间及当下的、动态的文化、社会、经济和经济背景[①]。另一种观点认为，遗产周边环境由两部分构成："一是空间指向，主要是指遗产地的保护范围及建设控制地带；二是内容指向，主要是体现并保持遗产价值的各种物质和非物质的要素资源，如土地、水、植被、矿产以及当地的民风民俗等。"[②]其实，这两种提法并无本质性区别，都是在说明文化遗产的周边环境由自然环境和社会环境两部分构成。保护好遗产周边环境，不仅有利于保持文化遗产的真实性和完整性，促进文化遗产的可持续发展，还能带动遗产地旅游经济的发展。西方国家对文化遗产周边环境的保护探究，从18世纪末开始逐渐受到重视，在20世纪实现了制度性的发展。此后，随着文化遗产保护实践的深入推进和保护理论日渐深化，国际社会越来越重视遗产周边环境的保护。2005年10月国际古迹遗址理事会第15届大会在中国西安召开，大会围绕"文化遗产与周边环境保护"这一主题，从理论上比较完整地讨论阐释了保护遗产周边环境的重要性，大会通过的《西安宣言》明确指出，环境是遗产价值不可分割的重要组成部分，呼吁通过规划手段和实

---

① 李成岗：《论世界文化遗产周边环境保护的重要意义》，《中国文化遗产》2016年第2期。

② 赵晓宁、郭东明：《遏制中国世界遗产地周边环境破坏的对策与建议》，《乐山师范学院学报》2008年第9期。

践来保护和管理周边环境、监控和管理对周边环境产生影响的改变，增强保护和管理周边环境的意识。近年来，随着我国对文化遗产相关理念理解的不断深入，对遗产地周边环境的保护力度日益加大，并取得了明显的成效，但是，不可否认，伴随着社会经济的快速发展和城镇化步伐的不断加快，在遗产周边环境当中的各种要素资源转化为具有更高经济产出效益的功能资源的同时，许多文化遗产的周边环境和遗产空间遭到程度不等的破坏。就我国世界文化遗产来说，布达拉宫、承德避暑山庄、八达岭长城、周口店北京人遗址、都江堰、青城山、庐山等世界文化遗产周边环境都曾遭受不同程度的改变或破坏。特别是在全国范围内轰轰烈烈的旧城改造大潮中，有数不尽的不同等级的文化遗产的周边环境遭到破坏。例如，位于陕西省商洛市的大云寺在当地旧城改造过程中周边环境遭到破坏。2017年3月，住建部给陕西省住建厅下发的《重大违法案件挂牌督办通知书》（建督办〔2017〕3号）显示，"陕西省商洛市在大云寺文物周边50米一般保护区内建设项目，不符合商洛市城市总体规划、文物保护等要求，导致大云寺文物周边环境遭到破坏，严重违反了《中华人民共和国城乡规划法》的有关规定。现决定对该案进行挂牌督办。"

（三）精神遗失

文化遗产是在一个特定的文化场域内形成的具有历史性、文化性、艺术性和审美性的象征性载体，是一个民族或国家精神的高度凝聚。因为任何一种文化遗产都有物质和非物质双重属性，从而也都包括遗产实体及其所蕴含的精神内涵。尤其是相对于物质文化遗产，非物质文化遗产更强调国家或民族特有的精神价值，无论是口头传说和表现形式各异的表演艺术，还是社会实践、仪式、节庆活动、传统和工艺等，都是人们基于生产生活实践而产生的精神活动的产物。例如，在当今工业化和信息化时代，许多非物质文化遗产技艺的用途范围大大缩小了，有些物件甚至从生产劳动和人们的日常生活中逐渐退出，但退出的只是外在的"形"，而其内在的"魂"将会一直留存。以"四大发明"之一的雕版印刷技艺为例，传统的雕版印刷术早已让位给铅印技术和激光照排。然而，通过了解雕版印刷术的发展历史，会从中获取丰厚的精神资源，值得让现代人学习借鉴。比如，在宋代作为中国三大雕版印刷中心之一的福建建阳，本是木材匮乏的穷乡僻壤，在雕版印刷方面毫无地理位置和自然资源优势。然而，建阳人因地制宜利用嫩竹做纸，除印制大开本书籍外，还开发了大量口袋书，印制通俗小说、蒙学读本、医方等，开拓市场。另外，当地多山，交通不便，当地人开辟了新的运输渠道。正是建阳人因地制宜、与时俱进，奋力求新求变的精神追求，创造了当年建阳雕版印刷业的辉煌成就。因此，文化遗产保护"不能只满足于欣赏它们产生的精美物件，更应该去领略其中包含的人文精神；不能只满足于领略它们对以往人们生活的艺术表现，更应该让其中蕴藏的精神鲜活起来"①。从这个意义上说，传承弘扬遗产精神是保护文化遗产的重要任务之一。所谓精神遗失，主要指两个方面的问题。一是伴随许多文化遗产本体丢失和周边环境的破坏或改变，蕴藏其中的精神内涵随之消失；二是多年来，我国文化遗产保护，在很大程度上只注重外在形式与风格，停留在物质层面上"形"的保护，而很少从内在"神"的层面上传承弘扬遗产精神。比如，长城作为中华民族的伟大创造和人类重要的历史文化遗产，最突出、最核心的价值在于它所承载的伟大精神，这种精神包括团结统一、众志成城的爱国精神，坚韧不拔、自强不息的民族精神，守望和平、开放包容的时代精神。这三大精神历经岁月锤炼，已深深融

---

① 习近平：《文明因交流而多彩，文明因互鉴而丰富》，《习近平谈治国理政》，外文出版社，2014年，第262页。

入中华民族的血脉之中，成为实现中华民族伟大复兴的强大精神力量。然而，迄今为止，在对长城的保护中，对长城精神的解读、传播都是远远不够的。正因此，在国家颁布的《长城保护总体规划》第三章"规划思路与体系"的"总体目标"中明确提出要"传承弘扬长城精神"，要求"采取多种手段扩大长城精神在全社会的影响力，使长城在实现中华民族伟大复兴中国梦中发挥强大的精神力量"①。

二、文化遗产保护与文化发展融合不够

（一）与文化建设内容脱节

文化遗产承载灿烂文明，传承历史文化，继承民族精神，是加强社会主义文化建设的深厚滋养。当代中国是历史中国的延续和发展，从文明古国迈向文化强国，决不能丢弃历史，凿空而建，必须在充分汲取历史资源、传承文化遗产精神中接续前行，实现文化遗产与当代文化的共生。就我国文化遗产保护与文化建设的关系来说，笔者认为，多年来，两者在很大程度上处于两张皮的状态：遗产工作者重在遗产保护，很少关心如何让保护对象有效服务于当下当地的文化建设；而文化建设者亦很少考虑如何从既往的遗产中挖掘文化建设所需要的内容滋养。其结果是，许多内涵丰富并具有重要价值的文化遗产，要么沉睡在广袤的大地上，要么尘封在文物库房里，要么隐匿在文献典籍中，没有或很少成为今天文化建设的重要资源。这既不利于文化遗产保护传承，又有损于当代文化的发展创新。

---

① 文化和旅游部、国家文物局：《长城保护总体规划》，2019年1月23日（http://www.gov.cn/zhengce/zhengceku/2019-12/09/5459721/files/683a92ff615c44788c5ccc378931d2c9.pdf）。

（二）与文化发展质量脱节

历史已经并将不断证明，一个国家、民族的当代文化高度总是与其所根植的历史文化深度成正比的。中华传统文化的精华要素对当代中国文化发展质量的提升具有非同寻常的重要价值与意义。然而，在当今文化遗产实践中，无论是文化遗产工作者还是文化建设者，均未很好地从传承文化基因的角度，以科学的态度、发展的眼光和创新性的举措，把文化遗产蕴含的历史内涵、艺术魅力、精神特质、科学价值与当代文化生活嫁接、融通，并使之成为当代文化和生活的有机组成部分，以增强文化发展活力与生命力，有效提升文化发展的质量与水平。比如，在当今许多地方的传统村落保护和文化特色小镇建设中，盲目改建扩建，导致一些具有历史价值的古城镇、老街区、旧建筑等遭到不同程度的破坏，结果是外表光鲜的文化小镇建成了，而遗产地的内涵品质和城乡的历史风貌、文化传统却丢失了，让人们"记得住历史、留得住乡愁"的文化质量受到严重影响。再比如，近些年来，美国电影公司把中国独特的文化符号"花木兰""熊猫"拍成电影《花木兰》《功夫熊猫》，畅销全球，获得了极高的票房收入，推动了美国的文化产业高质量发展。反观国内，业界对文化遗产的利用大多是发展文化旅游，开发文创产品等路径，针对文化遗产独特的"IP"打造，构建文化遗产产业链的创新力度远远不够。

（三）与文化发展特色脱节

文化遗产是一个地域的特色符号，是延续具有鲜明特征的地域文化的表达方式，见证着一方水土悠久的历史和深厚底蕴，承载着其所在民族或地区的审美习惯、价值追求，是强化当今文化发展特色的重要资源与支撑。就当前我国文化遗产保护发展的实际状况来看，紧密联系当今当地人民群众文化活动和文化需求，从形式、内容、价值等方面挖掘彰显遗产地域特质，增强文化发展特色不够充分有力。例如，作为革命圣地延安，不仅仅要发挥红色文化遗产特色，更要挖掘丰厚的陕北非物质文化、黄土文化、黄河文化，避免出现"晕轮效应"。再比如，文化遗产作为一个城市的人文生态、历史镜像及时代流变，一方面，它是一个城市的精神诉求和文化认同，对每一位生活其中的市民来说，带有浓厚的情感温度和认知深度，具有共同认可的精神视域和文化旨归；另一方面，它又是一个城市人文的灵魂亮点和精神高地，是一个城市内涵、品质特色的主要标志。就城市文化发展而言，凡此都是提升城市品位、彰显城市特色的重要渠道、载体和资源，因为城市的发展不能凭空捏造，存在的每一项因素都有文化的身影，每个城市都有自己独具特色的古道街巷、历史建筑等城市文化的重要元素、符号。可是，在如今我国众多城市的文化建设中，所见更多的不只是物质空间形式上的雷同，更是城市文化个性的贫乏，亦步亦趋，千城一面，都像一个模子刻出来的，传统城市特色日渐消亡。

三、文化遗产的时代价值彰显不力

文化遗产之所以受到保护是因为其价值，价值是文化遗产话语和实践的核心议题之一[1]。联合国教科文组织的世界遗产体系就是为了保护具有"突出普遍价值"（Outstanding Universal Value）的遗产。"一部人类文化遗产的保护史，其实也是对遗产价值的认识史。"[2] 在16世纪

[1]　Labadi S. "Representations of the nation and cultural diversity in discourses on World Heritage." *Journal of Social Archaeology*, 2007, 7 (2).
[2]　刘敏、潘怡辉：《城市文化遗产的价值评估》，《城市问题》2011年第8期。

到19世纪，欧洲经历了启蒙时代和法国大革命的洗礼，由传统社会的神学思维发展到现代社会的理性思维，人们开始用多种价值观来衡量前人留下来的文化遗产。国际社会对文化遗产价值认知的发展，一定程度上反映在有关遗产保护的宪章、准则和相关文件中。1972年联合国教科文组织颁布的《保护世界文化与自然遗产公约》界定文化遗产具有历史、艺术、科学三大价值，在一定时间内这三大价值成为被国际社会广泛接受的文化遗产价值体系。此后，伴随文化遗产观念、理论的发展与深化，对遗产价值的认知、阐释更趋多样化。1994年《奈良真实性文件》基于文化遗产多样性提出东亚文化遗产价值的诉求；重新修订的《实施〈保护世界遗产公约〉的操作指南》在三大价值的基础上增加了情感、审美、文化和景观价值；《中国文物古迹保护准则》进一步提出社会价值、文化价值和自然要素等价值。与此同时，许多学者就遗产价值也纷纷发表自己的看法，英国学者费尔顿提出价值分为文化价值、情感价值、经济价值；澳大利亚学者罗斯比将价值分为文化价值和经济价值；美国学者梅森将价值分为社会文化价值和经济价值；中国学者蔡靖泉认为文化遗产在历史、艺术、科学三大价值之外具有思维价值、经济价值[1]……另外，随着人们对遗产价值阐释的深化，陆续有学者从多个角度提出遗产价值的分类体系，有纪念价值和现今价值说[2]；有内在价值和外在价值、基本价值和衍生价值、核心价值与附加价值说[3]；有以文化价值为统领，由核心价值和外化衍生价值组成具有包容性的价值体

①　蔡靖泉：《文化遗产价值论析》，《三峡大学学报》（人文社会科学版）2010年第1期。

②　〔奥〕阿洛伊斯·李格尔著，陈平译：《对文物的现代崇拜：其特点与起源》，《李格尔与艺术科学》（附录），中国美术学院出版社，2002年，第315~352页。

③　李浈、雷冬霞：《历史建筑价值认识的发展及其保护的经济学因素》，《同济大学学报》（社会科学版）2009年第5期。

系说[1]，等等。笔者认为，文化遗产的价值可分为固有价值和创生价值两类。所谓固有价值是指文化遗产作为文化实体[2]亦即尚未成为文化遗产之前自身固有的非依赖性价值，学界公认的历史、艺术、科学价值即属此类，如汉长安城选址科学、布局完整、功能完备，其营建过程反映出我国古代建设规划思想和理论的实践与创新，自它建成之日起在世界都城史上就具有极高的科学价值与艺术价值。再比如，被誉为我国国宝建筑的晋祠圣母殿，其建筑构造方法是宋代建筑的典型范例，保存了宋代建筑技术中"柱升起""柱侧脚"和"减柱法"等建筑技法，具有很高的历史价值与艺术价值。所谓创生价值是指文化实体在其原生意义消解而成为文化遗产之后，不同时代的人们为了适应社会变化，满足个体生存发展需要，依托文化遗产的文化实体而衍生出来的新的价值，如建筑遗产的使用价值，文物古迹的旅游价值等。笔者在本节所说的文化遗产的时代价值没有得到充分彰显，主要是就创生价值中的文化、经济、社会价值而言。

（一）文化价值弱化

20世纪中期以来，国际遗产界越来越重视文化遗产的文化价值，特别是1979年澳大利亚国际古迹遗址理事会在巴拉会议上通过的《保护具有文化意义地方的宪章》（简称《巴拉宪章》），突出强调遗产的文化价值。文化价值本身是一个极为综合的概念，1987年颁布的《〈世界文化遗产公约〉的实施守则》中文化遗产的文化价值包括文献、历史、

----

① 王巍、吴葱：《浅析中国文化遗产的价值体系——基于价值的特点、关系和本土语境》，《中国文化遗产》2019年第1期。

② 文化实体，指人类活动所创造或改造而成的、满足人类生产生活需要的有形的材料、元件的组合体（如宫殿建筑、佛寺古刹等）或无形的符号体系（如文字、信仰等）。

考古、古老和珍稀、古人类学和文化人类学、审美、建筑艺术、城市景观、地景和生态学、科学等几个方面[①]。笔者所说的文化价值弱化，主要是指文化遗产作为不同形式、内涵的文化资源在推动文化事业繁荣和文化产业发展中释放潜能不够、发挥作用不足。比如，我国种类繁多、内容丰富的文化遗产，是当代文艺创作的资源宝库，可是在很多地方，文艺工作者既不善于从中挖掘元素、提炼题材、汲取养分、获得灵感，亦未能很好地通过多种形式进行当代化表达，以创作出既具有中国精神、中国风格，又符合当代人民审美需求的各类文学艺术作品，尤其是在运用数字技术和高科技手段开发制作影视、网络游戏、动漫等富有创意创新的文化艺术产品上与世界发达国家相比更有较大差距。众所周知，在我国非物质文化遗产里，花木兰是个大义凛然的女英雄，美国人通过创造性转化，在迪士尼电影《花木兰》中让其变成一个可爱、富有个性、敢作敢为、有情有义的女孩子，观众更容易接受这样近乎正常的形象。再比如，每个地区都有独具特色的文化遗产，其价值在现代旅游中日益凸显。文化遗产保护与旅游业相融合，既能使外来游客领略文物古迹、人文风情、地域文化的魅力，又能增强区域文化的吸引力和软实力，而且还能助力美丽乡村建设。然而，令人奇怪的是，在许多文化遗产富集的乡镇街区，利用文化遗产资源因地制宜开发研学旅游、民俗旅游、体验旅游、休闲旅游、精品旅游等，以发展富有生机与活力的文化旅游产业总是步伐缓慢、成效甚微。

（二）经济价值淡化

文化遗产是历史上经济形态、经济体制、经济机制的真实见证，具有重要的经济价值。马克斯·韦伯曾指出，如果说我们能从经济发展史

---

① 陈志华：《文物建筑保护文集》，江西教育出版社，2008年，第206页。

中学到什么，那就是文化会使局面几乎完全不一样。我们应从更广泛的经济繁荣的决定因素来理解文化的作用[①]。荷兰学者瑞吉格洛克将文化遗产的经济价值分为居住舒适价值、娱乐休闲价值和遗赠价值[②]。埃及文化遗产保护专家伊斯迈尔·萨瓦格丁将遗产的经济价值划分为使用价值与非使用价值，使用价值包括由遗产之使用而直接产生或间接产生的收益，如居住、商业、旅游、休闲、娱乐等直接收益和社区形象、环境质量、美学质量等间接效益，以及未来的直接或间接收益，非使用价值包括存在价值、遗赠价值等[③]。一般而言，文化遗产的经济价值主要指通过遗产的使用而直接产生的经济收益，如商业、旅游、展览等。在对待遗产经济价值上，我国的实际情况是，遗产专家、学者和遗产工作者与遗产地居民、政府旅游管理部门及相关文化旅游企业处于二元对立状态，前者大多以保护遗产的真实性为由，回避、忌谈文化遗产的经济价值，后者积极谋求通过开发利用遗产资源以获取经济收益。但由于前者作为"精英阶层"具有权威话语和决策主导权，以致后者的利益诉求很难得到落实。从某种程度上来说，正是由于这种原因，长期以来，文化遗产保护推动经济社会发展的作用未能得到很好发挥。比如，山西省是保留中国古建筑最多的省份，据统计共有古建筑文物28027处，其中国家重点文物保护单位421处，省级文物保护单位407处，合计占比不足3%。其余绝大多数为市、县级"低保"，甚至无保护级别的古建筑文

---

① 〔美〕戴维·兰德斯：《文化使局面几乎完全不一样》，〔美〕塞缪尔·亨廷顿、劳伦斯·哈里森主编，程克雄译，《文化的重要作用——价值观如何影响人类进步》，新华出版社，2010年，第47页。

② Ruijgrok E C M. "The three economic values of cultural heritage: a case study in the Netherlands." *Journal of Cultural Heritage*, 2006, 7 (3).

③ 转引自Zouain Z S. Cultural Heritage and Economic Theory (http://www.gaiaheritage.com/Admin%5CDownload%5CCCH.pdf).

物。而多数"低保"或"无保"古民居都有不同程度的破损。已定级的古建筑，有损伤也必须先保存现状，不允许自行修缮；有的古建筑因长时间无人居住，早已坍塌殆尽，只剩下残垣断壁[①]。试想，作为文化遗产的古建筑连其自身"生存"都存在问题，还怎么指望通过展示利用或其他手段来发挥其经济价值？2018年10月，中共中央办公厅、国务院办公厅印发的《关于加强文物保护利用改革的若干意见》明确指出："文物保护利用不平衡不充分的矛盾依然存在，文物资源促进经济社会发展作用仍需加强。"[②]尤其是一旦论及文化遗产的经济价值，有些人总是把它和过度开发甚至破坏画等号，文化遗产的经济价值被严重淡化。

（三）社会价值虚化

1979年，澳大利亚国际古迹遗址理事会通过《巴拉宪章》提出以价值为基础的文化遗产管理框架，并将遗产价值确立为美学价值、历史价值、科技价值和社会价值。其中，社会价值反映了人与地方的情感联系[③]。这是社会价值被首次引入文化遗产保护的宪章制定当中。2008年，《英国遗产保护准则》将社会价值定义为"文化遗产在历史及社会环境中所承载的地方依恋"[④]，进一步强调社会价值在遗产可持续管理中

---

① 矫阳、都芃：《山西"低保"古建筑现状如何？如何不再消逝风雨中》，2021年10月21日（http://news.stnn.cc/c/2021/1021/3627621.shtml）。

② 中共中央办公厅、国务院办公厅：《关于加强文物保护利用改革的若干意见》，2018年10月8日（http://www.gov.cn/zhengce/2018-10/08/content_5328558.htm）。

③ 国际古迹遗址理事会澳大利亚国家委员会：《巴拉宪章》（1999），《国际文化遗产保护文件选编》，文物出版社，2007年，第159页。

④ Conservation Principles, Policies and Guidance, English Heritage, 2008 (https://historicengland.org.uk/advice/constructive-conservation/conservation-principles).

的重要性。2015年，中国国际古迹遗址理事会在重新修订的《中国文物古迹保护准则》中将社会价值纳入遗产价值，同时指出公众参与及记忆、情感等社会因素对遗产保护与传承的重要性[①]。从上不难看出，与遗产的历史价值、艺术价值、科学价值不同，遗产的社会价值是在遗产保护与管理视角下，基于地方归属、文化认同、集体记忆以及人与遗产之间的日常互动所形成的地方化价值形式，旨在以文化独特性和集体记忆为纽带建立、强化地方认同感与责任感，并将这种人地纽带作为激发遗产地文化生机的社会动力，通过地方精神的传承以及社会力量的积极参与，使遗产管理能够充分捕捉到历史及社会环境的广度与深度，进而促进文化遗产的有效保护和可持续发展。无可否认，遗产社会价值的提出和运用对促进文化遗产保护与管理发挥了重要的作用，如澳大利亚亚瑟港历史遗址地充分运用基于社会价值的管理方式，自上而下结合地方社会力量，深化地方群众对遗产的价值认知与理解，从公众参与的层面推动文化遗产地的保护管理进程，取得良好成效。然而，仅从文化遗产保护管理角度认知运用社会价值，未免有窄化文化遗产社会价值之嫌。笔者认为，体现文化遗产的社会价值，更应考虑如何将遗产作为文化资源释放其在加强社会公共文化服务体系建设中的潜能和发挥其在社会教育中的作用。笔者在此节所说的文化遗产的社会价值虚化主要就此两方面而言。首先，就社会公共文化服务体系建设来说，公共文化服务供给是提升公共文化服务水平的重要途径，对于缩小城乡差距、均衡区域发展、提高社会成员发展机会具有重要意义，而文化遗产的形式、内涵、元素、符号是扩大和增强公共文化供给的重要资源。可是，直面当前我国公共文化服务体系建设实际现状，在许多地方

---

①　国际古迹遗址理事会中国国家委员会：《中国文物古迹保护准则（2015）》，文物出版社，2015年，第6页。

未能很好地让文化遗产进入公共文化，本土文化资源在重塑文化空间、促进社会整合、加强文化交流中的作用没有得到有力发挥。其次，再看文化遗产社会教育功能的发挥。我们知道，人类教育的本源，是关乎导引生命价值的实践活动，需要浸润在鲜活而多元的人类文化生态环境之中。文化遗产作为人类生产生活遗留下来的具有历史意义的物质与精神交融的宝贵资产，负载着无处不在的文化特性及其所衍生的独特教育价值，而这种教育价值直观表现为文化遗产是面向全民终身教育的重要资源，是促进和利用文化表达人类多样性的重要载体。文化遗产是每个社会成员终身教育与学习的鲜活生命体验内容，能够使每个人身处其中不断认同自己的民族文化并形成归属感。以此反观我国文化遗产社会教育功能的彰显，不能不说有许多尴尬和无奈。据统计，全国11家央地共建博物馆馆藏文物展出率最高不足5%，最低只有1.2%，平均为2.8%[①]。这正从一个侧面说明文化遗产的社会价值被严重虚化。

四、文化遗产保护以人为本落得不实不细

在中国特色社会主义进入新时代的今天，以人民为中心的发展思想越来越深入人心，越来越受到全社会的高度重视，各行业各领域坚持以人为本，统筹做好民生工作的力度愈益加强。相应地，文化领域中的文化遗产保护也步入到一个以人为本的新的历史时期，近年来，不断强调的让文化遗产活起来、使文化遗产亮起来、把文化遗产用起来的社会呼求，在很大程度上都是基于以人为本、改善民生的时代诉求。然而，无

---

① 曹兵武：《让文物活起来的初步思考》，《析情探路——符合国情的文物保护利用与改革发展》，文物出版社，2020年，第266页。

论从文化遗产自身的发展，还是就经济社会发展对人所提出的目标要求，抑或人民群众对美好生活的向往来看，当前文化遗产保护以人为本尚存在诸多问题。

（一）文化遗产保护以人为本意涵空泛

文化遗产保护以人为本是一个问题的两个方面，首先是人如何正确对待遗产，包括人从认识论意义上认知遗产、价值论意义上接受遗产到从行为取向上保护传承遗产、发展创造遗产；另一方面是遗产如何为人服务，包括服务人的素养提升、文化需求和精神需要。但事实上，今天的文化遗产保护以人为本只是在口头上、书面上强调文化遗产的社会属性和利用的公益属性，空泛地强调文化遗产保护要为公众服务，为改善民生服务，而没有具体界定人与文化遗产关系的实质性意涵。

（二）文化遗产保护以人为本目的不明

由于没有确切的意涵界定，以致文化遗产保护以人为本未能立足文化遗产的自身属性，紧紧围绕时代发展对人自身发展所提出的目标要求以及人在现实生产生活中的本真诉求，明确提出文化遗产保护以人为本的具体目的，更多的是笼统地呼吁文化遗产对人的价值与意义。

（三）文化遗产保护以人为本路径不实

由于文化遗产保护以人为本意涵空泛、目的不明，遂造成学界和社会各界多在吁求让文化遗产活起来，把文化遗产用起来，至于如何让其活起来、用起来以实现以人为本的目的，却没有一个系统、具体的路径和举措。

第二节　存在问题的多层原因剖析

出现以上问题的原因，既有思想观念方面的因素，也有行为方式上的缘由，概括起来，主要是由以下几个方面造成的。

一、缺乏具有中国特色的文化遗产保护发展理念、原则

（一）缺乏中国特色保护发展理念

不可否认，文化遗产受损严重有多方面的原因，比如经费保障不足或抢救不及时等，但从根本上来说，缺乏切合实际的保护发展理念应该是主要原因，因为理念决定行为，行为决定成效。为说明问题起见，有必要就1949年以来对文物、文化遗产保护的认识作一纵向考察。1949年以后，文物保护作为国家文化事业的重要组成部分取得跨越式发展，多层次文物保护体系逐步建立，文物保护法律法规体系日渐健全完善。改革开放以后，随着经济发展与城乡建设规模扩大，保护和建设之间的矛盾冲突不断加剧，保护工作的艰巨性和复杂性与日俱增。1992年，国务院在西安召开全国文物工作会议，明确提出了"保护为主、抢救第一"的新时期工作方针。时任中共中央政治局常委、中央书记处书记的李瑞环同志还提出"先救命后治病"的观点，要按轻重缓急，抓住重点、急事先办，把有限的力量首先用于抢救那些快"断气"的孤品、珍品上去。1995年，在全国文物工作会议上进一步提出"有效保护，合理利用，加强管理"的文物保护工作原则。直到2002年《中华人民共和国文物保护法》修订时，将以上方针凝练为"保护为主，抢救第一，合理利用，加强管理"，成为时至今日文物工作的遵

循和指南。2005年，国务院印发《关于加强我国非物质文化遗产保护工作的意见》，提出"保护为主、抢救第一、合理利用、传承发展"的工作方针。同年，又发布《关于加强文化遗产保护的通知》，再次强调物质文化遗产和非物质文化遗产保护的"十六字"工作方针，并将每年六月的第二个星期六确立为国家"文化遗产日"。《关于加强文化遗产保护的通知》的发布，从战略层面加快了我国从"文物保护"走向"文化遗产保护"的发展进程，标志着我国文化遗产保护事业进入新阶段。

笔者认为，上述方针也可看作是我国文化遗产保护总的指导思想和目标。对文化遗产保护实践而言，需要遵循此方针以提出符合我国文化遗产特性及传统审美崇尚、价值取向的保护发展理念（详见下文），但迄今为止，我们尚无这方面的理念。有学者把以上方针或原真性保护、整体性保护等原则称作保护理念，对此笔者不敢苟同，因为方针、理念、原则三者之间有着本质的区别。一般来说，方针是指引事业前进的方向和目标，理念是人们对某种事物的观点、看法和信念，而原则是言行所依据的准则，彼此不能等同或混用。

（二）缺乏中国特色保护发展原则

目前，我国现有文化遗产保护原则是基于《威尼斯宪章》所提出的"原真性"保护原则而制定的，主要有真实性保护原则、保存现状原则、修旧如旧原则，具体体现在参照《威尼斯宪章》制定的《中国文物古迹保护准则》中，如必须原址保护、尽可能减少干预、定期实施日常保养、保护现实实物原状与历史信息、必须保护文物环境、不应重建已不存在的建筑、考古工作注意保护实物遗存等。笔者认为，这些文化遗产保护原则存在两个方面的问题：一是背离我国文化遗产特性和传统审美崇尚、价值取向，套用西方文化遗产保护理念、原则，在思想观念上表现出较多的崇外性；二是更多地强调约束与强制，似同负面清单，没有体现出发展创新内涵，在思想观念上表现出较强的教条性。由此造成中国文化遗产保护在很大程度上处于为保护而保护的被动状态，许多能够保护传承下来的文化遗产消失了，许多能够得到较好保护的文化遗产受到不同程度的损害，没有做到能保则保、应保尽保，尤其是文化遗产事业缺乏生机与活力，更直接影响到文化遗产的发展与创新。

二、文化遗产保护的目的任务片面单一

文化遗产保护的目的和任务是什么？可能在大多数人看来，这是不言自明的。可是，笔者认为事实并非如此。长期以来，在我国文化遗产界乃至社会不同层面，专家学者、遗产工作者及有关社会人士，总是认为文化遗产保护的目的是真实、完整地把文化遗产传给后世子孙，其主要任务是保护保存文化遗产的现存样貌状态，目的、任务片面单一。这正是造成文化遗产保护与文化发展脱节、文化遗产的时代价值未能得到充分彰显的主要根源。

三、注重保护传承，轻视发展创新

长期以来，我国文化遗产工作者的主要任务是保护传承文化遗产的现存样貌状态，其角色职能如同接力赛中的传棒人。记得多年前一位学者曾这样说，我国文物保护实质上就是向别人讲述我们的祖先曾经多么辉煌，给我们留下了多么金贵、多么有价值的宝贝。此语尽管有些偏颇，不可能为大多数人所接受，但它却从一个侧面道出注重保护传承、轻视发展创新的历史真实。无可否认，多年来，直至当今，在文化

遗产领域，学科建设、课程设置、课题立项、项目资助、技能培训等无一不是围绕保护传承这一价值取向来安排实施，至于如何促进文化遗产在新的历史时期取得从形式到内容的发展创新，始终未能受到高度重视。

四、忽视文化遗产时代价值的发挥

文化遗产蕴含的文化、经济、社会价值在很大程度上是以服务当代经济社会发展的"时代价值"的形式体现的。随着时代的发展和社会文明的进步，文化遗产的时代价值不断被重构、彰显，文化遗产推动经济社会发展的作用愈益显得尤为重要。然而，现实状况是，我国文化遗产事业的推进，没有很好地把遗产保护与价值彰显相结合，从思想到方法、举措上始终表现出重保护传承轻价值发挥的倾向，文化遗产的时代价值在很大程度上被忽视甚至漠视。

五、轻视文化遗产对人的价值与意义

从世界文化遗产保护与研究来看，以考古学家、博物馆策展人、建筑师等专家主导的权威遗产话语体系深刻地影响了文化遗产保护的理论与实践。这种话语指的是一种专家和技术话语，源于19世纪西欧建筑学和考古学关于遗产保护的讨论，在20世纪上半叶伴随着欧洲遗产保护运动得以兴起，之后通过国际遗产保护宪章和国际遗产保护组织成为全球性的遗产话语[1]。权威遗产话语强调遗产的真实性、物质性及其科

---

① 〔澳〕劳拉简·史密斯、张煜：《遗产本质上都是非物质的：遗产批判研究和博物馆研究》，《文化遗产》2018年第3期。

学价值，认为遗产是脆弱的、有限的和不可再生的，必须要通过专家（指考古专家、建筑师等）严格地保护起来，以传承给子孙后代。这种话语的潜在观念认为，遗产的价值蕴含于遗产的物质本体之中，与人没有关系。权威遗产话语构建起一种权威化的遗产定义，精英群体作为主导遗产话语的权威，一方面不断地合法化这一话语的知识和观念，另一方面不断地排除不同或者相反的遗产理解方式，社区、游客、普通民众等弱势群体，被排除在遗产话语之外。

自20世纪90年代以来，伴随文化遗产利用的形式不断增多，特别是遗产旅游的快速发展，遗产实践的主体日益多元化。遗产主体的多元性进一步扩展了遗产认知的多元化，不同利益群体逐步介入遗产旅游决策，对遗产价值进行多重阐释，由此推动了批判遗产研究的兴起。批判遗产研究特别强调遗产的建构性，推崇遗产价值的多元化与遗产的"民主化"，主张将社区、普通民众参与遗产的管理、阐释和保护的需求合理化。比如，有学者以"谁选择与决定遗产""谁展示与为谁阐释"等问题引出对权威话语体系的批判[1]。正因此，近年来，"遗产与民主"已经成为国际遗产保护的新话题。2017年国际古迹遗址理事会（ICOMOS）第19届大会形成的《德里宣言》中提出"促进包容性的民主社区进程——民选、民治、民享"[2]，强调遗产属于全民的理念。

从上可见，随着批判遗产研究不断推进大众、社区、边缘话语体系对文化遗产的价值认知与实践，人民群众作为"遗产主人"的地位和作

---

① 张朝枝、李文静：《遗产旅游研究：从遗产地的旅游到遗产旅游》，《旅游科学》2016年第1期。

② 国际古迹遗址理事会：《德里宣言——遗产与民主》，2018年1月8日（http://icomoschina.org.cn/content/details48_1385.html）。

用日益显现，但就我国文化遗产保护实践来看，对人的重视程度还远远不够，在很多遗产地或者博物馆，总是把参观者或遗产使用者看成是被动的消费者、简单的被教育对象，而不去考虑如何为他们提供激发情感共鸣和自我反思的资源，激发人民群众对历史的再思考，寻找历史对当下的启示。这正是当代文化遗产保护以人为本意涵空泛、目的不明、路径不实的根本原因。

第三章 构建理念：中国特色文化遗产保护发展理念的理论建构

第一节 中西方文化遗产保护理念差异及原因分析

文化遗产作为一种文化符号，是文化表象的外在载体，它应是思想意识、科学技术以及社会生产的集中体现。在中西方两种文化体系下，由于哲学思想、艺术审美差异以及社会文明发展历程的不同，必然引起中西方文化遗产保护不同的理念认知和实践规范[①]。

一、价值差异及原因分析

文化遗产作为一种具有多重价值的公众资产，既包含了所能反映出见证历史活动的自身价值和美学价值，亦包含着社会价值以及由此衍生出来的经济价值。对于历史上留存下来的文物古迹，中国人主要是考量它与社会主流价值观的关系，其价值主要体现在与之相关的历史事件、历史人物，以及由此而产生的美学价值和社会价值，因此更多地关注整体风格、人文环境与象征意义；西方则强调科学与理性，以历史信

---

① 本章吸收并拓展了拙著《中国文化遗产保护发展体系概论》（西北工业大学出版社，2021年）第二、四、五、六章的有关内容。

息准确性作为判定文物古迹美与否的标准，更为强调遗产自身价值，更多地关注遗产真实性和对遗产实体元素的保留。形成这种表象差异的原因，是中西方不同历史文化背景下的审美崇尚、价值取向之间的巨大差异。

　　一方面，中西方的审美崇尚是源自不同标准的。中国人的审美倾向在于"美即是善"，核心思想是"尚善"。而西方认为"美是和谐与比例"，核心思想在于"求真"。以善为美的具体内涵是重教化、尚理论；而以真为美的具体内涵是重科学、尚真诚。以建筑遗产为例，中国古建筑无论从宫廷到官府还是民宅、寺庙，基本呈现以"主体居中、轴线对称、序列递进"的水平铺陈排列形态，凸显不偏不倚的中庸之道，这种建筑形态承载着我国古代宗法观念和封建祭祀礼制，建筑集合群是一个内向封闭系统，映衬着规范明确、等级森严的宗法礼制，开间、色彩、装饰囿于严格的礼制等级，受宗法守旧思想的影响，一直沿用木构框架体系；而以古代希腊建筑为代表的西方建筑，突出单体建筑，布局也不刻意追求对称，反而突出差异与不规则性，建筑整体简洁朴素。影响遍及世界的"希腊古典柱式"，堪称古希腊哲学美学思想的集中体现，它是数、比例、人体美的凝集，强调各个部件和谐地组合。再如古希腊的帕台农神庙，其正面的高与宽完全按照黄金分割定律而设计，它是整个西方古建筑重视立面形象的设计构思，是重视几何概念和各比例关系和谐的结果。不同的审美崇尚形成了不同的遗产保护理念，中国人更注重意义的传承，西方人则更注重信息的可读。

　　另一方面，中西方的天人观念侧重不同的哲学思想。中国传统文化重和谐、包容，主张天人合一，顺其自然，强调曲线与含蓄美，尚悟性，表现内向；而西方文化重对立、斗争，主张征服自然，提倡竞争扩张、优胜劣汰，强调规模与平直性，尚理性，表现外向。以园林为例，东方建筑讲求意境，特别重视人居与环境的统一，讲究风水，在小小庭院中融入微缩的山水意境，也融入了崇尚自由、崇尚自然的精神，园林的布局、立意、选景皆强调虚实结合，文质相符，或追求自然景致，或钟情田园山水，或曲意寄情托志。人工的建筑与空间场所常常是意境的点睛之笔，对于建筑与空间场所的重建，就是意境的重现。历史上的重要景观建筑多次损毁后多次重修，即源于对意境和精神境界的不懈追求。例如，网师园是苏州最小的园林，原为南宋史正志的"万卷堂"所在，称"渔隐"。此后屡易其主，数度兴废，园主多为文人雅士。清乾隆年间宋宗元购之并重建，取"渔隐"旧意，定名"网师园"。从"渔隐"到"网师"，都含有隐居江湖的意思，既点明是以渔钓精神立意的水园，也向世人昭示园主隐逸闲适、超脱淡泊的精神追求。而西方园林则以平直、匀称和规模宏大、气势雄伟为美，如开阔平坦的大草坪、巨大的露天运动场以及宏伟壮丽的高层建筑等皆强调体现几何图形的分析性，而平直、空阔、外露等无疑都是深蕴其中的重要特点，其几何式园林则体现了天人对立、天人相分的思维与精神理念。每座建筑都是一个独立、封闭的个体，常常有着巨大的体量与超然的尺度，远远超出了实际需要，重在表现一种理念，赋予建筑向上与向四周扩张的性格，在某种意义上，它反映了西方人征服自然的外向、进取的行为模式与价值取向。在这两种哲学思想的引导下，中国人更看重整体的和谐，西方人则更看重个体的精确。

二、认知差异及原因分析

目前国际奉行的对历史文物建筑的修复原则可以总结为原真性原则，以及由此衍生出的可识别性原则、全面保护原则、可逆性原则、原址保护原则、最有必要和最小干预原则等。其中"原真性原则

（Authenticity）"成为西方建筑遗产保护修复的核心思想。由于价值认知和哲学思想差异，在对其具体的技术标准和原真程度的认知上，中西方未尽一致，由此带来对可识别性原则、最有必要和最小干预原则等认知程度上的差异。

原真性原则体现在保护原始环境、修复过程中尊重建筑材料与工艺技术的原真性。尽管各国都以"原真性"作为文化遗产保护原则的核心内容，但是对于保护的不同方面，原真性的具体内容有所不同。我国文物古迹保护准则规定所有的保护措施都必须遵守"不改变文物原状"原则，该原则是对原真性原则的本土传承，国内对何谓"原状"大体有三种理解：一是原状即为初建状态，如1970年在五台山南禅寺大殿大修工程中就以恢复至唐建中三年的原状为目标；二是以该建筑"某个历史时期的建筑形态特征"为原状，如在故宫大修工程中因为康乾时期是历史上最佳的原状，且明永乐创建时期的原状建筑物大部不存或改观难以以之作为原状来保护，因此提出恢复故宫在"康乾盛世"时的面貌；三是视"原状"为"原真"现状保存，不仅肯定"现状建筑形态特征"，还肯定"现状中所表达出来的所有历史信息、历史的氛围"①。如始于2002年北京故宫大修工程中武英殿的修复，面对民国时期加改的"老虎窗，暖风阁，工字廊上的人字梁"菱花窗，由于不是破坏性改动，为尽量保存各历史阶段的历史痕迹，采取了"现状保护"的方式。此三种不同理解中，第三种最为接近国际主流的原真性原则的界定，然而在实际操作中，前两种理解也各有其存在的理由，并为遗产保护界所认可。

可识别原则，指保持文化遗产的历史纯洁性，为修缮和加固所添加

---

①　国际古迹遗址理事会中国国家委员会：《中国文物古迹保护准则（2015）》，文物出版社，2015年，第9页。

的物件需和整体和谐，但又需与原有部分明显区别，让人可以识别并区分真假。意大利在对罗马大角斗场进行修复时，采用了各种方法以实现对历史信息的"时阶式"表达，在加固过程中，为区别于原来的灰白色石灰石，加固砌筑的部分一律用红砖。又如对有些因战争或地震倒塌了的文物建筑进行"复原"修复，需在原来的断壁残垣上沿加一个紫铜带，两侧略略挑出，或有明显区别的材料沿界砌一条虚线，从而强调历史的可读性。这种方法对于砖石建筑比较容易实现，但对于我国木结构建筑体系的某些工艺特征和文化审美，泾渭分明的可识别性受到了挑战。如有人对民居窗木构件的修补部分采取不经油饰或清漆留白的处理方式进行区隔，但在具体措施和最终效果上并未令人满意。有争议者认为彩画的修复只有两种可能：完全不做修复或全部重饰，由于油饰彩画具有保护其所附着的构件的功能，"重新进行油饰彩画"的干预方式本身是古建筑传统的保护方式，尽管难以达到可识别的效果，但却是遗产原真性的体现。由此可见，在可识别原则上，中国人喜欢藏而不露，主张和谐而含蓄的可识别；西方人则喜欢泾渭分明，主张强烈而明显的可识别，二者的认知存在一定差异。

最有必要和最小干预原则指最大限度保存文化遗产原存部分，尽量避免添加和拆除。但其中最大限度的"限度"是难以订立评价标准的。《威尼斯宪章》认为，"对任何重建都应事先予以制止，只允许重修，也就是说把现存但已解体的部分重新组合。"[①]而《中国文物古迹保护准则》第43条规定，"原址重建是保护工程中极特殊的个别措施。核准在原址重建时，首先应保护现存遗址不受损伤，重建应有直接的证据，不允许

① 第二届历史古迹建筑师及技师国际会议：《关于古迹遗址保护与修复的国际宪章（威尼斯宪章）（1964）》，《国际文化遗产保护文件选编》，文物出版社，2007年，第54页。

违背形式和原格局的主观设计。"[1]与西方文物建筑大多独立形制不同，我国建筑多以院落形式存在，如其中某一建筑损毁，势必影响整个建筑集合的完整性。正是在此原则上，中国人重视完整性、习惯干预、倾向重建或恢复原状；而西方人重视真实性、避免干预、反对重建并注重现状[2]。

产生认知差异的原因有很多，但建筑体系特点和遗产保护历程之间的差异是其主因。

一方面，二者分属两个完全不同建筑结构体系。砖木、土木结构是中国古代建筑的主体。由于砖木、土木结构建筑体系具有相当灵活的调节机制，能够在统一的构筑体系中，针对不同地区的自然条件，进行灵活的调节，形成多元的构筑形态和有机的建筑形象。中国古代官式建筑多为木构建筑，民居、城墙、堤坝多为生土建筑，二者相对西方石质建筑结构来说都易受损，在强度和耐久性上都要差。另外，构件的榫卯连接也降低了结点处的强度。因此，对砖木、土木结构建筑而言，造成破坏的原因有屋顶渗漏、基础非均匀沉降、长期荷载作用以及地震、虫蛀、风化、水土流失等自然灾害。且由于单体木构建筑框架结构的整体性，可能导致局部受损而残留部分无法再利用，需要推倒后整体重建，因此经常性的维修和对毁损构件的替换是必不可少的。木构古建筑的维修周期为20～50年，不定期的损毁与重建的循环也使民众心理上习惯性接受重建。即便是生土建筑材料损坏后的维

① 国际古迹遗址理事会中国国家委员会：《中国文物古迹保护准则》（2015），文物出版社，2015年，第30页。

② 郭旭东：《"重建"反映的中西文物保护理念与方法差异的原因探讨——由"东亚地区文物建筑保护理念与实践国际研讨会"〈北京文件〉引发的思考》，《城市发展研究——2009城市发展与规划国际论坛论文集》，2009年，第157～161页。

护方式也通常是补充新的填充材料，并尽量使新旧材料混成一体达到坚固的效果。这种方式与现代西方文化遗产保护理念中的可识别性原则互为矛盾；西方国家古建筑基本上是石质结构，其所使用的花岗岩、大理石等材料具有坚固、不易风化和受生物侵蚀的性质，石材防火性能好，即便受破坏垮塌后构件保存完整性高，需重建时尚存的构件可使用率高。如古希腊、古罗马时期的一些神庙、宫殿，虽历经千年，饱经风雨，但其主体轮廓依然保持至今。因为即便建筑几经损毁，但在重建过程中，只需要通过复制补充遗失的构件即可按照原样重新搭建，其原有构件的使用保证了重建后的原真性，这与木构建筑的重建形成巨大反差。因此，西方人没有形成对采用新材料完全重新建设古建筑的心理习惯。同时，这种原有构件与新增构件混合重建但可区分的方式也促成了现代西方文物保护理念中的可识别性原则。所以中国的建筑遗产保护应当采取有别于西方以石质材料为主要构件的建筑物的保护理念和原则。

另一方面，二者文化遗产保护发展历程各有千秋。西方近现代文物保护和修复观念的形成始于18世纪90年代的法国大革命期间①。早期对希腊古神庙维修时仅考虑其使用价值，直至文艺复兴时期人们才开始关注古建筑的艺术价值。18世纪后半叶，以国家为主体，由社会精英、知识分子推动的历史文化遗产保护事业逐渐在英国、法国以及意大利等欧洲国家拉开帷幕，强调文物建筑历史价值学派的影响越来越广泛，进入20世纪后对历史价值的保护已经成为保护工作的主要方向。在历经前后200年时间之后，西方社会逐渐形成并完善了他们对历史文化遗产的价值认识；与西方相比，我国遗产保护工作起步晚了

---

① 陈薇：《中西方文物建筑保护的比较与反思》，《东南大学学报》（自然科学版）1990年第5期。

近百年，古建筑保护中尽管也提到维修与利废，但基本与西方早期认知相似，仅限于功能上的考量，直至20世纪初期，随着营造学社的建立，我国现代文物保护理念初见端倪。50年代文物建筑保护理论与管理体系开始建立，80年代才开始迎来文化遗产保护理论与方法的发展。西方国家是在资本主义社会生产力充分发展的前提下，使传统和现代之间保持了较多的历史延续性，各种社会问题、城市化进程使遗产遭到破坏的同时，国民保护意识也逐渐增强。而我国现代化属于外缘式现代化，文化遗产在经济和精神领域的重要价值还未得到与之相应的重视和认同。

深刻认识和准确把握中西方文化遗产保护理念的差异及原因，有助于中国特色文化遗产保护发展理念的理论建构。

第二节 构建中国特色文化遗产保护发展理念的紧迫性

目前，国际文化遗产保护交流与合作所强调的保护理念是以《威尼斯宪章》等一系列文件精神为原则。而《威尼斯宪章》主要是依托西方石质建筑结构及价值认知理念形成的保护理念与实践规范，这一套关于保护文物建筑及历史遗址、遗迹的国际主流原则，虽有其足够的权威性和广泛的适应性，但正如宪章的前言所说，"每个国家有义务根据自己的文化和传统运用这些原则"，它不是一剂万能的灵丹妙药。中国现代文化遗产保护制度的建立主要借鉴于西方发达国家，近年来文化遗产保护理念和保护方法正在逐步与国际接轨，但在此过程中，无论就人类文化发展的客观规律，还是就不同文化地域、不同民族的文化遗产特性来看，《威尼斯宪章》都在很大程度上存在着"水土不服"。各国纷纷探讨适合本国的遗产保护发展理念，进一步对国际普遍遵循的保护原则展开"本土释义"，提出原真性应该尊重各地区不同建筑背景与民族、文化差异。1972年11月联合国教科文组织通过的《保护世界文化和遗产公约》，1994年12月日本古都奈良会议上通过的《奈良文件》，1999年3月在美国得克萨斯州圣安东尼奥通过的《圣安东尼奥宣言》和2005年10月在中国西安通过的《西安宣言》都是对《威尼斯宪章》的补充和发展。

中国作为一个享誉世界的文明古国，拥有独特而丰厚的历史文化遗产，如何对中国文化遗产进行保护、保存、利用和传承发展是一项重要的时代课题，同时也是做好人类文化遗产保护发展工作的重要组成部分。长期以来，在中国文化遗产保护发展中，由于受西方文化遗产保护理念的影响和制约，至少到目前为止，我们尚未形成符合自身文化遗产特性、文化发展客观规律和遵从中国传统审美崇尚、价值取向的保护发展理念。在相当大的程度上，人们总是用西方的理论、学术观点、原理、概念、标准来对待中国文化遗产保护与发展，往往使遗产保护发展与实际要求产生出入，其结果既使大量理应得到有效保护的文化遗产没有得到很好保护，又使一些不应损毁的文化遗产遭到破坏甚至消亡，文化遗产的文化、社会和经济价值没有得到充分彰显，可持续发展也受到严重影响。事实证明，文化遗产保护发展面临的最大敌人不是风霜雨雪等不可抗拒的自然力量或战争，也不是完全缺乏相应的保护发展技术，而是各种片面和错误的认识观念。在今天新的时代条件下，我们必须在深入理解中西方文化遗产保护理念差异及深层原因的基础上，建立符合中国文化遗产特性和遵从中国传统审美崇尚、价值取向的保护发展理念。唯有如此，才能切实有效地保护好、传承好、发展好我国种类繁多、特色鲜明、底蕴丰厚的文化遗产，也才能充分发挥好文化遗产推动经济社会发展的现实功用。

第三节　构建中国特色文化遗产保护发展理念的依据和基础

一、理论依据

从上可见，不同的文化遗产特性和不同的审美崇尚、价值取向决定了中国与西方在文化遗产保护发展上具有不同的理念认知和实践规范，而这正是建立中国特色文化遗产保护发展理念必须考虑的重要因素。笔者认为，从理论依据上来说，建立中国特色文化遗产保护发展理念，首先要坚守文化发展的客观规律，努力发挥人的主观能动性；其次要严格遵循中国文化遗产的固有特性和中国传统的审美崇尚与价值取向；再者要与时俱进，充分体现发展的时代内涵。

（一）文化发展的客观规律

文化发展是一个扬弃和创新的过程，每一个时代的文化总是在继承前一时代的文化精华并剔除其糟粕，同时在融入本时代新的文化成分而不断加以创新的基础上发展起来的。没有对以前文化的继承，文化的发展就没有根基。相应地，只是一味地继承，而不融入新时代新的文化因素，不加以创新，文化的发展只能是一种毫无生机、毫无价值的僵死的重复。文化遗产作为文化的物化表现，其发展也必然是一个扬弃和创新的过程。例如，就可移动文物而言，无论是青铜器、瓷器、陶器，还是金银器、玉器等，一个时代的器物形制总是在继承前一时代优点特长的同时不断加以创新和发展；就不可移动文物来说，一幢古建筑或一座古塔，其外在形式和风格也是在继承和创新的过程中发展变化的。文化遗产本身的发展如此,那么对其保护也应如此。换言之,对任何一种文物古迹的维修保护,应根据其本身的特性及现存的实际情况,采取局部或整体加固措施,特殊情况下,为了使其更好、更长久地留存于世,也可改变其原有结构或材质加以维修保护,而不能教条地恪守"保存现状""原封不动"的所谓维修保护原则,否则,不是能够留存下来的文化遗产将灭绝于世,就是能够较长久留存于世的文化遗产将在较短的时间荡然无存。这绝非无病呻吟或危言耸听,前人保护文物古迹的举措早已证明了这一点。例如,泉州开元寺内的东西塔,是我国建筑高度最高、年代最古老的一对石塔,历经岁月更替,至今岿然屹立。东塔(镇国塔),始建于公元865年,初为木塔,南宋宝庆年间易为砖塔,嘉熙年间又改为现存的八角五层楼阁式仿木构的花岗岩石塔。西塔(仁寿塔)最初也是木塔,始建于公元916年,南宋淳熙年间易为砖塔,绍兴年间又改为现存的花岗岩石塔,与东塔形制一致。可以想象,如果没有宋代对两座木塔的改建,现如今将难以见到如此盛景。再比如,20世纪80年代初,如果没有西安市委、市政府和广大市民齐心协力对西安明城墙的大规模维修保护,那么保存至今的明城墙的残破景象将是不言而喻的。事实上,在我国历史上,前人在维修保护许许多多文物古迹时,都程度不等地根据文物古迹本身的特性和当时的实际情况,采取了积极有益的创新措施实施保护,从而使许多重要的文物古迹得以保存至今而且还将继续保存下去。

(二)主客体有机关系辩证

辩证唯物主义认识论告诉我们:主体与客体之间不仅是反映和被反映的认识关系,更为重要的是改造和被改造的实践关系。主体在改造客体的过程中认识客体。从主体与客体的有机联系,尤其是从主体对客体的能动性角度来说,我们在保存文化遗产"原真性"的同时,要积极发挥遗产保护工作者的主观能动性，更不能割裂客体与主体的有机联系，使文化遗产与遗产保护者处于相互隔绝、彼此孤立的状态。遗产保护者不应该目睹文物古迹日渐遭受风吹雨淋、自然风化和人为破坏而垂手而立、无所作为，人为地延误或丧失制止遗产损毁、破坏恶果出现的有利时机，而要坚持创新发展理念，切实发挥主动性和创造性，不断增强做好新时代文化遗产保护发展的责任感和使命感。

（三）中国文化遗产的固有特性

中国文物以建筑物和大遗址构成为最主要的类型，而砖木、土木结构建筑体系又是中国古代建筑的主体。正如前文所说，由于砖木、土木结构建筑体系具有相当灵活的调节机制，因此能够在统一的构筑体系中，针对不同地区的自然条件，进行灵活的调节，形成多元的构筑形态和有机的建筑形象。这完全不同于西方国家以石质结构为主的古建筑，如古希腊、古罗马时期的一些神庙、宫殿，具有不易破损、保存时间长等特点，虽经数千年风雨剥蚀，但其主体结构、基本轮廓依然保存至今。而中国古建使用的砖木、土木结构建筑材料是极易毁损的材料，它较之石质材料在强度和耐久性上都要差，容易糟朽、变性、风化、流失、受虫蛀。另外，构件的榫卯连接也降低了结点处的强度。因此，对砖木、土木结构建筑而言，造成破坏的原因有屋顶渗漏、基础非均匀沉降、长期荷载作用以及地震、虫蛀、自然风化、水土流失等，经常性的维修和对毁损构件的替换是必不可少的。因此，中国文化遗产保护发展应当采取有别于西方以石质材料为主要建筑构件的西方的保护理念和原则。

（四）中国传统的审美崇尚与价值取向

从文化学、社会学、民俗学的角度来讲，中国文化遗产的表现形式、内容构成、价值特征在很大程度上反映着中华民族的审美崇尚和价值取向。反过来，作为深层文化结构的审美崇尚和价值取向又在很大程度上决定着保护发展文化遗产的理念、方法和趋向。比如，中国的美即是善、以善为美，重教化、尚伦理的审美倾向和重和谐、包容，主张天人合一、顺其自然，强调曲线和含蓄的价值取向，决定了中华民族在文化遗产保护发展中更多地关注整体风格、人文环境与象征意义。而西方以真为美，重科学、尚真诚的审美意向和重对立、斗争，主张征服自然，提倡竞争扩张，强调规模与平直性，尚理性的价值取向，决定了西方在文化遗产保护发展中更多地关注遗产真实性和对遗产实体元素的保留。

今天，建立中国特色文化遗产保护发展理念，应充分遵从我国传统的审美崇尚与价值取向，在理念、思路、方法及成效评估上应更多地关注文化遗产的整体风格、人文环境与象征意义，真正走出一条富有中国特色的文化遗产保护发展新路子。

（五）发展的时代内涵

从一定程度上来说，衡量一种文化遗产保护发展理念是否合理、科学、有效，关键是要看该理念是否充分体现出发展的时代内涵，具体讲，就是能否有效保护遗产本体、优化周边环境；能否有效传承遗产历史文化信息、展现教育价值；能否有效承载遗产所在民族或地区的审美习惯、价值追求；能否有效提高遗产区居民的生活质量、增强幸福指数；能否有效促进经济社会发展，惠及全体人民。今天，建立中国特色文化遗产保护发展理念，要不断增强人们在面对新时代社会发展诉求时的能动性理性认知，紧紧地把发展的时代内涵融入文化遗产保护发展理念、思路和举措之中，切实把文化遗产资源作为新时代文化建设的重要内容和文化建设质量、特色的有力支撑。

二、事实依据

（一）古代建筑保护典型案例

1.佛光寺

佛光寺创建于公元478年，由北魏时期宕昌王梁弥机在原恒州土俗所建茅庵草屋基础上扩建而成，有佛堂三间、僧室十余间，并始置名"佛光寺"。北周武帝灭法，佛光寺佛堂悉毁。唐贞观年间，佛光寺得以重新修建。此后，又有法兴禅师在佛光寺内兴建三层九间弥勒大阁。唐武宗会昌年间大举灭佛，包括弥勒大阁及诸佛、菩萨像等寺内建筑全部被毁。唐宣宗大中年间，佛教再兴，佛光寺得以重建，于弥勒大阁的旧址上新建单层七间的大佛殿及塑像、壁画，此后又添建了佛顶尊胜陀罗尼经幢。宋代以降，佛光寺也没废修饰。宋人在大佛殿内曾彩绘"海水行云"壁画一幅。金天会年间，又于佛光寺重建了七间木构建筑的文殊殿、普贤殿和五间木构建筑的天王殿。元、明、清三朝以来，文殊殿、普贤殿、天王殿、伽蓝殿、香风花雨楼、关帝殿、万善堂等都有重修、重建和重绘之举。清末，普贤殿焚毁。民国初年，增筑窑洞和南北厢房，始成现存规模。

2.滕王阁

滕王阁始建于公元653年，为唐高祖李渊之子李元婴任洪州都督时所创建。在此后的1000多年里，滕王阁历次兴废，先后修葺达28次之多，建筑规制也多有变化。其中，唐宣宗大中年间，滕王阁首次毁于大火，初唐之阁荡然无遗，重建阁址依旧，规模有所扩大，并增建了邮驿、厅、轩、小阁、江亭、津馆等附属建筑。宋徽宗大观年间，滕王阁因年久失修而塌毁，重建后比唐阁范围更为扩大，并在主阁的南北增建"压江""挹翠"二亭，逐渐成为以阁为主体的建筑群。南宋时，滕王阁移址改建于城墙之上。元、明、清三代，滕王阁数次毁于兵火，迭经修葺。明朝初年，元代的滕王阁其遗构犹存。后因军事防御之故，南昌沿江的城墙内移，滕王阁遗址尽没于江中，从此结束了城上建阁的历史。清代滕王阁兴废频繁，毁于火灾七次，遭兵燹两次，自然损坏而倾圮四次，毁后均又重新修葺。民国时期，滕王阁最后一次毁于兵灾，仅存一块"滕王阁"青石匾，此后50多年里再无重建。直到1983年，根据梁思成先生以"天籁阁"旧藏宋宫廷画《滕王阁》为蓝本所绘制的八幅《重建滕王阁计划草图》，并参照宋代《营造法式》，终成今日所见之滕王阁风貌。

3. 大观楼

大观楼始建于公元1690年，为清代康熙年间云南巡抚王继文修建，初建为二层木结构建筑，并相继修建了催耕馆、观稼堂、牧梦亭、漏月亭、澄碧堂等亭台楼阁附属建筑。道光年间，云南按察使翟觐光主持重修大观楼，将原来的二层增建为三层，成为文人墨客雅集之地。咸丰年间，大观楼及其后的观音寺、华严阁一并毁于兵火。同治年间，云南提督马如龙主持重建大观楼，历时两年，并亲自为重建落成后的大观楼题写了《重建大观楼记》手札。清光绪年间，大观楼遭水患，两廊皆圮，楼亦倾斜，由云南总督岑毓英重修，为方形、三重檐、四角攒尖顶云南传统古建筑，即今日所见大观楼之形制。

4. 天宁寺塔

天宁寺为北魏孝文帝所建，最早被称为"光林寺"，隋代仁寿年间改名"宏业寺"，唐代至辽代时期被称为"天王寺"。隋时，寺内有木结构佛塔，后因火灾焚毁，辽代时重建八角十三层的舍利砖塔。元代末年，天王寺除塔之外的主要建筑全部毁于战火。明代初年，朱元璋下令重建寺庙，依辽代原状更换舍利塔基座砖雕，扩大寺庙规模，并于宣德年间改名为"天宁寺"，寺内石塔遂定名为"天宁寺塔"。此后，正德和嘉靖年间，曾两度修缮天宁寺。明代末年，天宁寺再毁。清代康乾时期，天宁寺又历经数次重建、大修。其中，乾隆年间重修天宁寺，以辽代舍利塔为寺中心，并修葺已坍塌的塔顶，将辽代铁塔刹改为砖砌宝顶。如今，天宁寺塔已成为北京城区现存最古老的地上建筑。

从以上案例可以看出，前人在保护修复古建筑的过程中，并不强调物质本体是否真实，而是接受对古建筑本体的重修再建，重视对古建筑使用价值和象征意义的维护，希望通过一定的物质本体来负载古迹的内在价值与精神延续性。这种以"重修庙宇，再塑金身"思想为代表的中国传统古建筑修缮观，深受中国文化遗产特性和传统审美意识、思维方式、价值取向等影响，认可物质可以更新、但意义永存的精神连续性。这对今天文化遗产保护发展来说，在某种程度上仍然有着积极的借鉴意义。

（二）大遗址保护典型案例

1. 唐大明宫遗址

唐大明宫始建于唐贞观八年（公元634年），占地面积约为3.5平方千米，是北京明清故宫面积的四倍余。作为大唐帝国200余年间的政治中心，大明宫是大唐帝国的大朝正宫和国家象征，是盛唐时期规模最为宏大的宫殿建筑群，号称"万宫之宫""东方圣殿"，被誉为"中国宫殿建筑的巅峰之作"。早在1961年，唐大明宫遗址就被国务院列入第一批全国重点文物保护单位。2014年，在联合国教科文组织第38届世界遗产委员会会议上，大明宫遗址作为中国、哈萨克斯坦和吉尔吉斯斯坦三国联合申遗的"丝绸之路：长安－天山廊道的路网"中一处遗址点成功列入《世界遗产名录》。

自20世纪50年代至今，对大明宫遗址已进行了近70年的考古挖掘工作。这座1300多年前建造的大型土木结构建筑工程，历经沧桑之后，地上建筑荡然无存，仅余下部分宫殿台基及残存的宫墙。经考古勘探，大明宫遗址平面略呈南北长方形，北半部平面呈梯形，南半部为横长方形，宫墙周长7.6千米，四面共有11座门，已探明的殿、台、楼、亭等建筑遗址有130余处。宫殿南部为前朝，自南向北由含元殿、宣政殿和紫宸殿为中心组成，北部的内廷中心为太液池。

唐大明宫遗址整体格局和重要殿基均保存完整，是中国目前保存最为完整、保存状态最好的古代宫殿遗址之一。从2007年开始，西安市政府针对大明宫遗址区脏、乱、差，居民生产生活水平低，特别是遗址保护难度大等实际问题，按照建设大明宫遗址公园的总体思路，通过整体保护、内涵挖掘和发展文化创意产业等方法手段，将遗址保护与城市建设、环境改善、经济发展相结合，既有效保护了遗址本体环境，展示了遗址丰富的文化内涵，又很好地改善了遗产地居民的生产生活条件，取得良好的经济与社会效益（对此，笔者在本书自序中已有论述，兹不赘述）。

2. 汉杜陵遗址公园

汉宣帝杜陵位于西安市东南部的少陵塬北端，海拔618米，比西安市高约200米。宣帝陵园平面为方形，陵园四面城垣各辟一门，以封土为核心，由城垣、寝园、陪葬坑等遗址构成完整的空间结构，祭祀建筑为陵园东北部陵庙和位于陵园东南的寝园。王皇后陵位于杜陵东南575米，陵园平面呈方形，陵园四面城垣中央各辟一门。杜陵邑位于遗址区最北部。

　　秦汉时期，杜陵被称为"杜东原"，汉宣帝陵墓筑于当时的杜东原上，杜陵之名由此而来。西汉帝陵从长陵开始设陵邑，迁徙高官富豪之家到陵旁居住。汉宣帝在营建杜陵的同时，根据汉代帝陵周边设置陵邑的制度，修建了杜陵邑，县治从此由杜县迁至杜陵邑。秦迁都咸阳后在此区域修筑了皇家园林——上林苑。汉武帝时期，对上林苑进行了大规模扩建，种植了许多奇花异木。到了隋唐时期，通过对杜陵以及城南地区的不断完善，曲江区域成为著名的风景名胜地，既有为皇家赏玩的芙蓉园，又有为平民打造的曲江池。汉宣帝陵正是曲江这一风景园林区的重要组成部分。到了隋唐之后，杜陵附近区域逐渐变为农田，明代时期此区域成为秦王的主要墓葬区。

　　1956年，杜陵被列为陕西省第一批省级重点文物保护单位。1988年，被国务院公布为第三批全国重点文物保护单位。2005年，又被列入国家100处重要大遗址。汉杜陵遗址区占地面积共20.9平方千米，主要遗址资源有汉宣帝陵园遗址（寝园遗址、陵园东门遗址、陵园北门遗址），王皇后陵园遗址（寝园遗址、东门遗址），陵庙遗址，九号遗址，十号遗址，杜陵陪葬坑（一号、二号、三号、四号、五号）。杜陵共有陪葬墓108座，现地面上有封土的62座。据史载，陪葬者有大司马车骑将军张安世、丞相丙吉、建章卫尉金安上、中山哀王刘竟等。遗址区还出土了大量的文物，如花岗岩础石、几何纹或素面方砖、绳纹筒瓦、铜壶、铜钟、铜泡、铜镦、鎏金铜环、五铢钱、小五铢钱等。

　　汉杜陵遗址区虽然拥有丰厚的历史文化资源，但在2001年以前，由于受文物保护理念固有思维定式的制约，使得遗址区的遗址不断遭到损毁，周边环境不断恶化，区内基础设施和生活服务设施得不到改善，群众生活长期停留在较低水准，群众保护遗址的积极性受到打击，整个遗址区形成了西安版图上的"洼地"和"塌陷区"，严重制约了社会、经济、环境的和谐发展。2001年这里的土地亩产值仅有200元，农民人均可支配收入2800元，比雁塔区平均水平低800元，农民收入与城镇居民收入相差甚远。

为了改变这种现状，遗址所在地的雁塔区委、区政府创新性地提出"遗产环境＋都市农业"的发展模式，并被国家文物局原副局长张柏赞誉为"杜陵模式"。这种模式即以汉杜陵遗址自身特性为基础，以遗址保护的真实性、遗址展示的可视性、生态建设的景观性、产业项目的文化性、村镇建设的地域性、产业发展的关联性和区域经济增长的明显性为要求，以展示和体验汉代风俗文化、文明为主题，以遗址环境保护、生态景观建设及发展现代都市农业为手段，以多元主体和谐参与为保障，最终以实现汉杜陵遗址资源的有效保护、合理开发利用和区域经济、社会、文化、环境的协调可持续发展。

按照这一思路，从2001年开始在汉杜陵遗址区实施了由政府主导、企业参与、市场化运作方式植树造林，建成了生态经济林11000亩[①]，其中生态林5600亩，果林5200亩；种植各类苗木160多个品种，合计540多万株，形成了千亩示范生态园、千亩银杏林、千亩柿子林等，遗址区内生态林达12000多亩。生态绿地与大遗址的有机结合，不仅为公众提供了休闲游憩空间，也对文物遗址的本体与环境风貌形成有效保护。

在短短几年时间里，遗址区引进雅森、万达、缔缘等20余家生态园林企业，这些企业除了从事所承包林地的管护与经营外，还从事农家乐餐饮、盆景养殖与租赁、农业采摘休闲体验旅游、狙击野战拓展训练等项目。通过以上举措，汉杜陵遗址区调整农业生产结构，农业综合生产能力得到明显提高，农民踊跃种植生态林和枣、柿等经济林。初步估计，这些举措惠及周边三兆村、缪家寨等六个村的村民一万余人。与此

---

① 1亩≈666.666平方米。

同时，企业和农户在政府引导下，不仅注重经济收入的增加，更加注重农产品品牌建设，如"好娃娃"葡萄、樱桃、鲜桃，"博达"盆景，"溢绿"鲜果都成了西安都市农业的知名品牌，先后荣获全国及省、市优质产品。在品牌战略的带动下，不仅农产品附加值得到很大提升，而且以前滞销的农产品如今都成了市民的抢手货。"好娃娃"葡萄还被推荐为2008年奥运会特供水果之一，"唐园"盆景誉满西北五省。

以上新模式和新举措，不仅有效地保护了汉杜陵遗址本体，有效地改善了遗址周边环境，而且大大提高了遗址区农民的经济收入，汉杜陵遗址区已成为西安居民周末休闲、度假、娱乐的首选之地，取得了满意的社会、经济、文化和环境效益。

由上可知，对文化遗产的保护不能仅局限于对文物古迹、历史建筑等"器"的保护，而应该强调文化遗产的人文精神、人文价值和人文环境，强调文化遗产除了纪念功能以外之于现代人和社会经济、文化、环境之间的关系，以使文化遗产保护和管理具有内涵上的深化和方向上的纠正，使保护的目的最终统一在"延续我们所知并能给我们带来延续性的物质和精神世界"。

具体来讲，唐大明宫国家遗址公园和汉杜陵遗址公园模式体现了以下几个方面理念：

一是充分体现了以文化遗产特性为核心的保护发展理念。不管是唐大明宫遗址还是汉杜陵遗址，无一例外都创新性地结合遗址自身特性和各自所处的遗址环境，结合各自所承载的历史文化信息和所要面对的经济社会难题，提出了符合自身发展实际的保护利用模式。在保护利用方式上更是从遗址不同个性出发，唐大明宫遗址更多的是宫殿建筑遗址，在展示手段上采用更加直观的、场景再现的方式，以重塑宫殿的气度与格局；而杜陵遗址是陵墓遗址，主要是通过绿化种植、环境改造来营造帝陵的庄严、肃穆的场所精神。

二是充分体现文化遗产与城市产业相结合的融合发展理念。不管是文化旅游、文化创意、文化地产与文化遗产相结合为主要特征的"大明宫模式",还是园林绿地、都市农业与文化遗址相结合为主要特征的"杜陵模式",都是在深挖文化遗产内在价值的基础上,植入新型的产业业态融合再生,产生聚集效应和裂变效应,使二者发挥最大的经济、社会、文化、环境价值。文化旅游、文化创意、文化地产与文化遗产的有机结合,不仅解决了遗产保护的动力机制,而且成为遗产的有效展示手段,为城市空间环境改善、城市产业结构优化、城市功能拓展提供了极具可持续发展的空间。文化景观系统、都市农业与历史文化遗产的有机结合,不仅为公众提供了众多的绿色休闲空间,更重要的是更好地保护了文化遗产的本体和历史环境风貌。

三是充分体现以人为本谋发展的和谐发展理念。从根本上来讲,文化遗产发展的终极目标就是满足人们日益增长的文化需求和文化权利,增强幸福指数。唐大明宫国家遗址公园和汉杜陵遗址公园的建设不仅缩小了遗产区内人民群众的经济收入与遗址区以外居民收入的差距,而且逐步使居住在遗址区内的人民享受到遗址区以外的人民所享受的教育机会、参与就业和发展的机会,享受到均等化的公共服务,享有大体相当的生活水平。这一点在大明宫遗址公园表现得尤为突出。通过大明宫国家遗址公园的建设,使大约10万遗址区居民生活条件和生活方式得到了根本性的改观,原来的"棚户区"居民都搬进了新居,生活质量大大提高,真正实现了人、遗址、环境与政治、经济、社会、文化的和谐发展。

四是充分体现遗址保护区与周边地区跨越发展的理念。以遗址保护区为基本单元、推动遗址周边区域的经济发展为方向,调动区域内各组织要素的积极性,突破区域发展瓶颈,实现区域跨越式发展。从唐大明宫国家遗址公园和汉杜陵遗址公园的实践来看,对遗址的保护利用不仅局限在遗址本身区域,而且突破了遗址区的界线,把遗址放在大区域板块的尺度来进行保护利用，一方面使得遗址保护有了更广阔的土地利用空间，另一方面使得周边土地融入文化遗产后，土地价值得以升值，二者相得益彰，实现了遗址保护区与周边地区形成板块式突破发展。如通过3.5平方千米的大明宫国家遗址公园建设，带动12.76平方千米公园周边区域的改造，使得周边土地价值呈几何级增长，兑现了城市价值，无疑是区域实现跨越式发展的典范。

唐大明宫国家遗址公园和汉杜陵遗址公园的保护利用实践可以证明，这种保护模式有效保护遗址本体、优化周边环境，有效传承遗址历史文化信息、展现教育价值，有效承载遗址所在民族或地区的审美习惯、体现价值追求，有效提高遗址区居民的生活质量、增强幸福指数，有效促进经济社会发展、惠及全体人民，可以说是一种成功的实践模式。

三、理论基础

（一）价值论

在西方哲学理论体系中，价值论是与存在论和认识论并列的理论分支，价值观是哲学世界观的重要内容，价值思维是哲学思维的重要方式。将价值论运用于我国文化遗产保护发展理念的构建，集中体现为价值哲学对遗产保护发展理念的目标取向性，它将影响遗产保护发展在理论上的系统性、观念上的认同性、意念上的连续性、情感上的可原性、数理逻辑上的相容性、自然法则上的和谐性和语义逻辑上的一致性。价值普适性和价值多样性决定了我国既应有对西方文化遗产保护理念的兼容吸收，确立人类对待文化遗产态度上的共同追求和理想目标，也应在尊重这些代表人类基本价值共识的公约的同时，充分考虑我国文化独特性，一方面需要对我国传统儒家思想、农本思想等价值观进行诠释和取舍，另一方面要结合我国国情对文化遗产价值体系和评判制度进行创造性探索。

（二）系统论

文化遗产保护是一个系统工程，运用系统论有助于厘清文化遗产保护系统内部、系统环境以及系统变化之间的逻辑关系。首先，文化遗产保护涉及建筑、考古、历史、地理等相关学科，是一个由各个子系统构成的整体，包括管理、法律、教育科研等各个亚系统，各子系统间相互影响、相互作用；其次，社会环境、自然环境和人是文化遗产保护系统外部边界的三大要素，社会环境中的政治制度、宗教信仰、经济状况和科技水平都对文化遗产保护发展有着巨大影响，而自然环境的差异可能导致保护手段与方法的区别，作为保护主体的人决定着保护研究、保存制度和民众意识；最后，系统内部之间关系链接，如教育培训对管理队伍的充实，法律体系对预防、治理、修缮的规定等，影响着文化遗产保护发展的实际运行状况。总之，系统内部结构的维护是任何文化遗产保护获得成效并不断发展的基础，结构优化是文化遗产保护发展中的重要内容和根本保障。

（三）控制论

控制论是研究系统的状态、功能、行为方式及变动趋势，控制系统的稳定，揭示不同系统的共同的控制规律，使系统按预定目标运行的技术科学。借鉴现代控制论思想对文化遗产保护发展的意义在于，将文化遗产看作是一个控制系统，探讨如何利用最优控制、最优设计和系统辨识使文化遗产保护发展达到最佳状态。尽管控制论发端于自然科学，但它所探讨的关于系统的相关关系、组织结构、运行机制、控制过程等方面，具有重要的方法论意义。从理论上讲，适合于工程的、生物的控制论的理论与方法，也适合于分析和说明文化遗产保护发展管控问题，如新技术在文化遗产保护发展中的应用，分级干预保护中控制方法等。

第四节 构建中国特色文化遗产保护发展理念的研究方法与研究内容

一、研究方法

由于遗产研究的跨学科性，遗产研究的方法也是多元的，对遗产现象的研究不仅仅从某一学科领域出发，而应在更宽泛的人文、社会科学范围内研究某一个特别的领域，并且在不同的阶段，由于关注的层面不同，研究者会使用不同方法进行遗产保护发展的相关研究。

（一）对比分析法

对比分析法是把客观事物加以比较，以达到认识事物本质和规律并作出正确的评价。在对比分析中，运用时间标准、空间标准、经验或理论标准、计划标准等对所比较的客观事物作出客观的评价。运用对比分析法进行文化遗产保护研究，研究对象包括国内外相同类型遗产、同一地理位置不同类型遗产以及相似遗产发展背景的不同地区等的研究，内容集中于遗产相关理论、发展背景、研究重点、研究方法、保护及发展模式研究等方面。例如，通过中西方文化遗产的特性、材质、空间位置、历史风俗、民族心理特点等不同角度来分析评价中西方文化遗产的保护方法和理论体系。

在遗产保护研究中运用对比分析法的过程中，应根据比较的类型选取比较对象，通过时间标准、空间标准、经验或理论标准、计划标准等不同角度来分析比较内容，在分析的过程中，通过多方面的对比梳理双方或多方的资料信息，最终整理汇总作出比较结论。时间对比，如通过对比不同历史时期文化遗产的发展变化、建筑风格、保护策略与研究方向，来总结出文化遗产的动态演进历程，以及今后在文化遗产保护与管理中的研究重点。空间对比，与相似的空间比较，如两个地理条件、空间形态相似的文化遗产目的地进行比较，分析在类似的地理空间环境中，文化遗产在保护及发展方面的异同及变化特点；与先进空间比较，如落后地区的文化遗产与发达地区的文化遗产比较，以及人流量大、可进入性强的文化遗产地与相对较封闭的文化遗产地进行比较；与扩大的空间标准比较，如某个文化遗产地的遗产保护与发展状况与全国乃至全世界遗产保护与管理的整体状况进行比较。经验或理论对比，如在文化遗产的保护方面始终以文化遗产保护法律法规为纲，跟随时代的变化而更新保护与管理理念，坚持保护与传承相辅相成。计划对比，如在文化遗产保护中，将政策规定、市场环境、规划目标等作为计划标准，找到差异，分析原因，提出遗产保护和完善的方法。

（二）田野工作法

田野工作法又称为田野调查、现场调查、实地调查，是指经过专门训练的人类学者亲自进入某一社区，通过直接观察、访谈、住居体验等参与方式，获取第一手研究资料的过程，是一种在各个学科里广泛应用的方法。"田野工作"的概念最早出现在考古学和人类学的相关研究中，是对直接调查的进一步发展和实践应用。对于大多数的研究而言，田野工作是以获得最直接资料为目的的预先调查阶段，它既不是按照预先拟定的理论框架去收集资料，也不是根据调查材料归纳出一般的结论。它的重点是直观社会本身，力图通过记录一个个鲜活的人、事、物来反映调查对象的本质。田野工作的过程，其实是"理论"与"经验"两个层面往返交流、相互修正的过程，其优势主要体现在调查的直观性和可靠性。

　　文化遗产是一个实践性很强的研究领域，最大限度地获取第一手资料就成为科学研究的前提。近年来，田野工作越来越受到遗产研究者们的青睐，许多有关的研究都是通过田野工作来开展预研究。目前，田野工作法在我国主要集中应用于非物质文化遗产的保护。从《保护非物质文化遗产公约》给出的"保护"定义来看，无论是单个的非物质文化遗产项目，还是某一地区非物质文化遗产保护的整体情况，田野调查都应该是诸如确认、立档、研究、保存等一切保护工作的基础，是使保护工作避免成为空中楼阁的最重要、最基础的环节和措施。另外，非物质文化遗产本身就是民众生活的一部分，要想了解非物质文化遗产及其传承规律，就必须深入民间、深入田野。当非物质文化遗产传承问题日益凸显时，田野调查仍然是及时发现、解决问题以抢救、保护非物质文化遗产最基本、最有效的方法。

　　非物质文化遗产是一个以群落状态存在的有机整体，缺乏整体观、系统观的片面调查，很容易导致"碎片化"的保护，使非物质文化遗产遭受更致命的保护性破坏。在非物质文化遗产保护的田野调查中，要尊重地方文化，注重非物质文化遗产传承人的保护。同时，田野调查的目的是寻找非物质文化遗产的传承规律，从而为随之而来的非物质文化遗产保护，提供切实可行的技术支撑。因此，为确保调查结论的真实性，调查者既要注意到非遗自身的传承，也要注意人与人、非遗与非遗、非遗与所依存生态环境的关系。

（三）个案研究法

　　个案研究法是指对某一个体、某一群体或某一组织在较长时间里连续进行调查，从而研究其行为发展变化的全过程，这种研究方法也称为案例研究法。个案研究法最显著的特征是描述客观世界的真实故事，而且大多是以纯粹客观的态度，运用归纳的方法，通过解剖"麻雀"，从中总结或提取普遍性原理，即把个案一般化。约20世纪90年代以来，文化遗产研究取得了长足发展，产生了一系列代表性学术著作，这些著作大都采用个案研究。这是因为"遗产"是一个高度民族主义的话语，因此更易于使用比较和归纳的方法。于是，特殊背景下的遗产案例研究日渐变成一种研究规范。

在大多数情况下，尽管个案研究以某个或某几个个体作为研究的对象，但这并不排除将研究结果推广到一般情况，也不排除与个案之间作比较后在实际中加以应用。对个案研究结果的推广和应用属于判断范畴，而非分析范畴，个案研究的任务就是为这种判断提供经过整理的经验报告，并为判断提供依据。在这一点上，个案研究有点像历史研究，它在判断时常需描述或引证个案的情况。因此，个案研究法亦称"个案历史法"。

个案研究最显著的特点是其研究对象的普遍性。个案研究法广泛应用于文化遗产保护和利用的理论研究、应用研究，文化遗产的政策研究和文化遗产法律案例研究等诸多方面。我国文化遗产资源类型丰富且各有特色，运用个案研究法不仅可以从纵向深入剖析某一典型遗产资源或地区，而且能够从横向拓展到更为普遍适用的层面去指导遗产保护研究工作，例如，以中西方各国不同时期、不同地域、不同风格，具有典型特征的文化遗产为对象进行个案研究。经过长时期追踪研究，以及与当地居民、工作人员等进行深度访谈，在合理归纳的基础上作出科学公允的评价，从政策管理、规划实施、价值挖掘、传播方式等多方面分析其原因，明晰其态势，总结其规律。

（四）文本分析法

文本分析法是指通过对文本本身的文字、符号、语境等来解析、鉴别并作归类整理，于此基础之上挖掘文本的间接的、潜在的动机和效果。从文本的表层深入到文本的深层，从而发现那些不能为普通阅读所把握的深层意义。该方法建立在文献收集的技术上，而文献搜集方法是目前文化遗产研究最主要的方法之一，一般而言这种方式花费少、效率高，所获得的信息比口头情报来得真实、准确，但同时需要注意对信息真假的甄别，以及对庞大信息的筛选。而相关报纸、地区志等文献会为研究者提供非常有价值的信息，省去不少时间。随着大数据、人工智能等学科的发展，文本提取正向着数字化、智能化、语义化的方向深入发展，基于网络文本分析的文化遗产研究逐渐成为一个趋势，是文本分析法在文化遗产研究中的重要应用。近年来，越来越多的研究者注重对游客网络游记文本进行分析，研究的主题涉及遗产旅游目的地的旅游形象、游客认知、空间分布等方面。

网络文本分析是基于web2.0技术的广泛推广而得以实现的。随着互联网的普及和发展，基于网络文本分析的遗产旅游目的地研究往往会选取相关网站（官方网站、旅游企业网站、新浪微博、携程网、同城网、艺龙网、去哪儿网和大众点评网等）的"分享旅游体验帖"或者是游客点评，通过网络爬虫工具如八爪鱼、火车头等采集器以及Python网络爬虫方式等进行网络数据资料采集。网络文本是从网络上最直接获得的数据样本，有学者会将网络文本数据与传统的问卷调查数据相结合，使研究更具有说服力。对文本进行采集后，进一步运用内容分析法对采集到的文本进行分析。例如，使用ROST软件中的高频词、语义分析、情感分析工具进行分析，使用UCINET软件、KHcoder软件进行社会网络分析，或者结合层次分析法、ASEB、扎根理论等进行其他定性研究。

（五）主客位方法

主位和客位方法伴随着人类学田野调查工作方式以及"参与式"观察而出现，成为人类学田野调查以及民族志撰写中应用较广泛的一对相对应的研究视角或研究立场。主体与客体对于价值观有着不同的视角，称之为主位与客位。主位研究是指从研究对象的视角看待民族或文明现象。也就是说，研究者不凭自己的主观认识，尽可能地从当地人的视角去理解文化，通过听取当地提供情况的人即报道人所反映的当地人对事物的认识和观点进行整理和分析的研究方法。主位研究将报道人放在更重要的位置，把他的描述和分析作为最终的判断。同时，主位研究要求研究者对研究对象有深入的了解，熟悉他们的知识体系、分类系统，明晰他们的概念、话语及意义，通过深入的参与观察，尽量像本地人那样去思考和行动。客位研究是指从研究者的视角看待民族或文明现象。也就是说，研究者以文化外来观察者的角度来理解文化，以科学家的标准对其行为的原因和结果进行解释，用比较的和历史的观点看待民族志提供的材料。这样在研究理论和方法上，要求研究者具有较为系统的知识，并能够联系研究对象实际材料进行应用。

"主位研究"和"客位研究"是田野调查的两种研究视角，两者各有优缺点，其划分也不是绝对的。在实地调查过程中，很难有完全的"主位研究"，也很难有完全的"客位研究"。在调查中获取了本位观念之后，还是会同较基本的理论问题联系起来作进一步的研究并形成客位观念。因而主位方法是观察研究文化的重要出发点和基础，但同时需要客位的分类和资料收集形式，这样可以对观察单位的定义提供有意义的指导。因此，社会研究者可以使用多种主位和客位相结合的方法来透视各种社会问题，以实现对社会问题更好、更全面的理解。例如，研究者可以用主位方法来收集调查数据，在整理和分析数据时，以受访者的意见和证据为基础，跳出具体的研究情境，用客位视角来审视和解读研究对象，在撰写研究报告时，用研究者口吻而不是受访者口吻来报告研究结果并阐发研究意义。

非物质文化遗产以活态传承至今，是有着明显的个体或群体传承人的文化现象。对于非物质文化遗产的认知也存在主位和客位的差异，如何把握好非物质文化遗产的主客位观点，合理地分析与应用主客位方法，将对我国非物质文化遗产的保护与利用起到促进作用。非物质文化遗产的主位观念，代表了社区、群体或个人的文化主体对传承文化的价值认知，这些认知是祖辈流传下来的价值观以及思维模式。对于这种主位观念，我们必须保护并予以尊重，这是非遗保护和利用的出发点和基础。在非遗保护工作中，除了社区、群体或个人等传承主体外，还存在着一个以政府为主导的政府、学界、商界、新闻媒体以及公众等组成的非物质文化遗产保护的客位体系，他们虽然与传承无直接的关系，却是对非物质文化遗产传承起着重要推动作用的外部力量，从制度角度参与非物质文化遗产的分类和评定，并从组织机构、财政支持、商业开发以及媒体宣传上保证非物质文化遗产保护和利用工作的可持续发展。政府、学者、商界、新闻媒体以及公众作为非物质文化遗产保护的"客体"或"外来人"，在制定政策、参与决策、实施以及宣传工作中，与非物质文化遗产的传承人一起成为文化遗产保护的主要力量。然而主位与客位因为处在非遗的不同角度，因而以政府为代表的"客体"常常与传承人为主体的"本土人"的观念存在错位。如何在保护中协调好两者的关系，使政府、学者与非遗传承人之间保持一种相互尊重、相互理解的关系，是非遗保护发展的关键。因此，非物质文化遗产主客位方法必须有机结合，相互补充，只有这样才能真正发挥非物质文化遗产的主体能动性，同时发挥政府、学界、商界和公众的合力，对非物质文化遗产的保护发展具指导意义。

二、研究内容

我国特色文化遗产保护发展理念研究内容可结合上述理论方法从三

个层面进行探讨。

（一）宏观层面

运用价值论方法，解析我国传统哲学思想对文化遗产保护发展理念的影响，包括各个流派的价值观思想，如儒家的道德哲学对文化遗产真善美价值的释义，道家的自然主义超越价值观与文化遗产意境美学的关系，墨家的公利实用价值观对文化遗产价值的认知及对修复方式的导向，以及宗法礼制、符号象征等民俗观念对建筑制式的影响。同时也应了解西方主流价值观对西方文化遗产保护发展理念的指导意义，相关流派的主要思想及发展历程，以及对世界文化遗产保护发展理念的主要影响。

（二）中观层面

运用系统论的方法，研究文化遗产保护发展与外部边界环境之间，以及文化遗产保护发展内部各子系统间的相互渗透，揭示其通过系统良性运行机制所形成的有机联系性与系统整体性。外部环境研究包括如何将文化遗产保护纳入生态环境建设，以生态环境建设促进文化遗产保护发展，以文化遗产保护发展提升生态环境的文化内涵。内部结构主要研究内容应涵盖如下方面：一是保护管理体系。包括研究如何建立或优化文化遗产登录制度、建筑管理制度、保护官员制度、公众参与制度及监督体系等；二是资金保障体系。包括如何构建以国家占主体、市场资金参与运作、民间慈善及文化基金支持相结合的全方位资金保障体系；三是教育科研体系。包括如何设立并发挥文化遗产保护发展的研究机构、教育体制与培训体系的作用；四是法律保障体系。充分掌握我国法律保障体系现状和国家、地方各级法律法规内容，研究如何加强法律法规建设对我国文化遗产保护发展的规范、指导和引导作用。

（三）微观层面

运用控制论的观点，进一步对国际普遍遵循的文化遗产保护修复原则展开"本土释义"，开发适合我国文化遗产结构特点的保护、修复技术措施。如对文化遗产资源进行分级干预，针对不同的遗产状况采用维持现状、加固性修复、修补性修复、复原性修复、重建性修复、适应性再利用等手段。研究运用新技术对文化遗产风貌进行维护，对文化遗产进行科学考据和技术处理，对数字博物馆进行信息化建设等。

第五节　中国特色文化遗产保护发展理念及其内涵

结合上面的论述，按照新时代中国文化遗产保护和中国特色社会主义文化建设的实际需要，紧扣文化遗产的历史内涵和时代价值，笔者研究提出中国特色文化遗产保护发展理念——保护与传承为主，发展与创新为要，保护与发展并重，传承与创新并举。这一理念由四句话构成，包括三层含义：

第一，主要任务。保护与传承为主，是讲任何时候、任何情况下，文化遗产工作都要以保护传承为主要任务。一要像爱惜自己的生命一样，真实、全面、有效地保护好每一项文化遗产。对遗产工作者来说，既要开展抢救性保护，又要注重预防性保护，要利用新科技、新材料、新方法、新工艺，力求以最先进的科学技术实现最高效、最持续的保护。对各级政府而言，从国家到地方，在政策制定、资金投入、人才支撑、舆论宣传等方面要为文化遗产保护提供更多的实质性支持。同时，还要引导鼓励社会各界积极投身到文化遗产保护工作中去，形成全社会齐心协力保护文化遗产的新格局。二要在保护好文化遗产本体及其生存发展所依附的自然、人文环境的基础上，多形式、多渠道主动传承文化遗产蕴含的内在的民族智慧、民族精神和民族力量。这里特别需要指出的是，长期以来，相对文化遗产外在的"形"的保护，对遗产内在精神特质的传承始终是一个薄弱环节，这也是笔者提出"保护与传承"为主的理由之一。事实上，要让文化遗产"活"起来，把文化遗产"用"起来，很大程度上要"激活"文化遗产内在的精神层面的"因子"，而这正需要以传承为纽带和主要任务。

第二，方法要领。发展与创新为要，是讲发展和创新是实现保护传承这一主要任务的方法和要领。具体讲，一要以发展促保护。要积极回应经济社会发展、民生改善和人民群众对高质量物质、精神文化产品需求的时代诉求，用发展的思维和手段谋划、实施文化遗产保护，使文化遗产保护项目成为惠民工程，使文化遗产保护事业为经济社会发展贡献力量。始建于1935年的大华纱厂（陕西第十一棉纺织厂），位于西安太华南路，是西北地区建立时间最早、建成规模最大的民族机器纺织企业。2011年，大华纱厂按照"整体保护、合理利用、综合更新、可持续发展"的思路，对这一工业文化遗产进行改造保护。在遵循原有风貌的基础上，对历史建筑重新进行功能和景观设计，使工业生产空间向人文休闲空间转变，从"封闭空间"转换为"社会空间"，形成适应现代生活与公众文化需求的休闲场所和消费空间，实现了物质、精神、文化和社会等多维空间的嬗变。在大华纱厂空间再生产过程中，将传统工业空间改造为纺织工业遗产博物馆，利用生产厂房展示纺织机器、纺织技艺、纺织故事、纺织人物等，满足了大华人对历史的追忆以及市民、游客学艺博文的需求。由厂房、办公用房改造成的小剧场、书场、文化创意中心、新概念书店、文化会展平台等，满足了各类型文化展演、创意活动的需求。项目自运营以来仅小剧场艺术演出就超过1000场。另外，随着新植入的产业要素及其结构的改变，空间使用者的行为空间亦随之改变。新的投资运营管理者积极参与，先后引进163家品牌商户，促使要素、业态不断丰富，为老厂房注入新能量，为砖墙和机器赋予了历史温度和时代活力。这种以发展促保护的举措，既很好地保护了工业文化遗产，又有效地适应时代需求，助推时代发展。只有让人民群众得实惠，才能更好地激发遗产地居民保护遗产的激情与热情；也只有使经济社会繁荣发展，才能为遗产保护提供更多的财力和物力保障。事实一再证明，凡是保护得比较好的文化遗产，基本上都在促进人和社会发展上成效比较显著。二要以创新促传承。如果说文化传承是文化延续发展的基础，那么文化创新则是文化传承的关键。因为没有传承，文化的延续发展就没有根基，而一味地传承，不加以创新，文化的延续发展只能是僵硬的重复。正如克罗齐所说，一切历史都是当代史。文化遗产要存活于当代，原封不动地继承是不行的，必须通过创新，找到与现代社会相契合的形式与内容，使其适应于当代、发展于当代。文化遗产都是过去的产物，而我们面对的是一个现代社会，传承文化遗产，要结合今天的生产力状况、科技发展状况、人们的生产生活状况、文化消费状况，通过创新、创作生产出人民群众喜闻乐见的文艺作品、文化产品。例如，河南的画像石、画像砖和陕西的石碑比较多，但过去人们只是把它做成拓片，除了文化人，很少有人问津。而现在经过创意设计，使其以符号的形式印在扇子、书签、钱包上，作为文创产品进入大众生活。可以说，只有不断地创新，文化遗产的传承才能更具生生不息的价值与魅力。

第三，思想态度。保护与发展并重，传承与创新并举，是指对待文化遗产保护工作的思想态度。进行文化遗产保护，从总体规划、具体方案到项目实施，每个环节都要始终坚持保护与发展并重、传承与创新并举，将其摆在同等重要的地位，不可偏废，既不能为了保护而忽视甚至排斥发展，置遗产地居民及利益相关者生存发展于不顾；也不能只是呆板、教条、承袭式地传承而毫无创新创造之力，白白地丢弃文化遗产的灵气与生机。

第四章 确立原则：中国特色文化遗产保护发展原则的当代重构

按照上述保护发展理念，笔者从保护、传承、发展、创新四个研究方面提出中国特色文化遗产保护发展原则①。

第一节 保 护 原 则

一、真实保护

"真实保护"就是要确保文化遗产现状的真实保留及其承载、传递历史信息的真实性。在具体保护实践中，要通过坚持保护依据的准确性和保护手段的科学性来实现文化遗产真实完整的保护。一要确保文化遗产保护依据的准确性。任何形式的文化遗产保护实践，都要秉承客观、科学、礼敬的态度，要以可靠文献、数据等为依据，在真实准确的历史资料支撑下制定科学求实的保护方案。例如，1973年修复五台山南禅寺大殿时，就是在充分参考敦煌壁画、大雁塔门楣线刻佛殿、陕西乾县懿

---

① 本章在拙著《中国文化遗产保护发展体系概论》（西北工业大学出版社，2021年）第七章第二节"保护发展原则"研究框架上补充大量事实内容完成。

德太子墓唐代壁画阙楼和唐代鸱尾形制以及宋《营造法式》等多种可靠文献、数据的基础上形成修缮方案的。再比如，1945~1966年，华沙古城重建工程完全以二战前的实测图、照片等历史文献及相关古迹保护档案为施工依据。二要确保文化遗产保护手段的科学性。保护手段的科学与否，直接决定着文化遗产的保护成效。保护手段的选择运用要紧紧围绕最大限度保存延续文化遗产现状和保存传承文化遗产真实历史信息两大目标，结合保护对象的实际情况综合研判，有的放矢地科学决策。尤其是在当代科学、信息技术日新月异的时代条件下，要积极采用现代科学技术手段和科学监测方法，提高文化遗产保护与动态管理水平。例如，运用信息技术手段加强文化遗产日常养护巡查与监测保护，注重与原材料、原结构相匹配的可逆性材料应用等，以最大限度增强文化遗产保护手段的科学性。

二、有效保护

"有效保护"就是要以实事求是的态度，运用务实、管用、对路的保护措施，切实保护好每一项文化遗产，确保文化遗产保护工作的实际效果[①]。一要在宏观上确保保护观念、思路的有效性。观念决定思路，思路决定出路。有效保护文化遗产，至关重要的是要树立符合中国文化遗产特性并遵从中国传统审美崇尚、价值取向的保护理念，并以此为基础，根据文化遗产的实际保存现状，有区别、有针对性地提出、制定切实有效的保护思路、方案，不能在无动于衷或议而不决中错失抢救、保护文化遗产的有利时机，造成不可挽回的损失。二要在微观上确保保护

---

① 笔者在本书自序里列举的陕西省扶风县法门寺塔和山西省应县木塔的案例，即充分说明我国文化遗产事业在很大程度上没有做到有效保护。

方法、措施的有效性。要在始终坚持保护传承为主的前提下，广泛借鉴汲取古今中外传统的、现代的行之有效的保护方法，并充分运用新科技、新材料、新工艺、新方法，研究制定具有较强针对性、可操作性的保护方案及方法、措施，力求在继承传统、博采众长的基础上，以最先进的科学技术实现文化遗产最有效、最持续的保护，真正做到应保尽保、能保则保。尤其是决不能将文化遗产保护停留在嘴上、纸面上，而要体现在具体行动中。莫高窟文化遗产保护在这方面起到很好的示范作用。莫高窟是中国古代文明的一个璀璨的艺术宝库，也是古代丝绸之路上曾经发生过的不同文明之间对话和交流的重要见证。莫高窟文物受到自然和人为两方面的伤害。自然的危害主要来自风沙、水的入渗；人为的危害则主要来自游客的过量参观。针对莫高窟文物存在的危害，敦煌研究院建立了莫高窟监测和风险预控体系，在所有的开放洞窟都安装了传感器，通过对窟内温度、相对湿度、二氧化碳含量和进窟参观的游客数量等监测数据的分析，及时采取适当的管理应对措施。工作人员在反复研究数据和模拟实验的基础上发现：洞窟的相对湿度若超过62%，会诱发壁画可溶盐活动，可能导致壁画产生新的病害；二氧化碳含量超过1500ppm[①]，会使窟内空气质量降低，超过人体正常承受能力，可能导致游客产生不适的反应。经过复杂的测算，工作人员得出这样一些结论：开放洞窟不能小于13平方米、每批游客不能超过25人、莫高窟单日游客最大承载量为3000人次等，这样洞窟微环境各项指标才不会超过临界值，才可能既保护文物，又保证游客舒适参观。基于科学的监测和实验数据，莫高窟制定了科学合理的游客管理方案，有效保护了文物安全[②]。

---

① 1ppm＝1毫克/立方米。

② 范昕：《樊锦诗：文物有效保护的探索者，首次提出"数字敦煌"》，《文汇报》2015年12月16日。

三、全面保护

"全面保护"就是要实现文化遗产"内涵"和"外延"上由点到面，由"躯体到灵魂"的保护，文化遗产种类上由传统文化遗产到其他类型文化遗产的保护。一要重视文化遗产本体与环境"点""线""面"的全面保护。随着我国文化遗产保护发展理念和实践的不断深入，文化遗产保护的"内涵"有了新的发展和变化，遗产本体保护与遗产所依存的整体环境（包括历史、文化、生态、社会等因素的综合环境）保护构成当代文化遗产保护的重要内容。与之相应，文化遗产保护也要秉承"点线面、多层次、全覆盖"的工作思路，向"活态遗产""动态遗产"方向发展，从而实现由"躯体到灵魂"的全面保护。二要重视文化遗产保护新领域的拓展与研究。随着人们对文化遗产价值认知的不断深入，文化遗产的"外延"正在不断扩大。新时代不仅要注重历史文化遗产、大型文化遗产、线性文化遗产、非物质文化遗产、民间文化遗产等传统领域遗产保护的纵向深入研究，还要加强对工业文化遗产、红色文化遗产、传媒文化遗产、信息文化遗产等新兴遗产保护的科学研究和技术创新，从种类上实现全面保护。近年来，国家实行的革命文物集中连片保护利用工程为遗产全面保护开了个好头。2018年，中共中央办公厅、国务院办公厅印发《关于实施革命文物保护利用工程（2018～2022年）的意见》，提出要按照集中连片、突出重点、国家统筹、区划完整的原则，建设革命文物保护利用片区，创新革命文物保护利用体制机制，推进革命文物的整体规划、连片保护、统筹展示、示范引领，助力革命老区脱贫攻坚。2019年3月6日，中央宣传部、财政部、文化和旅游部、国家文物局公布了第一批革命文物保护利用片区包括井冈山、原中央苏区、湘鄂西、海陆丰、鄂豫皖、琼崖、闽浙赣、湘鄂赣、湘赣、左右江、陕甘、川陕、湘鄂川黔、晋冀豫、苏北等15个片区，主要是土地革命战争时期的根据地13个片区和抗日战争时期的根据地2个片区。2020年6月30日，中央宣传部、财政部、文化和旅游部、国家文物局公布了第二批革命文物保护利用片区分县名单，包括长征、西路军、东北抗日联军、陕甘宁、晋绥、晋察冀、冀热辽、冀鲁豫、山东、苏中、苏南、淮北、淮南、皖中、浙东、广东、琼崖、湘鄂赣、鄂豫皖、河南、西藏、新疆片区。两批革命文物保护利用片区，全覆盖全国省、自治区、直辖市和新疆生产建设兵团，有效保护了我国的革命文物①。

第二节　传　承　原　则

一、传承遗产智慧

中国文化遗产作为中华优秀传统文化的物质与非物质载体，蕴含着中华民族独特的思想、艺术、建筑、科技等方方面面的智慧，显示出中华民族高超的造物技艺、艺术水平与创新能力，尤其是中国丝绸、陶器、漆器、青铜器等造物文化产品，不仅是那个时代工艺、技术和美学上的引领者，而且许多技艺和创造成就即使在今天也很难被超越。保护发展文化遗产，要在保护好其本体及周边环境的同时，以丰富多样、灵活有效的方式方法，积极传承借鉴、发扬光大遗产智慧，使其更好地服务于当代经济社会发展。比如，在当今"一带一路"国际合作倡议下，

---

① 见《革命文物保护利用片区分县名单（第一批）》《革命文物保护利用片区分县名单（第二批）》。

中国文化遗产智慧对于构建人类命运共同体，回应当代人类面临的一系列全球性问题和困难，都具有鲜明的借鉴意义。再比如，现存许多水利工程类文化遗产，如都江堰，运用了大量当时居于世界领先地位的科学技术，充分展示了古代人民的造物技术智慧。都江堰，位于四川省成都市都江堰市城西，坐落在成都平原西部的岷江上，是由渠首枢纽（鱼嘴、飞沙堰、宝瓶口）、灌区各级引水渠道、各类工程建筑物和大中小型水库和塘堰等所构成的一个庞大的工程系统。李冰主持创建都江堰，正确处理鱼嘴分水堤、飞沙堰溢洪道、宝瓶口引水口等主体工程的关系，使其相互依赖，功能互补，巧妙配合，浑然一体，形成布局合理的系统工程，联合发挥分流分沙、泄洪排沙、引水疏沙的重要作用，使其枯水不缺、洪水不淹。具体地说，利用鱼嘴分水堤从岷江引水灌溉，枯水期，自动将岷江60%的水引入内江，40%的水排入外江；洪水时，又自动将60%的水排入外江，40%的水引入内江。都江堰建于岷江弯道处，江水至都江堰，含沙量少的表层水流向凹岸，含沙量大的底层水流向凸岸，将洪水冲下来的沙石大部分从外江排走。进入内江的小部分沙石，利用伸向江心的虎头岩的支引、宝瓶口的节制和"离堆"的顶托，将大部分沙石从飞沙堰、人字堤排入外江，使宝瓶口引水口和灌区干流免遭泥沙淤塞；利用宝瓶口引水口控制进水量，既保证了灌溉用水，又防止了过量洪水涌入内江灌区，造成灾害。都江堰能自动调节进入灌区的水量，使成都平原"水旱从人"，成为天府粮仓。都江堰是成功运用自然弯道形成的流体引力，自动引水、泄洪、排沙的典范。建堰时，李冰还在江中埋石马作淘滩标志，立"三石人"观察水情消长，开创了中国古代水情测量的先例。总之，都江堰作为当今世界年代久远、唯一留存、以无坝引水为特征的宏大水利工程，不仅是中国水利工程技术的伟大奇迹，也是世界水利工程的璀璨明珠。它充分利用当地西北高、东南低的地理条件，根据江河出山口处特殊的地形、水脉、水势，因势利导，无坝引水，自流灌溉，使堤防、分水、泄洪、排沙、控流相互依存，共为体系，保证了防洪、灌溉、水运和社会用水综合效益的充分发挥。它最伟大之处是建堰2250多年来经久不衰，而且发挥着愈来愈大的效益。都江堰的创建，以不破坏自然资源，充分利用自然资源为人类服务为前提，变害为利，使人、地、水三者高度协和统一，是全世界迄今为止仅存的一项伟大生态工程，开创了中国古代水利史上的新纪元，标志着中国水利史进入了一个新阶段，在世界水利史上写下了光辉的一章。都江堰水利工程，是中国古代人民智慧的结晶，是中华文化划时代的杰作[①]。今天保护都江堰，要更好地认识古代科学技术，传承弘扬并积极汲取古代科学智慧。

二、传承遗产精神

文化遗产是一个民族和国家在长期历史发展中逐渐形成和积淀情感、信仰、文化、身份认同的表达系统。中国文化遗产承载着绵延不绝的中华文明，积淀着民族精神的符号基因。我们所熟知的愚公移山、精卫填海、夸父逐日等传说，西汉史学家司马迁"究天人之际，通古今之变，成一家之言"的史学抱负，唐代诗人李白"乘风破浪会有时，直挂云帆济沧海"的刚毅果敢，北宋思想家张载"为天地立心，为生民立命，为往圣继绝学，为万世开太平"的哲学宏愿，特别是诸如井冈山、延安、西柏坡等地印证中国共产党人在近代革命斗争史上敢于"挽狂澜于既倒，扶大厦之将倾"的使命担当的革命史迹，无不是中华民族自信自强精神的充分体现。无论时代如何变化，文化遗产蕴含的中

---

① 《世界文化遗产——青城山都江堰》，2006年03月29日（http://www.gov.cn/test/2006-03/29/content_239215.htm）。

华民族的工匠精神、创新精神和自立自强精神是永不褪色的价值。新时代保护发展文化遗产，不能只看到其外在形式，停留在物质层面上的保护，还要洞悉其内在光华，把传承弘扬遗产精神作为遗产保护的重要内容落实在具体行动中，并使之成为当代文化和生活的有机组成部分。世界文化遗产大运河由京杭大运河、隋唐大运河、浙东大运河三部分构成，全长近3200千米，开凿至今已有2500多年，是中国古代创造的一项伟大工程，是世界上距离最长、规模最大的运河。大运河遗产是农业文明时代人工运河的杰出范例，整体性和其中的众多枢纽在规划思想、工程设计和施工技术方面均体现了古代中国在建造水运、水利工程方面的最高成就，也是世界范围内具有代表意义的人类智慧的反映。历史上，大运河服务于漕运的同时，促进了沿岸的村镇乃至城市建设的发展和沿线区域间文化、思想的融合，造成了持续约1400年的中国东中部地区的大沟通和大交流。当前，她的许多河段仍发挥着重要的航运、引洪、输水等功能，对于中国的经济社会发展具有重要意义[①]。大运河展现出我国古代劳动人民的伟大智慧和勇气，传承着中华民族的悠久历史和文明，是一部书写在华夏大地上的宏伟诗篇，尤其是，她已成为中华文明的一张名片，凝聚着中华民族生生不息的奋斗进取精神和海纳百川的融合共生精神。今天，为让古运河焕发新的生机，我们不仅要保护好、利用好她的物质资源，还要在转化、创新中传承好她的精神内核，正如《大运河文化保护传承利用规划纲要》所要求的，要强化精神内涵的挖掘，结合时代条件加以继承和发扬，赋予其新的时代含义和文化价值，让中华文化展现出永久魅力和时代风采。

---

① 见《关于公布实施〈大运河遗产保护与管理总体规划〉的函》（http://www.ncha.gov.cn/art/2013/1/9/art_2237_40891.html）。

三、传承遗产力量

一个民族的文化遗产作为一个民族文化发展的历史见证与实践结果，蕴含着该民族文化发展的凝聚力、创造力、影响力，同时也是该民族物质与精神力量的集合反映。我国不同种类的文化遗产，都积淀着中华民族最深层的精神追求，蕴含着中国精神、中国智慧和中国理念，代表着中华民族独特的精神标识，是中华民族生生不息、永葆魅力的精神力量的体现和象征，是文化自信的底气和文化自强的优势所在，更是实现中华民族伟大复兴路上最充沛的养分所在、最强大的力量所在。保护发展文化遗产，要多措并举，着力彰显遗产力量，尤其是要把遗产力量作为当代励志图强的精神动力，激发人民群众的民族自豪感和自信心，为民族复兴、国家富强发挥切实有效的支撑作用。

第三节　发　展　原　则

一、促进遗产发展

按照文化发展规律，任何时代的文化总是在发展中不断充实、完善和进步的，也总是在发展中不断充满生机、活力与魅力。法国著名思想家布尔迪厄认为，文化是动态的，不断发展变化的，只有通过不断的"再生产"才能维持自身平衡，社会也才得以延续[①]。文化遗产作为文

---

① 〔法〕皮埃尔·布尔迪厄著，蒋梓桦译：《实践感》，译林出版社，2012年，第78～87页。

的历史见证和文化发展成果的承载者，必然伴随文化的发展而发展。推进文化遗产事业，要力促文化遗产自身的发展。从事物发展的客观规律来讲，没有任何一种文化遗产能够以其诞生时的"原质""原貌"永久地留存于世，它总是在随着时间的推移而不断地被后人赋予新的时代内涵的过程中演变发展的。如前所述，岳阳楼始建于东汉时期，历经唐、宋、元、明、清至今，在1800余年的历史中，经过50多次的修葺和20多次的重建，其建筑形制不断演变发展。再比如，开封铁塔原为木塔，始建于公元982年，建成于公元989年。因为木塔位于开宝寺福胜院内，因此又称福胜塔，后宋真宗赐名"灵感塔"。宋仁宗庆历年间，木塔遭雷击被焚毁。考虑到木塔容易遭雷击火焚，而后改用琉璃面砖建造，于北宋皇祐年间重建，重建的灵感塔已不在原来的福胜院，而是移到了夷山之上的开宝寺的上方院。因塔身全部以褐色琉璃砖镶嵌，远看酷似铁铸，从元代起民间称其为"铁塔"。尤其是对具有活态传承特征的非物质文化遗产来说，更要通过促进其自身的发展以增强其生机与活力。2017年1月，中共中央办公厅、国务院办公厅颁布的《关于实施中华优秀传统文化传承发展工程的意见》明确提出："深入开展'我们的节日'主题活动，实施中国传统节日振兴工程，丰富春节、元宵节、清明、端午、七夕、中秋、重阳等传统节日时代内涵，形成新的节日习俗。"① 必须承认，没有文化遗产自身的发展，文化遗产保护事业在很大程度上只能是简单模仿与机械重复。珍视传统，决不能抱残守缺，言必古人，艺必古典，躺在祖先的功劳簿上坐享其成。新时代中国特色社会主义伟大实践的深入推进，需要大量与之相匹配的具有鲜明时代特点和民族风格

---

① 中共中央办公厅、国务院办公厅：《关于实施中华优秀传统文化传承发展工程的意见》，2017年1月25日（http://www.gov.cn/zhengce/2017-01/25/content_5163472.htm）。

的文化创造，需要大量具有核心竞争力的文化精品。如果不能给后代留下诸多光耀千古的文化遗产，那就是当代文化的失职。从实践层面讲，新时代促进文化遗产自身发展，要立足经济社会发展的实际需要，按照文化发展规律，结合时代的新进步、新发展，在传承中华文化基因，弘扬遗产蕴含的思想智慧、精神力量的基础上，创造生产出更多更好的文化精品，不断丰富我国文化遗产的种类和内容[①]。

二、促进文化发展

我国丰厚的文化遗产资源不仅是中国特色社会主义文化建设的重要内容，而且是提升和强化文化建设质量、特色的有力支撑。需要指出的是，就我国文化遗产保护传承的实际状况来说，长期以来，从专家学者到专业技术人员，更多重视的是对文化遗产原貌、现状的保持，特别是对文化遗址、古建筑等不可移动文化遗产的保护，基本上都是通过维修加固以达到实体元素的保留，而很少从活化遗产的角度对其多重价值进行挖掘展示。比如，在中国乃至世界都城史上具有重要价值、产生过重大影响的汉长安城遗址，由于多年来在维修保护中内涵开发不足、文化载体缺乏、展示形式单调等原因，以致其至今仍默默无闻地蜷缩一隅，深藏地下或"稍露头角"，不光外地游客，就是西安"土著"，亦很少有人了解其价值影响，更遑论以文化遗产为资源促进文化发展。新时代保护发展文化遗产，一定要和文化建设相结合，让文化遗产作为丰富滋养在文化发展中"亮"起来、"活"起来、"用"起来，有效促进当下、当地文化发展。为此，要着力发挥文化遗产资源丰富文化建设内容、提升文化建设质量、强化文化建设特色的价值功用（详见本书第五章第二节）。

---

① 　见拙文《城市记忆如何融入当代都市生活》，《光明日报》2020年7月19日。

三、促进经济发展

文化遗产既是一种文化资源，又是一种经济资源。新时代我国经济已由高速增长阶段转向高质量发展阶段。保护发展文化遗产，要充分依托其独特的经济价值属性，着力推动经济高质量发展[①]。一要依托文化遗产资源，发展现代文化产业。二要依托文化遗产资源，调整产业结构。三要依托文化遗产资源，提升产品质量（详见本书第五章第二节）。

第四节 创 新 原 则

一、创新遗产表现形式

每一种文化遗产都有其独特的静态或动态表现形式和风格，而且其形式和风格随着社会的发展变化都在不断地演变创新，以适时体现展示新时代的发展内涵与特征。前文所列举的中国历史上的古刹名楼的反复重修、重建，印证的正是文化遗产在时代发展中形式、风格的创新与变化，也正是这种外在表现形式的不断创新与变化接续着文化遗产的传承与发展，延续着中华文化的血脉与传统。任何好的文化内容，都需要好的文化形式来承载、来延续。可以肯定地说，没有文化遗产表现形式的创新，就没有文化遗产的传承与发展。每一时代都在继承传统的基础上

---

① 2020年9月22日，习近平总书记在教育文化卫生体育领域专家代表座谈会上的讲话中指出："推动高质量发展，文化是重要支点。"（http://www.qstheory.cn/yaowen/2020-09/22/c_1126527338.htm.）

通过创新不断汲取新的文化创造。比如，位于西安浐灞生态区的长安塔在这方面作出了探索性的努力。该塔由建筑大师张锦秋院士设计，塔高99米，地上部分分为7层明层和6层暗层，加上地下1层，共计14层。所谓明层，就是四面玻璃通透，全自然采光；而暗层被屋檐遮挡，四面是墙壁，需要灯光照明。这样，从外观看，这仍是一座7层"佛塔"。设计上保持了隋唐时期方形古塔的神韵，同时增加了现代元素，既体现了中国建筑文化的内涵，又彰显出时尚现代的都市风貌。塔采用钢结构框架，屋顶和所有挑檐都采用透明的安全玻璃，墙体也采用玻璃幕墙，保留了唐代传统的挑檐结构，构成水晶塔的效果，充满了现代感。远眺长安塔，具有唐代方形古塔的造型特色，每一层挑檐上面都有一层平座，逐层收分，韵律和谐。各层挑檐体现了唐代木结构建筑"出檐深远"之势。但檐下与柱头内却用金属构件组合，抽象地概括了传统建筑檐下斗拱系统。这种创新做法，使长安塔饱蘸唐风唐韵，又不失晶莹剔透的现代感。应该说，长安塔既体现出中国传统的"天人合一"的自然观、宇宙观哲学思想，又符合现代人的审美观理念和对环保的追求。保护发展文化遗产，要按照时代特点和要求，从当下文化发展需要出发，将传统带入现代，深切领悟传统精髓与智慧，充分关注当下社会生产、民众生活和审美观念的新变化，对那些至今仍有借鉴价值的陈旧的表现形式加以改造，赋予其新的表达形式与风格，实现传统元素的现代表达。

二、创新遗产内容构成

从文化发展的客观规律来讲，文化遗产内涵始终处于不断创新扬弃、充实完善的发展过程中。就物质文化遗产中的不可移动文物来说，历史上每一次对其进行的加固性修复、修补性修复、复原性修复、重建性修复、适应性再利用等保护，都在程度不等地赋予其新的时代内涵与特

征。尤其是对具有活态传承独特性的非物质文化遗产来说，每一时代对
其进行的保护传承，都是对其内涵的吐故纳新、改造提升。保护发展文
化遗产，要大胆超越传统与现实融合的阈限，在新时代创新模式变革、
创新领域延伸、创新空间拓展的现实面前，以跨界融合、边缘突围、探
索未知的创新精神，不断拓展丰富文化遗产内涵。例如，凤翔彩绘泥塑
为陕西省凤翔县的一种民间美术，当地人称"泥货"，2006年列入第一
批国家级非物质文化遗产代表性项目名录。凤翔彩绘泥塑早期主要用于
祈子、护生、辟邪、镇宅、纳福，现在则主要作为工艺美术作品成为家
中的摆件。传统的凤翔彩绘泥塑有三大类型，一是泥玩具，以动物造型
为主，多塑十二生肖形象；二是挂片，有脸谱、虎头、牛头、狮子头、
麒麟送子、八仙过海等；三是立人，主要为民间传说及历史故事中的
人物造像。20世纪80年代末，随着社会发展，泥塑造型逐渐退化，缺
乏创新。而且泥塑易碎，不能长途运输，很难走出去销售。面对这种
困境，凤翔彩绘泥塑的传承人首先在制作工艺上，将传统泥塑中加入的
纸筋改成米汤，增加了泥塑的质量；同时，结合社会发展和公众审美需
求，不断创新泥塑产品类型，如凤翔泥塑国家级代表性传承人、陕西一
级工艺美术大师胡新民创新制作的泥塑羊、泥塑猴、泥塑鸡、泥塑狗、
泥塑猪等造型，深受公众喜爱，有的甚至成为特种生肖纪念邮票的主
图，或者登上特种邮票集邮册封面或封底，或者作为中国邮政有奖贺年
卡或贺年信封，进入了千家万户，在给人们带来新年祝福的同时，也使
凤翔泥塑成为家喻户晓的民俗工艺品和颇具特色的馈赠礼品。2021年
第十四届全国运动会（下简称"十四运会"）期间，胡新民得到十四运会
组委会的授权以后，开始创新制作十四运会吉祥物"金金""羚羚""熊
熊""朱朱"的泥塑作品，还有刚刚制作好的第十一届残运会暨第八届特
奥会吉祥物"安安"的泥塑作品。凤翔泥塑传统技艺与十四运会吉祥物
现代造型的结合，让这些作品既继承了凤翔泥塑的艺术风格，又显得活

泼可爱、充满活力，令人爱不释手。胡新民认为，一个古老艺术的传承离不开创新，有创新才能有市场，市场也可以激励艺术不断传承。因为以前太传统的东西，现在年轻人看不懂，所以现在要大胆地把传统的造型技艺和卡通造型等大众喜闻乐见的形式相融合，让更多消费者喜欢上凤翔泥塑这种传统民俗工艺品。因此，凤翔彩绘泥塑也开始制作大量的泥塑衍生品，如笔记本、手机壳、眼罩、靠枕、纸杯、围巾等功能性日常用品，每一个产品上都有凤翔泥塑的图案，传播着凤翔泥塑文化[①]。

三、创新遗产价值追求

一个民族的文化遗产体现着该民族共有的价值追求。文化遗产的价值可以区分为两个方面：一是文化遗产自身所具有的历史、艺术、科学价值；二是作为创造和保护文化遗产的主体的人以文化遗产为载体实现自身价值追求所呈现出来的遗产价值，如文化遗产的文化、经济、社会价值。这两类价值即前文所说的固有价值和创生价值。保护发展文化遗产，一方面，要系统梳理、深入挖掘、着力彰显文化遗产自身的多重价值，并及时运用各种平台和手段，全方位、多角度、多层次加以宣传普及，努力增强全国各族人民对中华文化价值的充分肯定和对中华文化生命力的坚定信念，以自觉、主动、积极地坚定文化自信。另一方面，要立足新时代中国特色社会主义伟大实践的战略需要，把文化遗产作为坚定文化自信、推动文化繁荣兴盛，以文化人、培育和践行社会主义核心价值观，改善民生、推动经济高质量发展，参与全球治理、构建人类命

---

① 《凤翔泥塑"百炼成金"古老艺术在传承中获得"新生"》，2020年12月3日（https://baijiahao.baidu.com/s?id=1685034005743349789&wfr=spider&for=pc）；《泥塑（凤翔泥塑）》，2022年10月24日（https://www.ihchina.cn/project_details/14043.html）。

运共同体的重要源泉和鲜活素材，把跨越时空的思维观念、价值标准、审美崇尚转化为人们的精神追求和行为习惯，不断丰富文化遗产的时代价值，努力创新文化遗产的价值追求。例如，2022年6月22日，由西安市委宣传部、西安市人民政府新闻办公室主办，西安市委外事工作委员会办公室协办，新华社新闻信息中心、大明宫国家遗址公园承办的国际友人"走读西安——发现不一YOUNG古城之美"主题沙龙在西安大明宫丹凤门遗址博物馆举办。来自日本、意大利、比利时、古巴、葡萄牙和埃及等国家的20多位在西安长期工作生活的外籍人士、海外华人，以及10多位有海外留学经历的西安青年，以线上互动和沙龙座谈的形式相聚大明宫国家遗址公园。他们在唐朝遗址中追寻唐风古韵的历史印记，彼此分享与城市共同成长的创业故事和美好时刻。当晚，他们和唐朝来了一次"亲密接触"。通过3D数字投影技术，大家一眼看尽大明宫的前世今生，并亲身体验"大明宫人的一天"；通过AR技术，大家近距离感受盛唐时期诗、书、棋、茶等文化。接下来，大家很快投入到沉浸式体验环节，考古大明宫、融入大明宫。在大明宫考古探索中心里，大家拿起手铲发掘"文物"（实为高仿制品）、拼接碎片，沉浸式体验考古学家的日常生活。其后，大家骑行大明宫遗址，感受不一样的大明宫之夜。千年之前，大明宫丹凤门作为"唐朝国门"，展示着大唐盛世的万千气象。千年之后，唐长安城大明宫遗址，化身为这座城市的"迎宾门"，散发威严魅力，迎接着来自五湖四海的游客，让更多外籍人士深度领略西安风貌，传递更为真实、开放、包容的西安，使得大明宫遗址成为新时代"国际人文交流对话场"和"流动的城市会客厅"①。创新使大明宫遗址在当代获得新的价值追求。

---

① 《相聚"千宫之宫"！沉浸式体验带领国际友人"穿越"盛唐》，2022年6月25日（https://baijiahao.baidu.com/s?id=1736535659517513764&wfr=spider&for=pc）。

第五章　提出对策：破解中国文化遗产保护存在问题的思路与办法

如何破解中国文化遗产保护发展存在的主要问题，笔者认为，关键是要在思想观念上依照中国文化遗产特性和中国传统审美崇尚与价值取向，构建中国特色文化遗产保护发展理念、原则[①]。在此基础上，一要在思路策略上冲破静态化、被动式为保护而保护的传统思维与模式，坚持以发展促保护，以创新促传承；二要在行为方式上根据经济社会发展的实际需要，多措并举着力彰显文化遗产的多重价值；三要立足人的生存发展需求，重构当代人与文化遗产之关系。

第一节　以发展创新促文化遗产保护传承

新时代文化遗产工作，在思想策略上要坚持以发展促保护、以创新促传承。一方面，文化保护是文化发展的前提和基础，文化发展是文化保护的宗旨和目标。在文化遗产事业推进过程中，不能将保护与发展相对立，尤其要坚决摒弃那种"发展就是破坏"的片面错误的观点。长期以来，很多地方的文化遗产保护，只注重对遗产本身的稳定性的延续和

---

① 本书第三、四两章已分别研究提出中国特色文化遗产保护发展理念与原则。

保护，认为遗产就应该保持"原汁原味"，否则就是破坏，以至于文化遗产保护出现僵化的现象。其实，发展也是一种很好的保护方式，尤其是当文化遗产保护遇到瓶颈和难题的关口，发展恰好是解决问题的最好办法。联合国教科文组织颁布的《世界遗产布达佩斯宣言》第3条明确指出："努力在保护、可持续性和发展之间寻求适当而合理的平衡，通过能促进社会经济发展和提高社区生活质量的适当行动使世界遗产得到保护。"[①]

一、以发展促保护

要做到以发展促保护，首先要用发展的眼光看问题，以动态的视角把文化遗产保护看成一个变化发展的过程。同时，要具有一种长远的眼光，拥有长线思维，把文化遗产放在时间的长河中整体地去把握，推动其可持续发展，防止只注重短期效应和眼前利益，寅吃卯粮、揠苗助长的倾向。杭州在这方面做出了突出的榜样。2020年6月，杭州成立了首个世界遗产联盟，打造世界文化遗产群落，促进文化遗产资源保护传承与城市社会发展共荣共生。在景区开发的利益面前，遗产保护难以做到"毫发无伤"，但杭州却一直通过放眼长远来看待遗产和景区的关系，不惜损失眼前经济利益来实现对文化遗产的可持续保护。以西湖为例，20世纪80年代起，杭州就制定了《杭州西湖风景名胜区保护管理条例》，并规划制定了指导建设实施的控制性详细规划、指导功能业态提升的经济发展引导规划、景中村提升规划设计等。杭州的城市规划始终注重依托文化资源，并在历史城市的基础上，充分考虑老城更新和现代城市发

---

①　联合国教科文组织：《关于世界遗产的布达佩斯宣言（2002）》，《国际文化遗产保护文件选编》，文物出版社，2007年，第226页。

展，让历史文化资源体现当代价值。依托历史文化底蕴，杭州开发出了现代金融类的基金小镇和文化创意类的宋韵小镇，在发展现代文化旅游和新型产业功能业态的同时，对提升现代城市文化发挥了积极作用。其次，要用发展的手段解难题。在经济社会现代化进程中，文化遗产保护在土地利用、资金筹措和取得地方政府、遗产地居民支持等方面存在诸多难题，有些甚至已经成为制约遗产事业发展的堵点和瓶颈。而要打破堵点、破除瓶颈，需要用发展的手段来解决。譬如，在取得遗产地居民支持方面，许多遗产地都面临着遗产保护与保护区内民生保障之间的激烈冲突。要让遗产地居民在思想、行为上支持遗产保护，从根本上讲，不能采用道德、情感层面的宣传教育或强硬打压策略，而要用发展的手段使遗产保护与当地民生改善实现双赢。例如，在世界文化和自然双遗产武夷山，人们的生产生活与遗产地密切交织，这也是千百年来形成的历史与现状。武夷山遗产地总面积999.75平方千米，分为西部生物多样性保护区、中部九曲溪生态保护区、东部自然与文化景观保护区，以及城村闽越王城遗址保护区等4个保护区。因生态保护红线范围占武夷山市域面积近一半，而世遗保护中心区涉及武夷、星村、兴田、洋庄等乡镇、街道，许多社区和村庄分布其间，长期以来，武夷山一直存在当地经济发展、社区居民生计与遗产地保护之间的矛盾。面对这一矛盾，武夷山市在保护优先的前提下，采用发展手段逐步走出一条遗产保护与遗产地居民生计统筹融合的保护发展之路。武夷山是世界乌龙茶和红茶的发源地，茶产业是武夷山市的支柱产业之一。通过整合现代茶业生产项目优惠政策，扶持建设高标准生态茶园、有机茶基地，让武夷茶走上优质、高效、绿色的生态循环生产模式，走出一条从"资源—产品—商品"转型升级的产业发展之路[1]，做到遗产保护与居民生计两相宜。

---

[1] 《武夷山：遗产保护与居民生计两相宜》，《光明日报》2021年7月24日。

二、以创新促传承

惟保守也，故永旧；惟进取也，故日新。就文化的传承而言，无论是物质文化遗产，还是非物质文化遗产，创新都是一种行之有效的方法和手段。我国不同历史时期为数众多的文化遗产之所以能够源源不断地流传至今并保持旺盛的生命力，其中一个很重要的原因就是创新保护传承手法的运用。例如，苏州云岩寺塔为唐末、五代江南仿木楼阁式多层砖石塔的典型代表，塔建于五代后周显德六年（959年），落成于北宋建隆二年（961年）。宋建炎年间（1127～1130年）至清咸丰十年（1860年），云岩寺塔经过七次火灾，外面的木构部分如塔檐、木制斗栱等均已烧毁，明、清两代多次进行修缮。其中，明代崇祯年间，云岩寺塔第七层被拆除重建，此层位置略向倾斜的反方向移动，意在改变重心，纠正偏斜，但保持其外观与其他六层不同。1956年，云岩寺塔又进行了一次大修，从顶层至一层，用三道钢筋混凝土箍加固，楼面用十字钢筋拉牢，对塔身损坏部分进行维修，使开裂的塔身成为一个坚固的整体。1977～1978年，云岩寺塔东北角倾斜不断加剧，经研究提出云岩寺塔加固工程方案，并于1981～1986年实施维修。此次修缮采用地下排桩式连续墙，分围、灌、盖、换四个阶段，意在塔身周围密密打下44根水泥桩，把塔基紧紧箍住，犹如把塔栽在一个巨大而坚固的花盆中，从根本上消除了塔体的沉降和倾斜的危险。这充分说明创新对传承文化遗产所起的重要作用。在今天新的历史时期，传承文化遗产面临着前所未有的挑战，特别是工业化、城市化、信息化让人们的生产生活方式发生了巨大变化，许多新科技、新观念层出不穷，使得有些文化遗产特别是非物质文化遗产中的传统技艺失去了传承发展的空间。因此，传承文化遗产要在不破坏遗产本体及遗产生态的前提下实现遗产的创新传承和发展，结合时代需求，"以古人之规矩，开自己之生面"，正如习近平总书记强调指出的，要"努力实现传统文化的创造性转化、创新性发展，使之与现实文化相融相通，共同服务以文化人的时代任务"[①]。可以说，创新是对文化遗产的最好传承，传承文化遗产需要不断创新。

第二节　着力彰显文化遗产的时代价值

新时代保护文化遗产，要着力彰显文化遗产的文化、经济、社会等多元价值，实现文化遗产在现实时代新的文化意义与功能。

一、强化文化价值

就我国文化遗产实际状况而言，种类繁多，形式多样，内容丰富，但也存在一些限制性因素，具体表现为地下出土文物多，地面遗存建筑少；点状古建筑遗存多，连片历史街区少；陵墓、宗教建筑多，宫殿、里坊建筑遗存少；器物类工艺精品多，存活的行为类传统工艺少；显性文化资源开发利用多，隐形文化资源利用少。以西安为例，由于受这些因素的制约与影响，长期以来，除兵马俑、华清池、大小雁塔、古城墙外，西安在文化遗产方面缺乏"看点"。这不仅与西安丰厚的历史文化资源极不相称，而且直接影响着西安文化建设的内容与质量。就西安的城市特色及历史影响来说，丰厚的历史文化资源无疑是文化建设的重要内容，同时也是文化建设质量、特色的有力支撑。今天，保护文化遗

---

① 习近平：《在纪念孔子诞辰 2565 周年国际学术研讨会上的讲话》，2014 年 9 月 24 日（http://news.cyol.com/xwzt/2019-04/30/content_18005877.htm）。

产，强化文化遗产的文化价值，重在利用文化遗产资源丰富文化建设内容、提升文化发展质量、强化文化发展特色。

（一）丰富文化建设内容

文化遗产蕴含的丰厚的知识、艺术、精神内涵，是当代文化建设的重要内容支撑。要从中国特色社会主义文化建设的实际需要出发，针对现代人注意力系统特点、体验方式变化特征以及经济社会变革对文化建设的目标要求，积极创新文化遗产保护发展的方式方法，变"死"的遗产为"活"的素材，让文物藏品成为文物展品，让文化遗址成为文化公园，让革命纪念史迹成为爱国主义教育基地，切实增强文化遗产的可视性、可读性，变隐性遗产资源为显性文化产品，变书本里的遗产资源为可消费的文化产品，变口头上的遗产资源为可感知的文化产品，多措并举丰富文化建设内容，切实解决人民群众不断增长的精神文化需求与文化供给严重不足的矛盾。例如，西安近年来积极探索新时期文化遗产保护利用的新思路、新模式，陆续建设了大慈恩寺遗址公园、杜陵遗址公园、大雁塔北广场、大唐芙蓉园、曲江池遗址公园、唐城墙遗址公园、大唐不夜城、大唐西市国际古玩城、关中民俗博物院、大明宫国家遗址公园、秦二世陵遗址公园、寒窑遗址公园等，让深埋地下的文化遗址得以充分展示，成为可视、可读、可感、可消费的文化产品，极大地丰富了西安文化建设的内容。

（二）提升文化发展质量

每一项文化遗产都有其独特的精神意识、思想内涵，是一种集体人格的表征。尤其是非物质文化遗产更是植根于民族民间的活态文化，是发展着的传统生产、生活方式，也是现实中人民群众鲜活的生活和创造活动。首先，要从当下文化发展需求出发，精心挖掘提炼文化遗产中体现传统审美崇尚、反映共同价值追求、富有浓郁时代气息、彰显不同民族特点的丰富内涵和历史特质，并使之浸入到文化建设的方方面面。其次，通过对接当代话语体系，以实现公众文化利益为核心，以创造当代高品质文化生活为宗旨，以实验性、开放性的文化心态，以洞察时代文化发展大势的视野，把文化遗产的元素、符号和环境深度融入人民群众的文化活动场景、文化学习场景、文化交流场景、文化消费场景，避免城乡记忆消失，提升城乡文化品位，增强城乡文化厚重感，在生动显现中华文化基因密码和独特魅力的同时，有效提升文化发展的质量与水平。

（三）强化文化发展特色

中华文化一脉相承，既有统一性、主体性又有多样性、时代性的文化形态，决定了中国文化遗产的特色性。要把加强对文化遗产的特色认知与文化建设相结合，通过遗产媒介的特色化表达，着力彰显新时代文化发展的地域特色和产品特色，凸显个性化、差异化，做到"人无我有、人有我优"，避免单一保护、盲目发展和文化消失、文化趋同。一要强化文化发展的地域特色。要紧扣传承地方风土人情、彰显地域文化底蕴这条主线，着力从形式、内容、价值、特质等方面挖掘弘扬遗产的地域特色，以增强文化发展的地域性。以陕西为例，要注重脉源文化、都城文化、丝路文化、红色文化、关学文化、黄土文化、秦岭生态文化等彰显具有浓郁地域特色的文化建设。二要强化文化发展的产品特色。要注重特色产品开发，完善以大遗址、遗产城市、传统村落、遗产廊道、历史文化名镇、历史街区等遗产为代表的现代文化遗产产品谱系，重点创新"中国数字遗产"产品。围绕文化遗产教育、文化遗产文创产品、文化遗产素材创新、文化遗产动漫游戏、文化遗产旅游，把互联网的创新成果与文化遗产保护、传承、发展、创新深度融合，打造"互联

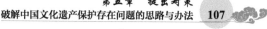

网+文化遗产"的融合型文化产品，挖掘和拓展文化遗产蕴含的历史、艺术、科学、文化、经济、社会价值和时代精神，打造出具有中国遗产气派的新时代高质量文化产品。

二、深挖经济价值

文化遗产作为历史上经济形态、经济体制、经济机制的真实见证，其在当代的经济价值主要体现在旅游和文化产业发展等方面。新时代保护文化遗产，要立足我国经济结构和社会结构的深刻变革，经济发展由高速增长转向高质量发展的新特征，深挖文化遗产助推文化产业、调整产业结构、提升产品质量的经济价值。

（一）助推文化产业

依托文化遗产资源，发展现代文化产业，不仅是文化产业发展的内在要求，更是文化遗产资源创造性转化和创新性发展的时代选择。目前，文化产业已成为世界许多国家国民经济发展的支柱产业。文化产业总值占GDP总量的比重越来越高，美国是31%左右，日本为20%左右，欧洲平均在10%～15%，韩国高于15%，而我国还不到5%，这与我国作为世界遗产大国的地位严重不匹配。究其因，主要是因为我们对待文化遗产发展的态度、认识遗产价值的深度、发挥遗产效能的力度不够深刻有力。我国文化遗产丰富多样，是当代文化生产、文化创造取之不尽、用之不竭的资源宝库。要用足、用活、用好文化遗产资源，大力助推文化产业发展。首先，要通过对文化遗产保护方式、保护内容和保护机制的创新，拓展文化产业发展的新领域和新途径，加快特色文化产业发展步伐。从产业发展的角度来看，文化遗产资源的现代转化为文化产业发展带来了难得的机遇。要充分依托各地独特的文化遗产资源，通过创意转化、科技提升和市场运作，提供具有鲜明地域特点和民族特色的文化产品和服务的产业形态，推动特色文化产业不断取得新发展。其次，要通过对文化遗产文化元素内涵、特征的深入挖掘与创造提升，大力发展文化创意产业。通过创意思维、创意手法重构文化遗产文化元素，从内在精神上转换、传递遗产价值，在设计理念、设计语言、设计风格上体现当代设计精神和国际流行趋势，将文化遗产以文化创意产品的形式呈现，使其蕴含深厚的文化内涵和鲜明的地域特色，同时贴近实际、贴近生活、贴近群众，满足群众对文化产品多元化的需求，从而推动文化遗产价值在互动、传播中得到认知与提升，并给中国文化产品赋予特殊的文化魅力和市场竞争力，使其更好地在国际市场竞争中，向世人传达中国审美和价值观念。例如，大唐芙蓉园建在原唐代芙蓉园遗址以北，建造以史为据，在南山北池、环状水系的大格局之中，按照功能需求布设紫云楼、望春阁、芳林苑等仿古建筑体系，整个园区从帝王、科技、外交、科举、诗歌等方面全方位再现了大唐盛世的灿烂文明。同时，大唐芙蓉园在文化产业发展模式方面也做了有益的探索，以保护文化、展示文化、开发文化、利用文化的思路，将文化遗产的保护与城市资产价值的提升有效融合，通过庞大的建筑格局、交错式景点设置、白天黑夜一体化和体验文化的演绎方式，让游客切身参与文化的构建，体验高层次的精神交流，为文化遗产的保护和利用提供了一种可借鉴的全新思路[①]。

（二）调整产业结构

实施供给侧结构性改革，实行产业结构调整升级是促进我国经济社

---

① 《打开一扇窗，让世界了解西安——大唐芙蓉园重建皇家园林开创文化遗产保护新模式》，《西安晚报》2011年1月5日。

会发展、提高经济质量和效益的关键所在。从一定程度上来说，文化遗产资源是调整产业结构的内容支撑。平遥古城距今已有2800多年的历史。古城内文物遗存丰富，包含国家级文保单位19处、不可移动文物1075处、极具保护价值的古民居3798处。作为世界文化遗产，平遥古城享誉国内外，2021年接待游客200万人，旅游总收入达到10亿元。近年来，平遥依托推光漆器、牛肉、老陈醋等非遗技艺发展特色产业，大力推进文旅产业深度融合。例如，依托第一批国家级非物质文化遗产推光漆器髹饰技艺，建设推光漆器文化产业创意园、漆器检测检验中心、鉴赏拍卖中心、大师研究创作中心，实施"工艺美术大师+创意设计+手艺人"工程，打造推光漆器特色产业集群①。平遥古城正是依托世界遗产的吸引力，达成区域产业转型的战略目标。新时代保护发展文化遗产，要在深挖文化遗产内在价值的基础上，发挥"文化遗产+"融合优势，产生聚集效应和裂变效应，使得两者发挥最大的经济、社会、环境价值，为产业结构优化、城乡功能拓展提供极具可持续发展的空间。要积极推动文化遗产与文旅、教育、创意、影视、动漫、体育、水利、林业、农业等行业的深度融合，以文化遗产之魂入不同行业之体，打造一批主题突出、内涵丰富、形式新颖的文化精品，如推动文化遗产与文旅景区、传统村落、特色小镇、森林公园、研学基地、农业公园等，进行深度的融合创新，大力发展复合型、参与体验型的文化遗产融合产业，调整优化产业结构。

（三）提升产品质量

在当今经济文化、文化经济化的时代，一种产品质量的高低不仅取

---

① 王文华：《古城保护心存敬畏　文旅发展打开思路——回访山西省晋中市平遥古城》，《中国旅游报》2022年10月14日。

决于产品基础质量，即性能、耐用性、可靠性与维修性、安全性、适应性、经济性，更取决于它所蕴含的文化性、价值性和符号性。法国社会学家让·鲍德里亚在《消费社会》一书中指出，人们就是通过消费不同的物品来界定自己与物品相符的身份，将自己与某种类型等同而与其他人相区别，即人们现在消费的不是物品的使用价值而是符号价值，人类社会已经进入符号消费时代①。符号消费根本的特点就是象征性和表征性，即通过对某一商品的消费来体现品位、个性、社会地位并实现社会认同、价值认同和文化认同。新时代保护发展文化遗产，要着力通过挖掘、阐释、表征遗产的"文化符号"，提升产品质量。具体来讲，一是要以文化遗产价值内涵的独特性、地域文化的差异性来提升产品质量，彰显文化遗产的"符号价值"，以增强文化产品的表现力和吸引力。习近平总书记指出，"事实上，外国人也跑到我们这里寻找素材、寻找灵感，好莱坞拍摄的《功夫熊猫》《花木兰》等影片不就是取材我们的文化资源吗？"②要充分认识到我国文化遗产在提升产品品质和国家文化竞争力方面的独特优势，生产出具有文化内涵的高质量产品；二是要重视遗产产品功能的现代转换。在保留传统工艺和技艺的同时，将文化遗产原有功能进行创新性发展，赋予新的内容，注入新的活力，研发出新的产品。三是要扩展传统文化遗产产品的认知，提升遗产自身品质。长期以来，我国多注重传统文化遗产的保护发展，面对诸如乡土建筑、工业遗产、文化景观、文化线路、文化空间、老字号等文化遗产没有给予足够的关注与重视，应不断深化对文化遗产的认知，不断完善遗产产

---

① 〔法〕让·鲍德里亚著，刘成富、全志钢译：《消费社会》，南京大学出版社，2001年，第57～97页。

② 习近平：《在文艺工作座谈会上的讲话》，新华社，2015年10月14日（http://www.xinhuanet.com/politics/2015-10/14/c_1116825558.htm）。

品结构，提升遗产自身品质。

三、突显社会价值

文化遗产是人民群众在日常生产生活中创造的，新时代保护发展文化遗产，要在激发人民群众文化创造活力的同时，紧紧围绕经济社会发展的战略需要和人民对美好生活的向往，把实现好、维护好、发展好最广大人民的根本利益放在首位，让文化遗产保护成果惠及全体人民，为改善民生服务，不断满足人民日益增长的美好生活需要，不断增强人民群众的满足感、幸福感。

（一）以文化遗产为资源，生产出更多更好的文化产品

当今中国社会的主要矛盾是人民日益增长的美好生活需要和不平衡不充分的发展之间的矛盾。这一社会主要矛盾反映在文化领域，就是人民日益增长的美好生活需要和不平衡不充分的文化发展之间的矛盾。随着人民生活水平不断提高，人民对文化产品的质量、品位、风格等的要求也越来越高。党的十八大以来，我国在提供高质量文化产品方面取得了长足进展，但与人们的期望和需求相比，还存在较大差距。要紧紧围绕当前人民群众的文化需求，用现代眼光审视遗产资源，将传统与现代、文化与经济、保护与发展有机结合起来，通过文化资源整合、文化内涵挖掘、文化产品创造等现代创造性转化和创新性发展，生产出更多具有时代感、现代气息和地方特色的，并体现人民参与性、为人民大众所喜爱的文化产品，创作出更多以广大人民投身其中的中国特色社会主义文化建设伟大实践为表现对象的思想深邃、艺术精湛、形式新颖的文艺作品，将丰厚的文化遗产资源切实转化为满足人民日益增长的美好生活需要的积极成果。比如，就非物质文化遗产的保护发展来说，要在保

留其精神内核和生产方式的基础上，以新形式、新内容生产出既能准确传达民族传统文化韵味，传承遗产生产技艺，又能体现当代精神，符合当下大众审美趣味并具有中国特色、中国风格、中国气派的文化产品。

（二）活化文化遗产内涵，满足人民群众文化体验需求

文化遗产保护利用，重在内涵的挖掘，更在价值的活化。要充分利用高新技术和数字技术活化遗产内涵，增强遗产文化体验。比如，要积极运用5G、虚拟现实（Virtual Reality，VR）、增强现实（Augmented Reality，AR）或混合现实（Mixed Reality，MR）等新的沉浸式技术，通过实物、场景、模型、雕塑、半景画等多维展示方式，结合电子沙盘、投影幕、全息投影、地面互动、电子翻书、虚拟现实等多媒体互动技术，创新文化遗产展陈方式，活化文化遗产价值内涵，在强化观众参观鉴赏文化遗产时的视觉、听觉、触觉等感官体验的过程中，满足其深入的情感体验与精神体验需求。同时，要注重文化遗产保护发展中的新技术应用。目前我国文化遗产保护发展存在科技短板，新技术、新材料优势尚未有效发挥。要立足文化遗产材料与古代工艺研究、文化遗产保护材料研发、文化遗产保护装备研发、新材料考古应用研究、文化遗产数据库建设，着力打造我国文化遗产保护发展领域高水平的科研平台和设施设备生产基地，以满足人民群众对文化遗产产品高质量的需求。

（三）依托文化遗产，加强公共文化服务体系建设

加强公共文化服务体系建设，是繁荣发展社会主义先进文化、构建社会主义和谐社会的必然要求，是实现好、维护好、发展好人民群众基本文化权益的主要途径，同时也是改善民生的重要内容。十八大以来，我国在公共文化服务体系建设方面成效显著，但在城乡基层公共文化资源供给、基层群众文化活动开展、公民艺术鉴赏能力提升等方面尚存在

薄弱环节。要充分依托遗产资源的文化属性与独特优势，按照人民群众的文化需要，为加强公共文化服务体系建设贡献力量。一要通过对文化遗产的保护展示，不断加大城乡基层公共文化资源供给。比如，对处于城乡的大遗址，可通过遗址博物馆、展览馆等公共设施建设，遗址生态环境治理，遗址文化景观营造等途径，为人民群众提供富有文化内涵的公共设施和服务设施。例如，曲江池兴于秦汉、盛于隋唐，历时千年，是中国古代风景园林的经典，曾经出现在无数文人骚客的诗词歌赋中，几乎是盛唐长安的形象代词。可惜随着时间的推移，曲江池碧波荡漾的水面日趋缩小，直至消失，现代人只能从史册记录中寻找关于曲江池的记忆。2008年，占地面积100万平方米的曲江池遗址公园建成开放，项目从唐曲江池遗址、秦二世皇帝墓等文物古迹的保护性开发、城市功能配套和区域生态环境建设的角度出发，依托周边丰富的旅游文化资源和人文传统，恢复性再造曲江南湖、曲江流饮、汉武泉、宜春苑、凤凰池等历史文化景观，再现曲江地区"青林重复，绿水弥漫"的山水人文格局，构建集生态环境重建、观光休闲娱乐、现代商务会展等功能为一体的综合性城市生态和娱乐休闲区[①]。曲江池遗址公园成功实践了文化遗产保护的"市民公园模式"，拆掉了文化遗产保护区的"围墙"，为市民提供了一片以历史文化为主打特色的城市公共空间。二要通过对文化遗产资源的发掘、整理和传承，不断丰富活跃群众文化活动。比如，可以文化遗产特别是具有活态传承独特性的非物质文化遗产为载体，开展形式多样、内容丰富的文化活动，诸如以地方戏曲、节庆习俗、皮影、剪纸、年画等民俗文化艺术样式为载体，开展公共文化服务，既能丰富人民群众的文化生活，又能在公共空间塑造富有影响力、传播力的传统符

---

① 《打造公共文化空间，做响文化旅游新亮点——曲江池遗址公园成功实践文化遗产保护"市民公园模式"》，《西安晚报》2010年12月21日。

号象征，激发和深化人民大众对民族民间文化精神、力量的认同与热情。第三，要通过遗产教育不断提升人民群众的艺术鉴赏能力。要把知识普及与鉴赏能力提升相结合，可定期举办文化遗产教师讲习班、文化遗产知识课堂、文化遗产知识讲坛、文化遗产公开课等，以遗产赏析、遗产鉴定、专题讲座以及文化遗产进校园、进社区、下农村等形式，拉近民众与文化遗产的距离，让民众在吸纳知识，深切感悟文化遗产魅力与价值的过程中不断提升自我艺术鉴赏能力。

第三节　重构人与文化遗产之关系

就世界范围来看，文化遗产保护理念与实践经历了一个从"以物为本"到"以人为本"的嬗变与跃升。在20世纪70年代中期以前，"以物为本"的思想观念长期主导文化遗产保护。1975年，欧洲建筑遗产大会通过《阿姆斯特丹宣言》，将利益相关者纳入文化遗产保护决策过程，标志着国际社会开始关注文化遗产与人的关系，认识到遗产对人的价值和意义。这种认识上的发展，推动了文化遗产理论逐渐向"以人为本"转变。2019年，世界遗产委员会决定，把"基于人权的文化遗产保护"理念纳入《世界遗产公约操作指南》，这进一步体现出以人为本的精神，同时也说明，在文化遗产保护和人的关系中，人的重要性日益凸显。与国际遗产界一样，我国也经历了由"物"到"人"的转变。特别是进入新发展阶段以来，文化遗产保护步入一个以人为本的新的历史时期。从国家层面来说，国家文物局先后印发了《文物建筑开放导则》和《大遗址利用导则（试行）》，前者旨在推动我国文物建筑开放使用，让文物活在当下，为社会提供更加多样化的公共文化服务；后者明确提出大遗址利用要遵循坚持保护第一、注重文化导向、服务社会民生、实现可持续发展的基本原则。另外，相继启动实施的国家文化公园和遗产廊道建设也都突出强调文化遗产利用的公益属性，让文物古迹服务公众。与此同时，各地如北京、正定、丽江、平遥等城市在历史文化名城保护中坚持以人为本，充分考虑文化遗产对人的价值和意义，让文化遗产保护利用服务民生改善、服务公众知识的增长和素养的提升。从上可见，进入新的历史时期，我国文化遗产保护坚持以人为本的生动实践不断向前推进，文化遗产保护服务人的生存发展，与民生改善和谐共进已成为当今鲜明的文化特征。然而，需要指出的是，学界迄今对此尚无系统深入的研究。笔者认为，文化遗产保护以人为本，实质上是一个问题的两个方面，一方面是人如何对待遗产，另一方面是遗产如何为人服务，因为要实现遗产为人服务，首先要求人正确对待遗产，两者是相辅相成、互为一体的。在新的历史时期，只有从这两个方面入手重构人与文化遗产之关系，才能切实做到文化遗产保护以人为本，也才能真正解决前文所指出的文化遗产保护中存在的"轻视文化遗产对人的价值与意义"这一问题。

一、人要正确对待文化遗产

人是文化遗产的创造者、拥有者，同时也是文化遗产的传承者、发展者和享用者。文化遗产保护以人为本，在意涵上要深化思想认识，从主体（人）到客体（文化遗产），做到人正确对待遗产。其中有认识接受、保护传承、发展创造三个维度。

第一，认识接受遗产。文化遗产蕴含着真实的历史信息和极其丰富的自然与社会科学经验、知识，它不仅生动地诉说着过去，也深刻影响着当下和未来。人对文化遗产认识的程度直接决定着保护文化遗产的成效。世界遗产研究院院长古恪礼曾经指出，保护文化遗产最重要的是要在当地人心目中树立起对古迹、对文化遗产的全面认识，了解它们对于一个城市的意义，不仅仅是历史纪念意义，还有文化意义、经济意义等很多方面。只有这样，才能让当地人对历史古迹产生感情，从而调动起全社会的力量来保护①。长期以来，我国文化遗产保护在很大程度上只是精英或者说业内人士（文化领域专家、从业者等）的行为取向，文化遗产"养在深闺人未识"，其内涵、特征、价值意义也只是业内人士交流、研讨的内容，绝大多数人民群众对文化遗产"不识庐山真面目"。文化遗产保护以人为本，不仅要让人民群众从概念、形式、特点等方面对文化遗产有概要的感性了解，又要在内涵、价值与意义上取得较深入的理性认知，把文化遗产保护过程变为让人分享遗产知识、重温历史记忆、领略遗产魅力的过程，让文化遗产真正走出象牙塔，"飞入寻常百姓家"，使专家学者手中的小众知识转化为大众文化，让人民群众深刻认知既往社会的生产生活，汲取跨越时空、具有永恒魅力的宝贵知识资源，为人们认识和改造世界提供有益借鉴，以使文化遗产在被认识、被分享中得到诠释、保护和延续。近年来，央视举办的"考古公开课"、陕西开展的"考古报告会"和"文化遗产惠民工程"等，正是推动这种认识论意义上的文化遗产保护以人为本的鲜活例证。对于考古学家、文化遗产工作者等精英群体来说，要理性审视自身在遗产实践中的角色及其学术话语带来的社会影响，广泛倾听普通民众等其他利益相关者的声音，寻求与人民群众更深层的互动，让遗产走向民众，影响人民群众当下的生产生活。

在让人认识遗产的同时，更重要的是要让人接受遗产。中国文化遗产是中华民族在长期历史发展中逐渐形成和积淀情感、信仰、文化、身

---

① 陈鹤：《三坊七巷冲刺申遗，世遗研究院院长来榕参观指导》，《福州晚报》2011年11月3日。

份认同的表达系统，铭刻着历史的文脉、民族的记忆、精神的基因，凝聚和映衬着中华民族的思维方式、审美情趣和价值取向，是中华文化价值观念的承载者，同时也是维护文化身份和文化主权的基本依据。文化遗产保护以人为本，要着力阐释彰显文化遗产蕴含的哲学思想、人文精神、价值理念、道德规范等多元价值观念，并不断借助新的传播方式和手段，使其走进和深入人心，实现文化遗产与人民群众现实生活、情感需求的紧密连接，让人民群众真正从价值论意义上接受、认同中华文化的价值观念。比如，2018年央视推出的"如果国宝会说话"电视纪录片，以更适应互联网时代的碎片化传播方式，让普通大众了解文化遗产背后的中国精神、中国审美和中国价值观，以年轻化的表达方式将文化遗产从博物馆、文物库房里的冰冷物件转化为有故事、有温度的历史构建，既有效搭建起人民群众与遗产之间认知、认同或情感链接的桥梁，又很好地实现了遗产对人民群众身份认同的表征。

第二，保护传承遗产。人民群众作为文化遗产的创造者，必然是遗产的主人和保护遗产的主体。然而，基于文化遗产固有、共有的主位视角，人们总是将"文化遗产相关者分为专家和大众，前者是保护者和诠释者，是业内；后者是看客、游客，是业外"[1]。由此导致一种"怪象"：一方面，高喊人民群众是文化遗产的主人、是保护文化遗产的主体；另一方面，具体到一处文化遗址、一幢古建筑，如何对其进行保护？保护和利用的具体事项应该由谁来行使、如何行使？谁对它拥有保护利用的主体责任、法律责任？这些往往与遗产地居民毫无关系。这充分说明，人民群众在"保护主体"上严重缺位。尤其是在很多地方，遗产地的遗

---

[1]　曹兵武：《让文物活起来的初步思考——兼论全民参与文物保护利用体系建设有关问题》，《析情探路——符合国情的文物保护利用与改革发展》，文物出版社，2020年，第267页。

产保护与居民生产生活处于对立状态，关系较为紧张①。例如，云南元阳哈尼梯田是世界文化遗产，为了保护遗产的原真性和完整性，同时也出于旅游发展的需要，当地政府要求当地居民耕种梯田、保持传统村落原貌，但当地居民没能享受到遗产保护的实际利益，反而觉得给自己带来的是一种剥夺感，曾一度弃种梯田以示抗议②。特别是随着人口增长和经济发展，文化遗产保护与周边居民用地之争日益显现，有些人甚至对文化遗产保护产生抵触情绪。例如，广东佛山地区基塘农业系统遗产地的调查研究显示，依然有部分农户认为基塘农业系统的保护不利于自身的就业生计，保护农业文化遗产是政府有关部门的责任，不愿意参与遗产保护③。新时代文化遗产保护以人为本，要组织专家学者结合乡土文化背景，通过编写乡土教材、编创本土文艺作品和媒体宣传报道等方式方法，加强文化遗产价值及保护传承理念的公众推广。一方面，让全社会认识到，要真正保护好文化遗产，既不是靠投资方，也不是靠专家，而是靠当地社区、当地居民，以此增强遗产地居民对保护文化遗产的心理认同。另一方面，要在让人民群众认识遗产内涵特质和接受遗产价值观念的基础上，深入理解保护传承文化遗产的重要性和必要性，深入理解文化发展的重要意义，意识到对文化遗产的尊重、对文化遗产所

---

① 联合国教科文组织专家、亚太文化遗产中心主任威廉·卢根到云南省丽江古城考察时曾表示，目前，在世界各地文化遗产保护和发展的关系都较为紧张。他说，文化遗产保护以人为本最重要（《文化遗产保护以人为本最重要》，《宁波日报》2008年12月4日）。

② 林红霞：《遗产旅游利益相关者权责演变与冲突——以元阳哈尼梯田景区为例》，中山大学硕士学位论文，2015年。

③ 苏炎芳、王思远、黎尔纳、廖森泰：《农户保护重要农业文化遗产主观意愿评价——以广东佛山基塘农业系统为例》，《中国生态农业学报（中英文）》2022年第3期。

代表文化的尊重是自身的义务与责任，并以实际行动参与到文化遗产保护传承过程中，以文化遗产主人的身份，切实肩负起保护传承的职责与使命。

第三，发展创造遗产。文化遗产作为一种文化、社会现象，必然伴随着社会的发展而发展。批判遗产研究的重要学者劳拉简·史密斯认为："遗产本质上是一种制造意义上的文化生产过程。"[①]新时代文化遗产保护以人为本，一方面，要通过广泛深入的宣传教育，让人民群众充分认识到推动文化遗产发展的价值与意义，进而激发其促进文化遗产发展的积极性和主动性。另一方面，要依靠人民群众的聪明才智和创新能力创造未来文化遗产。因为文化遗产既是历史的创造，也是今天的发明和再生产。我们知道，人类推进社会进步的内容和方式始终处于变动发展之中，伴随社会生产力和人类审美能力的提高，"人们总是对物质和精神生活提出更高更丰富的要求，会感受到既有的文化样态局限性对自身的大大制约。人们要求超越既有的技术水平和价值体系，努力创造新的文化。"[②]从历史的、发展的观点来说，文化遗产事业的推进，是一个由创造到发展，再由发展到创造的不断演进的历史过程，换言之，文化遗产不仅是过去留给现在和未来见证人类文明的实证符号，还应该是现在献给未来延续人类文明的实证符号。我们的职责是，既要将那些前人留下的代表人类文明发展的实证符号传给后人，又要为后人留下体现当代特色与创新能力的文化遗产[③]。因此，新时代以人为本保护文化遗产，

---

① 〔澳〕劳拉简·史密斯、张煜：《遗产本质上都是非物质的：遗产批判研究和博物馆研究》，《文化遗产》2018年第3期。

② 甘代军：《文化遗产与保护：意义消解与价值重构》，《湖北民族学院学报》（哲学社会科学版）2009年第5期。

③ 魏小安、王洁平：《创造未来文化遗产》，中国人民大学出版社，2005年，第4页。

不能以静止、孤立、僵化的态度对待文化遗产，更不能人为割裂文化遗产保护传承与发展创造的关系，而要立足中国特色社会主义伟大实践的战略需要，大力推进具有鲜明时代特点和民族风格的文化创造，生产出更多更好的文化精品，为后世留下诸多光耀千古的文化遗产。尤其是要通过重构遗产功能、传播遗产价值、活化遗产内涵、转化遗产资源等策略手段，既让人民群众积极、自觉地保护传承、发展创造遗产，又让遗产不折不扣地服务于人民群众的物质与精神生活需要，重构新时代人与文化遗产之关系。

二、文化遗产要服务于人

文化遗产是人民群众智慧的结晶，来源于人民群众的生产生活，是人民群众精神、物质生活的真实见证与写照，正所谓文化是"一种生存于生活中，不脱离生活的'生活文化'，一种文化型的'生活相'或生活模式"①。英国社会人类学家马林诺夫斯基指出："文化是包括一套工具及一套风俗——人体的或心灵的习惯，它们都是直接或间接地满足人类的需要。"②在此意义上，文化遗产只有回归、融入人民群众的生产生活，服务满足人们的生存发展需要，才能更为鲜活、更有力量。新时代实现文化遗产为人服务，关键是要促进人综合素养的提升和满足人物质与精神生活的需要。

第一，服务人的素养提升。文化是人所特有的，与动物、自然相区

---

① 文化部民族民间文化发展中心：《中国非物质文化遗产保护研究》（上），北京师范大学出版社，2007年，第157~158页。

② 〔英〕勃洛尼斯拉夫·马林诺夫斯基著，费孝通译：《文化论》，《费孝通译文集》（上册），群言出版社，2002年，第210页。

别的社会现象。英国人类学家泰勒曾经指出，文化"是包括全部的知识、信仰、艺术、道德、法律、风俗以及作为社会成员的人所掌握和接受的任何其他的才能和习惯的复合体"[①]。文化遗产作为这一复合体的承载者，能为人的自身发展提供坚强的思想保证、强大的精神力量、丰润的道德滋养，是提升人综合素养的有效载体和鲜活素材。文化遗产保护以人为本，要针对当代人注意力系统特点、体验方式变化特征以及经济社会发展对人文素养的目标要求，通过符合时代特点的可参与性、体验性生产——挖掘、展示、表达、阐释文化遗产的深厚内涵和多维价值，让文化遗产本体及其承载的历史文化信息成为遗产地居民的集体记忆，使人民群众在心怀过往并想象未来的过程中不断提升思想境界、强化道德修养、提振职业精神。比如，像"天行健，君子以自强不息"[②]"非淡泊无以明志，非宁静无以致远"[③]"人生自古谁无死，留取丹心照汗青"[④]"不要人夸好颜色，只留清气满乾坤"[⑤]，这些书写在典籍里的文化遗产，对今人来说，无疑是提升思想境界、涵化道德情操、培养爱国精神的深厚滋养。再比如，传统节日文化遗产中蕴含的孝亲敬祖、慎终追远、敦亲睦邻、尊敬师长、勤俭持家、重仁守信等文化内涵，也都是提升今人道德修养的鲜活素材。

[①]　〔英〕爱德华·泰勒著，连树声译：《原始文化：神化、哲学、宗教、语言、艺术和习俗发展之研究》，广西师范大学出版社，1992年，第1页。

[②]　周振甫：《周易译注》，中华书局，1991年，第3页。

[③]　（蜀汉）诸葛亮，张连科、管淑珍校：《诸葛亮集校注》，天津古籍出版社，2008年，第109页。

[④]　（宋）文天祥：《过零丁洋》，《文天祥全集》（卷一四），北京市中国书店，1985年，第349页。

[⑤]　（元）王冕，寿勤泽注解：《墨梅四首》，《王冕集》，浙江古籍出版社，2012年，第259页。

第二，服务人的文化生活。文化遗产作为历史上特定时代人类知识、艺术、观念、习俗等的文化场域，记录了特定时代人们的生产生活水平、价值观念、风俗习惯和社会文明程度，是一个时代文化的凝聚。从文化功能论的角度来说，文化遗产所代表的文化形态既是人类文明进步的时代性标志，具有历史纪元的意义，也是人类继续前进的动力源泉，有着泽被后世，满足现代人文化生活需要的功能价值。以人为本保护文化遗产，要以实现大众文化利益为核心，以创造当代高品质文化生活为宗旨，以实验性、开放性的文化心态，以洞察时代文化发展大势的视野，把文化遗产元素、符号和环境深度融入人民群众的文化活动场景、文化学习场景、文化交流场景、文化消费场景，通过过往和当代新旧文化内涵、精神的嫁接与交融，再经由创造性转化和创新性发展，重塑新的文化环境、文化空间和文化意义，实现文化创生意义的建构，从活跃形式、丰富内容、提升质量等方面切实有效地为当今人民群众的文化生活服务。比如，把我国非物质文化遗产传统节日中的不同习俗（如元宵节花灯、端午节赛龙舟、重阳节赏菊登高等）与新时代城乡文化发展相融合，既能为人民群众的生产生活注入文化元素、文化记忆，避免城乡记忆消失或城乡面貌趋同，提升城乡品位，又能充实人民群众当代生活内涵，增强文化的厚重感和百姓的归属感，使人民群众的文化生活更富有生机、活力和魅力。

第三，服务人的精神需求。从一定意义上来说，人们保护文化遗产，不仅是为了获得物质利益的享受，更有精神情感方面的需求。历史上的重要景观建筑多次损毁后多次重修，即源于对意境和精神境界的不懈追求。例如，沧浪亭原是北宋诗人苏舜钦的私家园林，苏舜钦临水筑亭，题为"沧浪亭"，自号"沧浪翁"，做《沧浪亭记》，并与欧阳修、梅圣俞等于亭间作诗唱酬往还，从此"沧浪"之名传开，园也因亭而得名。元明时期，沧浪亭一度成为僧居。嘉靖年间，僧人文瑛在原址复建沧浪亭，并邀请文学家归有光再写《沧浪亭记》。此后，沧浪亭几经兴废，数次重建，甚至修祠致祭。每一次寻访子美遗迹，每一次重修沧浪亭，无不是对寄情山水、淡泊名利的精神追求。可以说，过去的遗存作为文化遗产进入到人的视野中，首先满足的是人的精神需求。在当代语境下，文化遗产的复杂性已远远超越了物质形态的去留、新旧层面的讨论，直指人们的精神世界①。正如习近平总书记2014年3月在法国巴黎联合国教科文组织总部演讲时指出，让文化遗产活起来，是要"让中华文明同世界各国人民创造的丰富多彩的文明一道，为人类提供正确的精神指引和强大的精神动力"②。人民群众对美好生活的向往不仅仅是对物质生活的追求，更是对美好精神文化的需求。随着物质生活水平的不断提高，满足人民群众对美精神文化的更高需求，是新时代面临的重要课题。以人为本保护文化遗产，要紧密结合新时代人民群众精神情感需求更加个性化、呈现多样化、显现层次性、凸显品质化、追求国际化③等特点，深入挖掘文化遗产的丰富内涵，让其蕴藏的特定时代的知识、艺术、信仰、习俗、观念等文化形态，以独特的时代感、新鲜感和异文化的活力感，给人以知识分享、文化审美、心灵浸润，有效满足人民群众在价值观念、道德规范、心理素质、精神面貌、行为准则、审美观念等方面的多元精神需求。比如，深圳中华民俗文化村的创建与运营，正是通过充分利用发掘和拓展非物质文化遗产资源及民间艺术的多元价值含量，提升人文认同和审美体验功能，既吸引游客，创造了经济效益，又通过释放空间审美的复合效应满足了人的审美需求。再比如，运

---

① 杜晓帆：《文化遗产首先应满足精神需求》，《人民日报》2018年6月13日。

② 习近平：《让中华文明同世界丰富多彩的文明一道，为人类提供正确的精神指引和强大的精神动力》，《人民日报》2014年3月28日。

③ 王岩、秦志龙：《满足人民美好精神文化生活新期待》，《红旗文稿》2018年第1期。

用三维技术让博物馆里"高居庙堂""正襟危坐"的文物从展台上跳下来、扭起来，既能使历史文化变得轻盈生动，拉近与观众的距离，又可很好满足人们的审美需求。还有，在现代语境下，运用现代话语体系，对某种文化遗产的存续进行表达与展示，讲述与该遗产相关的历史事件、人物、典故等，即能很好地在文化遗产保护中满足人民群众的知识需求。

第六章 明确目标：文化遗产保护的目的和任务

文化遗产承载着一个国家和民族的历史情感和共同记忆，是文化之根、民族之魂。近些年来，随着我国经济社会的快速发展和人民群众文化水平的显著提高，文化遗产保护日益受到全社会的普遍重视，甚至已经将其提高到增强中华民族文化认同、建设社会主义文化强国、铸就中华文化新辉煌、维系国家文化安全的战略高度来加以强调。显然，这些都最终要落脚在文化遗产保护的目的及任务上。那么，文化遗产保护的目的是什么？任务又是什么？从当下人们对文化遗产保护的认知及实践来看，应该说，这些问题的答案都绝非自明的。然而，要真正保护好、传承好、利用好文化遗产，就必须认真回答这些问题。

第一节 问题的提出

人类之所以要保护文化遗产，就在于文化遗产有着多方面的价值。而从本质上来讲，所有的文化遗产都是人们依据当前的目的需要与价值观对过去/历史的选择性再现[①]。换言之，文化遗产的价值来自作为主体

---

① Olsen D H, Timothy D J. "Contested religious heritage: differing views of Mormon Heritage." *Tourism Recreation Research*, 2002, 27 (2).

的人对遗产本体的认知和判定，而这种认知与判定是一个随时空变迁不断更新的过程（对此，笔者在本书第二章第一节已有论述）。由此可知，随着时间的推移和人的价值认知的变化，从最初关注遗产的历史、艺术、科学价值进而兼顾情感、社会、文化价值等诸方面。这主要是基于主体的人的主观价值认知而言。若从作为客体的文化遗产的自身来看，文化遗产因其时代性而潜藏着在新的历史时期逐渐走向衰落的可能性，亦即原初功能的丧失，如西安明城墙军事防御功能的消失，但由于文化遗产饱含着丰富的人类历史和智慧，其中许多基因仍有活力，从而又蕴藏着在新的时代被赋予新的社会功能的巨大潜力[1]。

　　基于以上认知与事实，可以说，文化遗产保护不是继承意义上的简单机械式的重复与模仿，而是不断发展变化和跃进提升的动态过程。相应地，文化遗产保护的目的与任务亦非恒定的静态定数，而是一个不断满足个体和社会发展需求的活态变量。据此，在新的历史时期，文化遗产保护的目的与任务究竟是什么？这直接决定着文化遗产事业发展的目标定位和实际成效。关于文化遗产保护的目的，学界迄今尚无比较全面系统的厘定和论述。要么是就某种文化遗产谈其目的，如郝春文认为，保护敦煌文化遗产的目的表现在两个方面：一是可以使公众领略古代中国处于世界领先时期的风采，二是可以获得宝贵的启示和创新灵感[2]。要么是就非物质文化遗产论其保护目的，如荣书琴指出，活态存在的非遗丰富着传统文化的形态与内容，群众认同的非遗夯实着传统文化的基本要求与内涵[3]。显而易见，这些仅是零散的阐释。也有学者指出，"保

---

　　① 甘代军：《文化遗产与保护：意义消解与价值重构》，《湖北民族学院学报》（哲学社会科学版）2009年第5期。

　　② 郝春文：《敦煌文化遗产：盛世风采肇复兴》，《光明日报》2017年3月13日。

　　③ 荣书琴：《论中国非物质文化遗产的当代价值》，《中国非物质文化遗产》2021年第2期。

护也不是目的，利用也不是目的，真正的目的是传承。"①笔者认为，把文化遗产保护的目的界定为"传承"，显然是一种窄化、浅化的学术认知，因为它只考虑到文化遗产保护的主体——人的职责使命，而忽略了文化遗产自身价值作用的发挥。另有学者认为，"文化遗产保护的目的就是让其在当代社会'活起来'，使先祖创造的、与人们朝夕相伴的历史遗产，进一步纳入社会的视野，深入人们的心田。"②还有人认为，"造福人民是保护文化遗产的根本目的。"③以文化遗产的多重价值来衡量，这些都是对文化遗产保护目的的简单化或笼统化的阐释与界定。由于对文化遗产保护目的的认知和阐释不够系统、全面和具体，以致对文化遗产保护任务的论述多为泛泛而谈，只是停留在"让文化遗产活起来""把文化遗产用起来"的口号上，至于如何在实践中活起来、用起来，并无多少实质性的举措和办法。上所胪述是笔者提出和研究文化遗产保护的目的和任务的动因与理由。

第二节 文化遗产保护的目的

明确文化遗产保护的目的，是为了更好地厘定保护的任务。新时代文化遗产保护的目的是什么？笔者以为，要回答这个问题，需要考虑三个方面的因素。首先是文化遗产的属性。关于文化遗产的属性，前人多有研究，诸如不可再生性、整体性、民族性、地域性等已得到学界普遍

---

① 郑慧梓、郎慧：《单霁翔：文化遗产，保护和利用不是目的，传承才是》，《南方日报》2021年12月3日。

② 郭旃：《让文化遗产"活起来"》，《人民日报》2016年6月10日。

③ 龙世明：《造福人民是保护文化遗产的根本目的》，《人民日报》2011年2月15日。

公认。与此不同，笔者认为，文化遗产最鲜明、最主要的属性表现在三个方面。一是它的文化性。"文化"是一个民族在长期社会发展过程中所形成的一整套特定的生产生活方式，它既包括诸如知识、信仰、艺术、法律等精神和制度性文化形态，也包括满足人们生存发展需要的物质产品成果。而文化遗产正是这两方面内容的集成和承载者，其鲜明的文化性不言而喻。二是它的聚合性。千百年来，中华民族之所以能够焕发出强大的凝聚力和向心力，生生不息，不断发展，就在于各民族有着共同的价值追求和精神依归，并由此凝结为一荣俱荣、一损俱损的命运共同体。从历史传承来看，中华民族共同书写源远流长、举世瞩目的中华历史，共同创造博大精深、璀璨光华的中华文化，共同培育自强不息、历久弥新的中华民族精神，而这些都凝结积累为具象的文化遗产。尽管每一项文化遗产都有其独特的精神意识、思想内涵，但它们作为中华民族最为独特的文化标识和精神标识，始终处于交融复合的共享状态，是一种集体人格的表征，都集中表现在中华民族共有的精神特质与价值追求中。对于隶属于特定文化体系下的每一个体而言，文化遗产蕴含的文化传统对个体的身份认同、文化归属感和文化凝聚力具有重要作用，其价值和力量能够达成区域、民族、国家发展上的共识，这就是文化遗产的聚合性。三是它的创新性。每一种文化遗产的诞生，都是特定时代人们在思想上和实践上创新的结果，而每一种文化遗产的传承，也都是以创新为支撑。比如，六和塔始建于宋开宝三年（970年），塔基原址系吴越王钱弘俶的南果园，钱弘俶舍园建九级高塔以镇江潮，并取佛教六种规约命塔为"六和塔"。六和塔建成后虽不断被毁，但因人们相信它可以制镇钱塘江潮而屡屡得到重建和修茸。南宋绍兴年间，改九层塔为七层塔。隆兴年间，重建七层宝塔。明、清时期，六和塔也经过多次大规模整修，主要是外部木构部分的重建。直到光绪年间，不仅重建了十三层木檐廊，还给塔心外建造了一个全新的"保护罩"，形成外二层为内一层，六层封闭，七层与塔外相通的"明七暗三"独特构造，这才使得六和塔历经长年的风雨侵蚀仍能挺立在钱塘江北岸。可以说，文化遗产的生命力集中体现于创新力，创新性是文化遗产的重要属性。上述文化遗产的三种属性是明确文化遗产保护目的的重要依据和依托。

其次是中国特色社会主义伟大实践的战略需要对人所提出的目标要求。按照国家"五位一体"总体布局和"四个全面"战略布局，不断深入推进的全面建成小康社会、实现中华民族伟大复兴、构建人类命运共同体的伟大历史进程，对每一位国民个体提出了新的更高的目标和要求，其中最为重要的当属坚定文化自信、铸牢共同体意识、增强创新能力三个方面。这主要是因为：第一，文化自信能够以无形的意识、观念，深深影响有形的存在、现实，是激励人们攻坚克难、勇往直前的精神动力和支撑。一个国家、一个民族要实现振兴强盛，都需要以文化自信、文化繁荣为支撑，"没有高度的文化自信，就没有文化的繁荣兴盛，就没有中华民族伟大复兴"①。第二，民族共同体意识是国家统一之基、民族团结之本、精神力量之魂。党的十八大以来，以习近平同志为核心的党中央，创造性提出"铸牢中华民族共同体意识"这一重大论断，开辟了马克思主义民族理论中国化的新境界。在2021年中央民族工作会议上，习近平总书记强调指出："铸牢中华民族共同体意识，就是要引导各族人民牢固树立休戚与共、荣辱与共、生死与共、命运与共的共同体理念。"②只有铸牢中华民族共同体意识，才能有效抵御各种极端、分裂思想的渗透颠覆，才能有效应对实现中华民族伟大复兴过程中可能发

---

① 习近平：《决胜全面建成小康社会，夺取新时代中国特色社会主义伟大胜利》，《人民日报》2017年10月28日。

② 习近平：《以铸牢中华民族共同体意识为主线，推动新时代党的民族工作高质量发展》，《人民日报》2021年8月29日（http://www.gov.cn/xinwen/2021-08/28/content_5633940.htm）。

生的风险挑战，才能为党和国家兴旺发达、长治久安提供重要思想保证，才能增进各民族对中华民族的自觉认同，夯实我国民族关系发展的思想基础，推动中华民族成为认同度更高、凝聚力更强的命运共同体。第三，创新是民族进步的灵魂，是一个国家兴旺发达的不竭动力，也是中华民族最深沉的民族禀赋。"纵观人类发展历史，创新始终是推动一个国家、一个民族向前发展的重要力量，也是推动整个人类社会向前发展的重要力量。"①时代发展呼唤创新。在当前激烈的国际竞争中，创新已经成为世界主要国家发展战略的重心。在中国特色社会主义伟大实践中，创新是引领发展的第一动力，是建设现代化经济体系的战略支撑。

再者是人民群众对美好生活的向往。人民群众对切身利益的追求、对美好生活的向往，推动着社会历史的发展和进步。党的十九大报告明确指出："必须始终把人民利益摆在至高无上的地位，让改革发展成果更多更公平惠及全体人民，朝着实现全体人民共同富裕不断迈进。"②当前，以人民为中心的发展思想越来越深入人心，越来越受到全社会的高度重视，各行业各领域都在坚持以人为本，把实现好、维护好、发展好最广大人民的根本利益放在首位，努力增强民生福祉，提升幸福指数。

基于上述思考和认知，笔者认为，新时代文化遗产保护的目的可厘定为以下六个方面。

一是传承发展民族文化。文化遗产是人类极其珍贵不可再生的文化财富，是一个国家、民族历史与文化传承的重要载体和实证，是国家、

---

① 习近平：《加快实施创新驱动发展战略，加快推动经济发展方式转变》，2014年8月18日（http://www.gov.cn/guowuyuan/2014-08/18/content_2736502.htm）。

② 习近平：《决胜全面建成小康社会，夺取新时代中国特色社会主义伟大胜利》，《人民日报》2017年10月28日。

民族发展的重要历史见证和社会文明进步的主要标志。文化遗产的特质与地位决定了传承民族文化是文化遗产保护的目的之一。从历史层面看，通过文化遗产保护，对中华文化根源和文化脉络进行完整和真实地记录、保存、传承，延续民族文化血脉，不断彰显中华优秀传统文化的魅力；从社会发展层面看，通过文化遗产保护，为爱国主义和革命传统教育提供基本素材，继往开来为弘扬民族文化和实现民族复兴提供有力支撑；从经济层面看，通过文化遗产保护，把文化遗产内涵融入生产生活各方面并加以活态利用，使其文化价值深入嵌入百姓生活，推动文化旅游、休闲产业成为民族文化传承体系的重要手段和环节。总之，文化遗产保护，要多措并举，经由我们的手，把祖先创造的灿烂文化真实、完整地传给我们的后代子孙，在现代生活中承续中华优秀传统文化，延续我们祖祖辈辈创造的优秀生活方式和生活智慧。与此同时，文化遗产保护还要发展民族文化。文化遗产既包含思想、文化、哲学等精神领域的内容，也包括承载历史文化信息的典籍、器物、建筑等物质形态的载体，其物质与非物质属性互为依托，相辅相成。每一种文化遗产在不同时代被传承弘扬，并不断衍生出新的文化形态，有力推动着民族文化的发展。例如，从甲骨、金石、简牍、帛书、纸书到现代出版等记录文字的物质载体的革新，从诗经、楚辞、汉赋、唐诗、宋词、明清小说、近代文学等革命[①]，无不彰显着文化遗产推动民族文化创新发展的力量。所以，文化遗产保护，要立足实践，强化遗产物质载体与传统文化间的血脉关联，把遗产中的思想文化内涵与当代文化建设相结合，让遗产中的基本价值与中心观念在现代化的要求之下实现调整与转化，滋养出具有鲜明时代特色的新思想、新理论、新文化，促进中华民族文化新发展。

二是服务国家战略需要。文化遗产作为中华文明绵延传承的生动

---

①　王福州：《让文化遗产活起来》，《人民日报》2018年5月30日。

见证，是各民族共享的中华文化符号和中华民族形象，是联结民族情感、增进文化认同、维系国家统一的重要基础，对引导各族人民树立和坚持正确的历史观、民族观、国家观、文化观，不断增强中华民族的归属感、认同感、尊严感、荣誉感具有重要的价值与意义。国际上，很多国家都将文化遗产保护提升到维系本土文化独立性的国家战略高度予以系统部署，将其作为维系民族团结、国家统一、文化自信、文化认同的重要举措。尤其是许多国家为抢占未来的制高点和话语权，相继将文化遗产保护纳入本国和本地区的科技规划或单独设立科技行动计划，如欧盟的"地平线2020计划"，法国的"国家级文化遗产研究计划"，意大利的"文化遗产安全计划"和美国的"拯救美国财富计划"等。这充分说明，文化遗产在服务国家战略上具有不可替代的独特作用，融入、服务国家战略是文化遗产保护的重要目的之一。例如，将文化遗产保护主动融入共同富裕战略部署，积极对接乡村振兴、区域协调发展、粤港澳大湾区等国家重大战略，积极推动长城、大运河、长征、黄河国家文化公园建设，推动考古发掘、大遗址保护展示、历史文化名城名镇名村保护，通过建立区域保护协同机制、加强专题研究、举办品牌活动等，生动呈现中华文化独特创造、价值理念和鲜明特色，在保护文化传统、守住文化根脉中服务国家战略的有力实施。

三是促进经济社会发展。在国际视野中，文化遗产与经济社会可持续发展之间的关系近年来受到极大关注和重视。在欧洲，文化遗产专家小组2020愿景报告提出"推动文化遗产服务于欧洲"项目，旨在通过对文化遗产的创新利用，实现经济、社会、环境等方面目标，推动创新融资、投资、监管、管理和商业模式，提高将文化遗产作为生产要素的有效性；促进社会整合，提升社会包容力、凝聚力和民族参与度；促进景观与环境可持续发展。2016年，联合国教科文组织发布《非洲世界遗产与可持续发展报告》，从环境、社会、经济三方面探索世界遗产保护与可持续发展之间的关系。我国在这方面的探索也取得了令人欣慰的成绩。例如，从2016年开始，广东省对拥有古驿道、古码头、古桥、古驿亭等200余处历史遗存的南粤古驿道实行活化保护。省政府集合住建、文化、旅游、农业、体育、工商等部门的力量，按照以文化遗产保护推动区域发展、民生改善的思路，将南粤古驿道保护与文化传承、乡村振兴、精准扶贫和区域发展紧密结合起来[①]，通过挖掘沿线历史文化内涵，设计古驿道主题线路，复兴传统墟市，举办非遗文化展、摄影展，建设文化广场、博物馆、户外运动营地，加强绿化提升改造等策略手段，在遗产保护与经济社会发展融合上取得了新的探索与成绩，既获取了良好社会效益与经济效益，又扩大了文化遗产的对外影响。这些足以证明，促进经济社会发展是文化遗产保护的重要目的。

四是铸牢中华民族共同体意识。要站在加强中华民族大团结的战略高度，紧扣文化遗产的聚合性，在建设各民族共有精神家园中增进文化认同，进而强化各民族的中华民族共同体意识，厚植对中华民族的认同感。文化认同是最深层次的认同，是增进各民族对祖国、对中华民族、对中国特色社会主义认同的支撑。习近平总书记强调：“加强中华民族大团结，长远和根本是增强文化认同。”[②]基于文化遗产的聚合性，它是增进文化认同、铸牢民族共同体意识的有效载体和鲜活素材。比如，像传说、史诗等非物质文化遗产，大多是中华民族共享的文化内容与文化符号，在培育中华民族族源意识、历史观、价值观、思维方式、审美崇尚上，具有特别的精神聚合作用。因此，保护文化遗产，一方面要以文

---

① 许瑞生：《线性遗产空间的再利用——以中国大运河京津冀段和南粤古驿道为例》，《中国文化遗产》2016年第5期。

② 《中共中央民族工作会议暨国务院第六次全国民族团结进步表彰大会在北京举行》，《人民日报》2014年9月20日。

化遗产为内容，加强对中华民族共同体历史、中华民族多元一体格局的研究和阐释，引导各族人民把爱国之情、强国之志和报国之行自觉植入到坚持和发展中国特色社会主义事业，实现中华民族伟大复兴的奋斗中。另一方面，要把文化遗产融入人民群众的生产生活之中，融入国民教育体系的各方面、各环节，赋能各族人民思想共识培育，树立和突出各民族共享的中华文化符号和中华民族形象，使各民族在文化上相互尊重、相互欣赏、相互学习、相互借鉴，不断增强中华民族共同体意识，推动各民族形成包容性更大、凝聚力更强的命运共同体。

五是增强国民创新能力。对文化遗产最好的保护，是让其成为现实生活所需。历史文化的滋养，既在思接千载、视通万里的历史回眸里，更在可感、可知、可参与的现实生活中。在今天创新已经成为时代潮流、时代特征的环境氛围中，要着力挖掘、传承文化遗产中的创新基因，把其蕴含的丰富的创新智慧、创新精神、创新力量深度融入中国特色社会主义伟大实践中，融入人民群众日常生产生活中，让传统的创造、创新的思想火花和精神力量唤起国民个体内在的创新动力、创新激情，为当代培育创新思维、强化创新意识、提升创新能力释放能量、发挥作用，通过提升国民个体创新能力，不断增强国家创新能力、区域创新能力、企业创新能力。

六是提升人民幸福指数。从文化创生的意义上讲，文化遗产作为历史上人民群众用智慧与勤劳创造的产品与成果，"不是远离百姓、没有生命的化石，而是直接关系民生幸福指数的文化大餐"①，它应该也必然反哺于当代人民群众的生产生活，其所具有的重要的文化、经济、社会等价值，决定了它是当代优化人民群众生活品质，提升幸福指数的重要

---

① 习近平：《建设社会主义文化强国，着力提高国家文化软实力》，《人民日报》2014年1月1日。

资源。要注重面向空间中的人及其生活，把文化遗产的深厚内涵和多维价值与人民群众对美好生活的追求相对接，让文化遗产的价值与魅力抵达现代生活，服务于现代文化产业的发展，服务于公共文化体系建设，服务于城乡居民生活条件的改善，让文化遗产的保护过程、保护成果惠及全体人民，不断提高人民群众的生活质量，增强幸福指数。

第三节　文化遗产保护的任务

厘定文化遗产保护的任务，是为了实现文化遗产保护的目的。立足文化遗产的丰富内涵和多样属性，依照当代社会发展的实际需要，笔者认为，实现文化遗产保护的目的，需要从以下六个方面加以努力。

一、文化遗产整体保护

对文化遗产的整体保护是传承发展民族文化的前提和基础。近年来，文化遗产界不断强调整体保护，但就整体保护的实际状况来看，主要体现在对非物质文化遗产和物质文化遗产中的历史文化遗产的保护。在非物质文化遗产中倡导非遗本体与非遗存续相关的自然环境、文化生态的保护[1]；在历史文化遗产中强调从单体纪念性建筑物为主的点状保存到以传统村落和历史街区为中心的历史环境整体的面状保护[2]。从一

---

[1]　陈华文：《整体性保护：非遗保护可持续的重要理念》，《中国文化报》2021年7月23日。

[2]　张松、吴黎梅：《历史环境的整体保护，既存资源的合理开发——重庆磁器口古镇的保护整治规划》，《理想空间：历史城市保护规划与设计实践》，同济大学出版社，2006年，第39～44页。

定程度上来说，文化遗产整体保护在当下尚处于概念推广阶段，并无系统的内容举措相支撑。笔者以为，实施文化遗产整体保护，要做到三个结合。

一是本体保护与环境保护相结合。任何一种文化遗产都是由本体及其周边自然和人文环境构成的。对文化遗产进行整体保护，既要保护好遗产本体，又要保护好遗产环境。从我国文化遗产特性和保存现状来说，保护文化遗产本体，要努力做好抢救性保护和预防性保护。首先是抢救性保护。我国文物以建筑物和大遗址构成为主要类型，而砖木、土木结构建筑体系又是中国古代建筑的主体。其优势是具有相当灵活的调节机制，但不足是容易糟朽、变性、风化，再加上人为和自然的破坏，其本体更易受损。比如，在2021年夏季，山西遭遇罕见的持续降雨，全省共有1783处文物建筑不同程度出现屋顶漏雨、墙体开裂坍塌等险情。再就非物质文化遗产来看，随着现代化的迅猛发展和城镇化的快速推进，传统民间文化的生存环境正在丧失或改变，许多非物质文化遗产的传承和发展面临着严重困境，尤其是一些口头民间文化遗产，诸如口头传说、民间故事、史诗、歌谣、谚语等，没有文字记载，只有依靠传承人的口传心授以及世代流传。如今，掌握这些绝技绝艺的传承人大多年逾古稀，若不及时采录和收集，必将人亡艺绝。例如，河南灵宝的道情皮影是清代中叶由当地艺人将宣传道教经文的道情戏与皮影相结合而形成的艺术形式，曾流传于陕、晋、豫一带。1949年后直至20世纪80年代，道情艺人经常到全国各地演出交流。但20世纪80年代中期开始，一批老艺人相继离世，造成传统艺术自然遗失严重[①]。所以，要以积极有为的态度，运用新科技、新材料、新方法、新工艺，力求以最先进的

---

① 王艳：《灵宝道情皮影戏的艺术价值与文化传承》，《戏剧文学》2016年第2期。

科学技术和手段实现文化遗产本体的抢救性保护。其次是预防性保护。预防性保护是指通过有效的质量管理、监测、评估、调控干预，抑制各种环境因素对文化遗产的危害。这一概念是1930年在罗马召开的第一届艺术品保护科学方法研究国际会议上提出的，当时主要指对博物馆藏品的预防性保护[1]。20世纪90年代开始，考古遗址领域开始提倡预防性保护，21世纪初建筑遗产领域也开始使用。近年来，我国在国家政策层面逐渐重视文化遗产预防性保护。例如，《国家文物事业发展"十三五"规划》要求"实现由抢救性保护向抢救性与预防性保护并重转变，保障文物安全"[2]。另外，在2018年修订的《国家文物保护专项资金管理办法》中明确设立了"预防性保护"专项。这些都将进一步为开展预防性保护研究和实践提供有力的支撑。在新的历史时期，要结合我国不可移动文物砖木、土木结构特性和馆藏文物腐蚀损害严重等实际情况，建立完善预防性保护体系，通过对文化遗产保存环境监测和调控，抑制各种不利环境因素对文化遗产的损害。特别要利用物联网、大数据等关键技术，进行关联因素分析，掌握并预测遗产的变化，以便及时实施干预。在保护好文化遗产本体的同时，要保护好遗产的周边环境。文化遗产周边的区域文化体现、延续和发展了遗产本身的传统历史文化，遗产周边的各种物质与非物质资源，都能在一定意义上完整有效地烘托和解读文化遗产的内涵与价值。法国的文化遗产保护，重视本体与周边环境的同等性。英国将文化遗产个体或区域与周边环境视为一个整体，更注重外观特色与周边环境的协调性。从文化遗产保护的真实性原则与完整性

---

① 吴美萍：《关于开展不可移动文物预防性保护研究工作的几点想法》，《中国文化遗产》2020年第3期。

② 国家文物局：《国家文物事业发展"十三五"规划》，2017年2月27日（http://www.ncha.gov.cn/art/2017/2/27/art_2237_43663.html）。

原则相结合的角度来说，对于任何一种文化遗产的保护，不仅要遗产本身真实，而且要遗产周边环境真实。总之，文化遗产的保护对象要从文化遗产本体扩展到对其环境及环境所包含的一切历史的、社会的、精神的、习俗的、经济的和文化的活动，实现"从躯体到灵魂的保护"。然而，客观地讲，就文化遗产保护的实际过程看，处于经济社会的快速发展和遗产地居民生存发展需要，在很多时候、很多情况下，保护好遗产周边环境远比保护好遗产本体困难得多。笔者在2006年曾撰写过《当前文物保护工作的难点和关键》①一文并指出，在目前甚至将来相当长一段时期内，文物周边环境风貌的保护，将是解决好文物保护工作问题的关键和难点。很显然，在十五六年过后的今天，以牺牲遗产地周边环境为代价换取一地一时经济效益的事件常有发生，文化遗产周边环境保护工作的难度和艰巨性依然存在。这就要求我们第一要通过大力宣传，营造一种全社会重视文化遗产周边环境保护的思想舆论氛围，鼓励引导当代国人以神圣的使命感和高度的责任感投身到文化遗产周边环境保护的具体行动中。第二，要加大编制和完善文化遗产保护规划力度。制定相应的管理控制要求，通过控制范围和对用地指标、用地性质的种种限制，加强对遗产地周边环境的管理。例如，北京市政府专门针对文化遗产故宫周边——皇城历史文化保护区，编制了《北京皇城保护规划》②，从土地使用功能、文物保护利用、建筑高度控制、市政设施规划等方面提出具体的保护方式和环境整治措施，已取得一定成效。尤其是在当今信息社会，编制文化遗产保护规划，要加强科技支撑，发挥科技创新的

---

① 李颖科：《当前文物保护工作的难点和关键》，《论西安城市特色》，陕西人民出版社，2006年，第151～156页。

② 北京市规划委员会：《北京历史文化名城北京皇城保护规划》，中国建筑工业出版社，2004年，第94～156页。

引领作用，探索云计算、大数据等现代信息技术的运用，如加强空间信息技术在规划编制过程中的运用，加强数字信息管理平台在规划实施管理中的运用。第三，要建立健全遗产地周边环境保护法规体系。近年来，我国已经初步确立了文化遗产保护的法律法规体系，但是既有的体系尚不完善，专项法规、技术规范、管理制度空缺较多。既缺乏针对不同类型文化遗产的专项法律，也缺乏考虑遗产应对各种产权问题的管理对策①。尤其是涉及文化遗产周边环境保护的相关法规更是少之又少。2005年《西安宣言》已从国际法的角度对文化遗产周边环境保护作出法律规定。可借鉴遗产发达国家的成功经验，结合我国具体实际，颁布相关法规，从宪法、法律、行政法规、部门规章到地方性法规，建立健全相关法规体系，对文化遗产周边环境保护、资源开发进行有效监管。另外，对主管机构应规定必要的法律义务，若失职失责或处置不当，应承担相应的法律责任。第四，要建立完善环境质量管理和公众监督机制。遗产地的环境质量管理是遗产地可持续发展的重要内容。要以环境科学的理论为基础，运用技术、经济、法律以及教育和行政等手段，按照资源利用与环境保护的协调发展原则，建立遗产环境质量管理机制，以有效协调遗产地的经济开发与遗产保护之间的关系，使遗产产业发展在满足人们的物质和文化生活需要的同时，防止环境破坏，维持生态平衡②。与此同时，要建立完善公众监督机制。一方面将文化遗产周边环境保护和利用置于社会大众的广泛监督之中；另一方面，使处于弱势地位的利益相关者拥有一定的话语权，尽量避免遗产地周边开发过程中弱势人群利益旁落。

---

①　梁伟：《文物保护规划的现状与发展研究》，《遗产与保护研究》2018年第7期。

②　赵晓宁、郭东明：《遏制中国世界遗产地周边环境破坏的对策与建议》，《乐山师范学院学报》2008年第9期。

二是把"物"的保护与"人"的保护相结合。对文化遗产保护而言，"物"是指传统的物质空间构成，"人"指的是与物质空间相适应的社会阶层以及生活模式。文化遗产不是一个独立存在的"实心"对象，它是与人的行为和活动合一的。没有人的主观意志和行为，文化遗产就失去了其存在、传承和发展的土壤与环境。做好文化遗产整体保护，不仅要保护好遗产的本体和环境，更重要的是要保护好遗产地居民以及特有的生活状态。意大利博洛尼亚是世界上第一个提出"把人和房子一起保护"的城市，即在历史文化遗产保护的领域内，既要保护有价值的历史建筑，更要保护原生居民及其特有的生活状态，强调居住功能对文化遗产保护的重要性。与此相比，我们却有较大的差距。多年来，全国一些地方在保护名城古镇、文化遗址时，常见的做法是将遗产地居民以货币或实物补偿的办法易地搬迁。另外，还有不少遗产地的居民为生计纷纷外迁。比如，在丽江古城旅游业迅猛发展的今天，随着大规模外来人员和资本的流入，古城原住民陆续将住房出租或出售，迁至新城区居住，与遗产"核心区"产生隔离，陷入"边缘化"①。世代居住于此的居民无疑是这座古城的灵魂和当地民族文化的传承者，他们的不断外迁与边缘化，使古城原有的历史风貌和文化底蕴被破坏，历史价值受到严重影响。新时代文化遗产保护要在保护好遗产物质实体、环境的同时，将遗产保护转向一种历史保护的美学取向，从历史文化传统的角度，以一种活的保护、一种文化保护的理念和策略，保护好世代生活于其中的社会各阶层的人们，使文化遗产与人相互依存、和谐共生于一个充满古韵、环境优美、文化内涵丰富的自然人文环境中。

---

① 张国超：《丽江古城空心化现象治理研究》，《中国文物科学研究》2014年第2期。

　　三是把单一保护与多样保护相结合。长期以来，我国遗产界多注重对具有代表性的单体文化遗产和历史文化遗产的保护，而对聚落型文化遗产（如传统村落、传统建筑群）和其他内容文化遗产（如工业遗产、信息传媒文化遗产）重视不够。近年来，在世界范围内，文化遗产保护呈现出两个趋向。一是文化遗产保护的类型逐渐丰富，文化遗产价值理论体系不断扩充，体现文化遗产区域性、关联性与群体性的专业词汇越来越频繁出现，国际遗产保护组织的有关宪章法规对文化遗产的区域保护概念（如历史地区、考古地区、历史城镇与城区等）给予高度重视。二是文化遗产保护内容不断从历史文化遗产向工业文化遗产、农业文化遗产、红色文化遗产、信息传媒文化遗产等其他类型文化遗产延展。这些都是时代发展对文化遗产保护提出的新要求，也是新时期对文化遗产进行整体保护的重要内容。只有把单一保护与多样保护同步推进，形成从形式上的点线面结合到内涵上的多元共融的立体、联动新格局，才能有效保护传承好不同历史时期、不同类型内涵的文化遗产。

二、文化遗产内涵挖掘

　　丰厚的文化内涵和厚重的民族积淀是文化遗产的生命和灵魂，也是其价值之所在。文化遗产内涵挖掘，是增强遗产生命力、彰显遗产价值、扩大遗产影响力的重要手段，也是遗产保护的重要任务。对遗产内涵挖掘得越多，研究得越深，遗产价值也就越高，其生命力也就越强，也就越能为当今社会所利用。例如，我国作为一个文明古国和礼仪之邦，五千年文明的核心价值观的一个重要方面就是"礼"。可以说，"礼"是中华文明的基础。孔子说，"不学《礼》，无以立。"[①]荀子

---

　　①　杨伯峻：《论语译注》，中华书局，2006年，第201页。

亦云，"人无礼则不生，事无礼则不成，国无礼则不守。"①我国古代社会的礼以及礼仪的表现形式，在物质文化遗产中随处可见，礼器的数量种类、建筑物的尺寸大小、衣服上的装饰、使用的器具等，体现的不仅是那个时代的历史、艺术和科学价值，更在内涵上反映出那个时代的礼和礼仪。挖掘、凝练文化遗产的丰富内涵，有助于进一步拓宽和深化对中国历史的视野与洞察力，思考和探究中国文化的构成与特质、发展与演变、价值与力量等重大理论问题，又能在实践层面对提高国民文化素养、提升民族自豪感、彰显国家软实力、增强人民幸福感和促进经济社会发展发挥重要作用。

挖掘遗产内涵，首先要厘清阐释文化遗产内涵。一要研究遗产内涵的构成和所指。现在有一种现象，有些遗产工作者对其所保护的对象的内涵不甚了了，至于遗产地的居民更是不知其详，这无疑直接影响到遗产作用的发挥和人民群众保护遗产的积极性、主动性。在研究遗产内涵上，要充分发挥遗产研究者和遗产工作者的学术优势和研究潜能，并带动和引导全社会广大遗产爱好者，针对不同历史时期、不同种类、不同形式风格的文化遗产，确定研究方向、研究课题，运用科学求实的研究方法，通过实地考证和社会调研，明确任务，落实到人，多出成果，快出成果，出好成果。通过深入研究文化遗产内涵，能够进一步增强保护举措和方式方法的针对性，提升保护成效。二要阐释遗产内涵的价值与意义。遗产的内涵与价值唇齿相依。要通过阐释遗产内涵的价值与意义，在透过物质与非物质遗存去发现和凝练属于那个特定历史发展时期的遗产价值的基础上，以新理念、新思路反思、理解和激活文化遗产在当代更加深层次上的思想价值和动力价值，让文化遗产的价值活在当

---

① 王先谦撰，沈啸寰、王星贤校：《荀子集解》（修订本），中华书局，2016年，第27页。

下、用在眼前。比如，地处黄河之畔、农耕交错带的陕西神木石峁遗址，系公元前两千纪前后中国所见规模最大的城址，形制完备、结构清晰、保存良好，被誉为21世纪中国最为重要的史前考古发现之一。其所出土的陶、玉、石器等数以万计的文物和城址、房址等大量遗存，是史前社会形态、聚落形态和社会风貌、人地关系等多方面文化的综合载体，映衬出中国文明起源的多元性及发展历程，其价值正如牛津大学中国艺术考古学教授杰西卡·罗森所言："石峁和其他许多遗址一起，表明中国文明有许多根基，并不只限于黄河中游的中原地区。"① 石峁遗址见证了4300多年前中国先民所开创的辉煌文明和璀璨历史，其在当代的重要价值，是实现中华民族文化自觉和坚定文化自信的最大底气和基础。今天，保护石峁遗址，保护其他文化遗产，要充分阐释其丰富内涵在历史上和当代社会的价值与意义，这不仅是文化遗产保护的重要任务，而且也是增强全社会保护意识、激发保护热情的有效方法和举措。三要扩大遗产内涵的辐射与影响。要广泛借助现代科技和媒体融合的鲜活力量，让遗产内涵走出专家学者的小书斋，跳出遗产工作者的小圈子，冲出遗产地的小界面，走向社会各层面，飞入寻常百姓家，与人民群众的生产生活相融相通。尤其是要遵循故事性、趣味性、知识性、学术性的传播逻辑，把遗产内涵从比较学术的专业性表述转化为一般人能够理解接受的文化性表达，上升为所有人都喜闻乐见的社会性共鸣，在使人民群众对文化遗产产生感知力、共情点、黏合性和美誉度的过程中不断提升自身的文化认知、文化情操和文化修养。

其次，要活化文化遗产内涵。从一定程度上来说，活化遗产内涵是文化遗产保护的重要前提。只有让文化遗产活起来，才能做到让遗产服

---

① 《史前最大古城石峁遗址》，2021年11月25日（https://baijiahao.baidu.com/s?id=1717386529278106792&wfr=spider&for=pc）。

务于人，服务于经济社会的发展。我国文化遗产数量大、种类多，这是优势，但同时也应看到，在众多的文化遗产中，许多大遗址、古陵墓等隐性遗产资源，可视性差，还有数不尽的珍贵文物，堆积在文物库房之中，尤其是许许多多隐匿在典籍里的文化遗产更不为人所知。面对这种情况，活化文化遗产内涵，关键是要从三个方面发力。一是转变思想观念。要从被动保护转向主动展示，从文化遗产"看门人"转变为文化遗产"推介者"。考古人、文物工作者、文化遗产从业者都应该走出相对封闭的小圈子，借助一切可能的平台、渠道和方式，让文化遗产走向社会、走向大众，融入人民群众的日常生活之中，成为民众新的生活方式和行为方式的有机组成部分，而非简单意义上的收藏在博物馆或立个牌子式的保护，这是让文化遗产活起来的根本和保障。二是加强文化创意。文化创意是以文化观念挖掘开拓文化资源多重价值，并为产品和服务注入鲜活文化元素，以使其成为一种文化符号与标识的过程，而文化遗产作为一种具有多元价值的公众资产，是实施支撑这一过程的资源宝库，有着巨大的开发与利用空间。这些年来，从《我在故宫修文物》《如果国宝会说话》等节目热播，到创意视频"文物戏精大会"刷屏、《故宫日历》等文创产品热销，再到近年获得观众好评的《典籍里的中国》《中国考古大会》等文化节目，无一不是通过文化创意活化文化遗产内涵的生动案例。可以说，文化创意不仅是活化文化遗产内涵、激活其生命力的重要方向，也是满足人民群众日益增长的文化需求的有效途径。为此，一方面，文化遗产管理部门，要积极面向人民群众当代生活的内容创造和品质提升，以开放的心态，向社会提供更多可供开发利用的文化资源。另一方面，文化主管部门和专业研究机构，既要注重发挥企业和人才在文化创意方面的优势和作用，又要敢于利用、善于利用资本、技术和商业的力量推进文化遗产内涵的活化。三是广泛运用新科技技术。新科技技术是活化文化遗产内涵的重要手段。要充分运用互联网、数字化、智能化技术，让文化遗产从一件件静止的作品变为活在当下、活在人民群众生活里的生命物品。比如，利用数字化技术将文化遗产信息以动漫、游戏、VR、AR、AI等形式展现出来，再借助互联网平台，如官网、小程序、H5、短视频等形式，将遗产知识内涵进行传播与分享，实现对文化遗产全景式、立体式、延伸展示与宣传。近期，山西博物馆举办的"观妙入真——永乐宫保护与传承特展"，运用各种新科技手段以沉浸式空间打造永乐宫服饰图案体验；以动画技术解读壁画绘画特点；以3D打印技术打造永乐宫三清殿东西山墙壁画沉浸式体验空间；以数字修复让永乐宫壁画重焕光彩，给观众以强烈的主体感官体验、具有故事情节的情感体验和追求价值高度认同的精神体验。这正是运用新科技技术活化文化遗产内涵的魅力所在，它既能让人民群众守护历史的记忆，又能满足人民群众对美好精神生活的需要。

三、文化遗产精神传承

文化遗产是一个国家、民族或地区精神与文化的高度凝聚，无论是物质文化遗产还是非物质文化遗产，都是人类基于生产、生活实践而产生的精神活动的产物，都强调一个民族特有的精神价值、思维方式、想象力和文化意识。这也就决定了传承遗产精神是文化遗产保护的重要任务。文化遗产的精神内涵，可以从两个方面来理解。一方面，从文化发展的客观规律和事物的共性特征来考察，任何一种文化遗产的诞生，都是劳动人民用自己的聪明才智和专注、精进、乐业的职业操守创新创造的结果，从而都蕴含着共有的创新精神和工匠精神。另一方面，从事物所具有的个性本性来看，由于受地理环境、风俗习惯、宗教信仰等因素的影响，每一种文化遗产又都具有各自独特的精神内涵。如曾侯乙编钟承载着劳动人民的智慧和对音乐美的积极追求，长城承载着戍边将士不畏牺牲、保家卫国的气节情操，井冈山革命根据地承载着共产党人为国为民奋战到底的革命情怀。衡量文化遗产保护质量高低、成效大小，既要看其对物质外壳的保护，更要看其对精神内核的传承。例如，对红旗渠的保护，在关注物质层面文化遗产保护的同时，也要充分关注其精神层面文化遗产的保护。这是因为它对我国当代社会的影响远远不止创造了一个物质环境，解决了一个地区农业和生活用水的问题，它所反映的人们的英雄气概和进取精神，构成了当时我国社会面貌的真实写照[①]。传承遗产精神，要在深入研究、精准把握遗产精神的内涵、特质的基础上，从两个方面开展工作。一是加强遗产精神大众传播。2008年，国际古迹遗址理事会第16届全体会议通过的《有关保护遗产地精神的魁北克宣言》明确指出："遗产地精神本质上是由人传播的，这种传播本身就是其保护的一个重要组成部分。因此，我们认为交互式的传播和相关社区的参与，是保护、使用、加强遗产地精神最有效的方法。传播是保护遗产地精神生命力的最好工具。"[②]要充分利用大数据、新技术等现代传播手段，寻找每个遗产点和当代人的共情点，通过把专业内容大众化、知识内容生活化、历史内容现代化，使文化遗产变成富于情感、有温度的对象，与社会公众的情感记忆握手[③]，让人们爱上文化遗产，汲取精神力量。二是强化遗产精神的现实应用。传承遗产精神不是为了"发思古之幽情"，而是要在学习借鉴优秀历史传统的基础上，使遗产精

① 单霁翔：《试论新时期文化遗产事业的发展趋势》，《南方文物》2009年第1期。

② 国际古迹遗址理事会：《场所精神的保存（魁北克宣言）》，《国际文化遗产保护文件选编（2006～2017）》，文物出版社，2020年，第57页。

③ 《专家热议世界遗产走进生活》，《人民日报》（海外版）2021年10月20日。

神融入现实生活中，作为当今国人思想行为的本源和底色，与现代文明发展的最新成果扩展融通，为创新建构当代中国的价值理念和精神图景贡献智慧和力量。在此笔者想特别强调的是，在价值理念和精神图景的构建中，青年一代的理想追求和行为取向至关重要，而遗产精神对此可以发挥独特的潜能和作用。据阿里巴巴大数据显示，年轻一代已成为传统文化消费的主力军①。那么，在以文化遗产为资源为青年人提供更多更好的传统文化消费品的过程中，如何进一步强化遗产精神的享用氛围，用遗产精神激发其创新激情、塑造其价值取向、砥砺其意志毅力便成为重要的时代课题。我们必须学会在文化遗产保护中，灵活巧妙运用遗产精神培育青年一代的思想境界、理想信仰的方法要领。总之，传承遗产精神，要通过大众传播和现实应用，让文化遗产的精神滋养在当代社会生活中唤醒历史记忆、启迪创造心智、激发生命激情、培育高尚情操，提升思想境界。

四、文化遗产价值实现

从根本上讲，实现文化遗产保护的目的，关键是要实现文化遗产的综合价值。而要达此目的，首先要在思想认识上把遗产价值实现与遗产保护视作文化遗产事业"车之两轮""鸟之两翼"，摆在同等重要的地位，在人力经费投入、政策举措支持、目标任务考核等方面同部署、齐推进，使两者相融相通、互相促进，把遗产保护作为遗产价值实现的前提和基础，以遗产价值实现为动力推进文化遗产保护事业健康持续发展，形成遗产保护与价值实现良性互动新格局。文化是一种社会现象，

---

① 荣书琴：《论中国非物质文化遗产的当代价值》，《中国非物质文化遗产》2021年第2期。

人类社会自产生以来就在文化环境中生存发展，文化既是人类生存的基础，同时也是构成人类发展的动力。"文化的任何外在形式、内在结构及其变迁，都是以满足人不断变化的需要为根据的，可以说文化的变迁实质上就是人类需要的变化，文化变迁的动力源是人变动着的物质精神需要。"①在此意义上，保护文化遗产，要努力兑现文化遗产的文化、经济、社会等多元价值，不断满足人民群众生存需求和发展需要，实现文化遗产在现实时代新的文化意义与功能。事实上，"那些在理解自我身份、归属感方面深受遗产实践影响的老百姓，也就是我们所说的'遗产的主人'，才是最重要的利益相关者。专家们应该保证这些人的声音被听到，他们需要认真地聆听这些人的声音，了解他们关心什么，把他们所关心的放在首位。"②近年来，随着我国文化遗产保护事业的推进与发展，对文化遗产价值的研究愈益深入。总体上看，这方面的研究重在阐释文化遗产具有什么价值，而很少触及如何实现文化遗产的价值。鉴于此，要着力做好以下三个方面的工作。第一，要把兑现遗产价值纳入文化遗产保护内容。长期以来，传统意义上的文化遗产保护，基本上都是从文物技术和法律条文出发，重在保护文化遗产的现存样貌状态，而很少直面人民群众对文化遗产的参与度和获得感不足的现实问题，也很少关注当代人对当下精神物质文化的本真诉求。毋庸置疑，保护文化遗产，既要珍惜祖先的荣耀，承载过去的荣光，但更要关照国民生活的精神指向，服务当代人发展和创新的权利。只有把兑现遗产价值纳入文化遗产保护内容，使保护与发展相结合，使物质与精神相融通，才能实现

---

① 甘代军：《文化遗产与保护：意义消解与价值重构》，《湖北民族学院学报》（哲学社会科学版）2009年第5期。

② 〔澳〕劳拉简·史密斯、侯松、谢洁怡：《反思与重构：遗产、博物馆再审视——劳拉简·史密斯教授专访》，《东南文化》2014年第2期。

文化遗产从躯体到灵魂的保护，才能正确确认文化遗产保护与利用的尺度，也才能真正实现文化遗产服务于人的目的和要求。第二，要把兑现遗产价值纳入科学研究。针对当前我国文化遗产领域重保护轻利用、重传承轻发展的实际状况，要按照创造性转化和创新性发展的理念思路，以服务于人和社会的发展为目的，加强兑现遗产价值的科学研究，从理论与实践层面提出切实可行的实施路径。各级遗产管理部门要从政策引领、科研立项、资金扶持等方面加大支持力度，营造良好的研究氛围，鼓励激励多出研究成果，指导、引导兑现遗产价值不断取得新成效。第三，要把兑现遗产价值纳入绩效评估。要像文化遗产保护工程绩效评估、保护专项资金绩效评估、教育传承绩效评估那样，把兑现遗产价值纳入文化遗产保护工作评估体系之中，充分发挥考核评估的导向作用，有效促使文化遗产价值从口头、书本上的"说道"变为现实生活中的经济效益和社会效益。

其次，要对文化遗产资源进行有效利用，在行为方式上多措并举使文化遗产活起来。对此，要在三个递进环节上下功夫。第一，把遗产资源外化，这是实现遗产价值最基础的第一环节。如众所知，在我国文化遗产中，有许多属于隐形资源，如隐匿在文献典籍中的历史故事，深埋地下的文化遗址等，这些遗产资源可视性差、可读性不强。要针对不同地域、不同种类、不同形式特质的文化遗产资源的实际情况，采取切实有效的方法措施，如城市历史文化标识设计等，让典籍里的遗产资源走出来，让地下的遗产资源走上来，切实增强文化遗产的可视性、可读性，为文化遗产的利用、价值实现打下基础、创造条件。秦始皇帝陵是中国历代帝王陵墓中规模最大、埋藏文物最丰富的一座大型陵园，拥有极为丰厚的历史文化内涵。曾几何时，这里还是被当地人称为"没啥看头的土堆堆"。2010年，历时7年建设的秦始皇陵遗址公园正式开园，利用地面不同的植被和半地下式的展示大厅，配以声光电的多媒体效果，将丰富的秦文化内涵展现出来，成为陕西和西安一张更具吸引力的文化名片。通过科学的解说系统、规范统一的标识以及为游客设定的最合理的参观路线，展示园区地下和地上遗址。在秦始皇陵内城、外城城墙基址上，栽种浅根植物把城墙的轮廓勾画出来，并配合解说标识，让游客了解城墙的走向和位置。对已探明的主要建筑遗址、陪葬坑、陪葬墓，则在地面上用不同的铺装材料和不同颜色的植被，把地下的陪葬坑位置和范围标识出来。90%的绿化面积以各种不同种类的植被来标识不同遗址的所在，在没有遗址的地方种乔木，遗址埋得深的地方种灌木，遗址浅的地方种草、浆果、鲜花等植被，游客在参观遗址的同时，也可以休闲怡情[1]。秦始皇陵遗址公园首创立体展示遗址文化内涵新模式，复活地下文物资源，丰富文化遗产看点，不仅满足了广大民众日益增长的文化需求，且有效保护了世界文化遗产。第二，把遗产资源活化，这是实现遗产价值的中间环节或桥梁。相对于具有活态传承特性的非物质文化遗产，物质文化遗产均为静态资源，可亲近性、可感知性较弱。对于实现遗产价值而言，不能将文化遗产作为文物、遗物、不动物、过时物等存量来看，而要通过多媒体、互联网、AR、VR等技术的运用，将其看成动态的流量。在具体实践中，不能采取静态保护的方式将文化遗产简单地封存起来，造成文化遗产与遗产地居民活动割裂。要从"提升区域功能的经济维度、关注百姓生活的社会维度、保存历史文脉的文化维度、注重城市特色的形态维度"[2]等方面，对文化遗产实施活态保护，以实现文化遗产与人民群众生产生活的活态融合。比如，对历史建筑和

---

[1] 《复活地下文物资源，丰富文化遗产看点——秦陵遗址公园首创立体展示遗址文化内涵新模式》，《西安晚报》2010年12月21日。

[2] 于小植：《在城市更新中让文化遗产"活"起来》，《光明日报》2022年3月2日。

历史街区等静态文化遗产的保护，可在保护区内对特定的文化空间加以改造，增加社区美术馆、艺术画廊、创意书店、生态绿地等，依托人进行活态传承。作为丝绸之路的东方起点，大唐西市是目前唯一能够反映盛唐商业文化和市井文化的遗址，是大唐帝国繁荣昌盛的历史佐证。为保护西市遗址这一不可再生的珍贵历史文化资源，大唐西市公司按照"原地保护、原样保存、原物展示"的方针，建设了3.5万平方米具有遗址保护与展示功能的大唐西市博物馆，还专门邀请文物系统专业人才负责文物、遗址的保护、展示、研究和运营工作。大唐西市不仅规划有遗址博物馆、丝绸之路风情街区、国际古玩城、精品百货超市、国际商务场馆及五星级酒店、高级人文古韵住宅等复合业态，还举办春节文化庙会、文化遗产博览会、文化遗产节等系列文化活动，成为国家级文化产业示范基地，促进了经济增长方式的转变，带动了区域经济和区域文化的展示与发展[①]。第三，把遗产资源转化，这是实现遗产价值的最后环节。在现代社会转型和经济模式转换过程中，文化遗产资源的转化已经成为政府、企业及学界关注的问题。转化遗产资源，是指把文化遗产资源转化为文化资产和文化资本。遗产资源具有较高的人文和审美价值，是一种潜在的产业价值；文化资产是指文化领域或从业人员创造的受到法律保护的知识性专有权利，是显性的产业价值；文化资本是可投资、可增值、可变现的价值量，具有增值性。实现遗产资源转化，要按照资源到资产再到资本的思路，把文化遗产中蕴含的丰富的历史文化积淀与现代社会的发展需要和现代人的精神与物质需求相结合，经由创新性的探索实践，充分运用现代创意思维、现代设计理念、现代制造工艺、现代科技手段，将文化

---

① 《用责任传承历史，用智慧弘扬文明——大唐西市：实现民间资本保护历史文化遗产的典范》，《西安晚报》2010年12月28日。

遗产的内涵、元素、符号转化为思想精深、艺术精湛、制作精良的物质与精神产品，让文化遗产中的密码获得现代形态的美好呈现，不断满足经济社会发展的现实需要和人民群众的精神文化需求。首先要推动文化遗产向文化资产转化。文化遗产资源具有潜在的文化产业、文化资产价值。要让文化遗产与生活相遇、与创意碰撞、与技术结合、与旅游融合、与企业联袂，演绎成一种文化符号、一种文化地标、一种文化品牌。其次，要推动文化遗产向文化资本转化。文化资本是以财富的形式具体表现出来的文化价值积累，是文化资源投资、运营、增值、变现的价值量的叠加。要以文化遗产资源为依托，在对其合理继承、积极创新的基础上，实现产业化开发，激发文化遗产资源的经济效益和社会效益。例如，深圳华侨城打造的甘坑客家小镇，就是一个把"文化资源"转化为"文化资产"和"文化资本"的典型案例①。客家凉帽作为特色民俗，被列为广东省非物质文化遗产。开发者以"白鹭归来"为主题，将原创绘本延伸，创意打造成全国首个寻根客家文化的场景浸入式IP亲子农庄，并在此基础上创作出VR电影《小凉帽之白鹭归来》，荣获2017年意大利威尼斯电影节亚太单元最佳沉浸片、最佳未来影像金狮奖两项大奖，实现了较好的社会效益和经济效益。再比如，"花木兰代父从军"是我国文化遗产，美国通过对故事情节的现代化编排，将其改编成动画电影作品搬上银幕，获得巨大的投资回报。总之，要立足文化遗产资源的现代转化，加强传统与当代的兼容并蓄，通过创新性理念、技术和手段，将更多的文化遗产转化到当代生活中，让文化遗产从资源变成人民群众当今生活的一种文化资产、文化资本。

---

① 王玥、周国和：《花建：推动湾区文化资源向文化资产和文化资本转化》，《深圳特区报》2020年7月8日。

五、文化遗产功能重构

从文化的时代性特征来说，"每一具体的文化形态是人类在特定历史时期创造出来满足其某种需要的产物。"[①] 每一种文化遗产在它产生的时代都有着其本来意义上的功能。比如，长城作为世界古代史上最伟大的军事建筑，具有防御扰掠、保护国家安全和人民生活安定的重要功能。伴随着历史的发展、社会生产力的提高以及人们价值观念的演变，文化遗产亦随之部分或完全丧失其原初的社会功能，在社会与文化价值层面，"实现了向文化符号、历史信息载体的主要功能的嬗变"[②]，但由于文化遗产是人类智慧的结晶，饱含着超越时空的永恒的价值与魅力，尤其在社会的现代性发展道路上显示出更加重要的文化意义，从而又蕴藏着被赋予新的社会功能的巨大潜力，因而在原初功能消解之后能够实现新的社会功能的重构。比如，以我国宝贵文化遗产少林武术为例，学者苏小燕指出，当下的少林功夫，经历了精心设计与重构以满足当代的政治和经济需要[③]。新时代文化遗产保护要立足我国经济结构和社会结构深刻变革，人民群众新需求不断涌现且日趋多样化的新特征，从人本主义范式出发，紧密结合不同种类、不同形式、不同内涵的文化遗产的价值作用，实现文化遗产在现代社会、不同语境之下与人的有机结

[①] 甘代军：《文化遗产与保护：意义消解与价值重构》，《湖北民族学院学报》（哲学社会科学版）2009年第5期。

[②] 曹兵武：《让文物活起来的初步思考——兼论全民参与文物保护利用体系建设有关问题》，《析情探路——符合国情的文物保护利用与改革发展》，文物出版社，2020年，第265～271页。

[③] Su X. "Reconstructing tradition: modernity and heritage-protected tourist destinations in China." *International Journal of History of Sports*, 2016, 33 (9).

合，重构文化遗产不断满足人民群众多样化、多层次、多方面需求的社会功能。例如，以文化遗产为资源，推动创意产业、特色文化产业、旅游业发展，使文化遗产重新焕发新的活力，既满足人民群众的审美文化需求，又促进经济社会发展。华清宫是唐代封建帝王游幸的别宫，更因唐玄宗和杨贵妃的爱情故事而驰名中外。从2006年起，依托诗人白居易千古流传的诗篇《长恨歌》打造的中国首部大型实景历史舞剧《长恨歌》让这段缠绵悱恻的爱情故事在华清池畔"复活"了。自公演以来，《长恨歌》几乎场场爆满，有效带动了华清池景区游客人数的大幅上升，也带动了当地餐饮、住宿、交通等第三产业发展，延长了游客在临潼和西安的逗留时间。有关数据显示，《长恨歌》推出后，华清池景区游客人数增幅连续4年都保持在20%左右，大大跨越了多年来游客维持在5%～8%自然增长率的台阶[①]。这种将静态文物所承载的信息，以一种动态的、体验式的、贴近大众的文艺精品展示出来，通过真山真水真历史、高科技声光电表现手段和陕西民间文化、唐乐舞精髓等文化因素的植入，有效避免了同质化现象，形成较强的竞争力，为传统文化景区如何实现资源保护与开发利用并举、经济与文化发展并重、经济效益和社会效益双赢提供了有益借鉴，也是重构文化遗产功能的典范。近年来，让文化遗产活起来，将文化遗产用起来已经成为全社会的呼求，而要真正使文化遗产活起来、用起来，从根本上来说，关键是要满足经济社会发展需求，重构遗产功能，这既是基础，又是前提。唯其如此，才能真正实现文化遗产不断满足社会、个体生存和发展需要的根本意义和价值。

---

① 《演绎千年爱情故事，扩大古都对外影响力——舞剧〈长恨歌〉开创通过体验式旅游保护利用历史文化遗产新路径》，《西安晚报》2011年1月5日。

六、文化遗产制度再造

　　法律制度作为调解人类行为方式的重要手段是提升文化遗产保护规范性的重要保障。健全完善文化遗产保护立法和制定出台相关规章制度，能够依据文化遗产的内涵、特质、价值来规范文化遗产保护行为，并能明确不同主体在文化遗产保护中的具体权责，有效补足文化遗产保护的实践漏洞，增强保护效力。所谓文化遗产制度再造，就是要在遵循国家宪法和《文物保护法》《非物质文化遗产法》等文化法的前提下，根据文化遗产保护的实际需要，坚持以破除瓶颈、解决具体问题为导向，深入调查研究，及时研究制定相关法律制度，这不仅是新的历史时期文化遗产保护的重要任务，同时也是我国文化发展和社会主义法治建设的重要内容和中国特色社会主义法律体系的重要组成部分。从历史上看，重视文化遗产保护法律制度建设是我国的一个优良传统。早在周代，即有对盗窃宝器罪的规定。《左传·文公十八年》记载，周公"作誓命曰：'毁则为贼，掩贼为藏，窃贿为盗，盗器为奸。主藏之名，赖奸之用，为大凶德，有常无赦。'"[①] "盗器为奸"意即盗窃国家宝器为奸诈行为，和别的罪行一样是不能赦免的。这是关于保护文物的最早记载。汉代对盗掘普通人坟墓者也处以重刑。据《淮南子·氾论训》记载："天下县官法曰：'发墓者诛，窃盗者刑。'"[②] 到了唐代，随着法律制度的高度发展，对保护文物的法律规定也不断完善，尤其是制定了对地上、地下文物保护的条令，并为宋元以至明清的法律制度所沿袭。1949年以后，特别是改革开放以来，我国先后颁布实施《文物保护法》

---

①　杨伯峻：《春秋左传注》（修订本），中华书局，1990年，第634、635页。

②　刘文典：《淮南鸿烈集解》（修订本），中华书局，2017年，第547页。

《非物质文化遗产法》及相关许多条例、准则、规定等，文化遗产保护法律制度建设成效显著，为新形势下依法推进文化遗产保护工作奠定了坚实基础。不过，从当前世界范围来看，伴随全球科技经济的迅猛发展和人类文明的不断进步，随之而来的是人们对文化遗产的认识在不断深化和文化遗产保护面临的新问题、新挑战日益增多。比如，受全球化、现代化的强势冲击，我国文化遗产保护状况并不乐观，文化遗产生态环境衰退、失衡等问题十分严重[①]。这些都给文化遗产保护法律制度建设在力度、深度和多维度上提出新任务、新要求。也正是在这个意义上，笔者认为，目前我国文化遗产保护法律制度建设尚存在两个方面的问题亟须解决。一是从总体上看，文化遗产保护法律制度建设滞后于文化遗产保护进程。当今，世界很多发达国家在面临因现代性引发的文化遗产保护危机时，都及时制定了许多法律法规，设置了相对健全的保护文化遗产的机制与相应的激励政策，从法律制度上给文化遗产保护工作以支持和保障。以法国为例，从中央到地方，从政府到民间拥有很多保护文化遗产的法规与条例，比如为保护历史街区和传统民居，制定了《马尔罗法》与《城市规划法》[②]。与此相比，我国有着较大的差距。例如，我国作为一个文明古国和世界遗产大国，拥有众多的传统村落，这类遗产资源在推进文化建设、乡村振兴、全域旅游等方面发挥着独特的价值与作用。然而，随着现代化的发展和城镇化的快速推进，几亿农民涌入城市求学打工、移民定居，致使许多传统村落变成了"空心村""老人村"，失去了赖以生存和发展的根基。一些地区打着新农村建设的招

① 蔡武进、傅才武：《我国文博管理制度改革发展的基本路径》，《福建论坛》（人文社会科学版）2017年第10期。

② 叶秋华、孔德超：《论法国文化遗产的法律保护及其对中国的借鉴意义》，《中国人民大学学报》2011年第2期。

牌，摒弃传统，大拆大建，拆旧建新，致使大量富有民族地域特色和历史文化价值的传统村落正逐步走向灭绝。可是，时至今日，我国尚无传统村落保护法或保护条例。二是从应对解决具体问题的角度看，文化遗产保护法律制度建设严重缺位。由于受人为、自然、社会等环境因素的影响，在文化遗产保护过程中时常会出现这样那样带有普遍性的具体问题，而这些问题又很难通过行政的手段来应对，需要借用法律制度加以解决。例如，近些年，许多地方都在依托文化遗产大力发展文化创意产业和特色文化产业，并取得良好的经济效益。文化产业以文化遗产为生产要素，所创造的经济效益理应反哺文化遗产保护。然而长期以来，文化产业的社会责任履行不够，文化遗产保护的可持续性不高。这就需要在法律上赋予文化产业反哺文化遗产保护的社会责任，完善配套法律法规，通过企业税费、融资优惠等方式引导文化产业经济效益向文化遗产保护回流[1]。可是，无论是文化遗产界，还是法学界，均未在这方面提出制定切实有效的法律制度。从上可见，加强法律制度建设是文化遗产保护的重要任务和手段。从文化遗产保护是一项系统工程的视角上讲，文化遗产工作者、法学工作者及社会各界，要齐心协力推进文化遗产保护制度再造，根据文化遗产保护事业的实际需要，把握时代发展规律，不断建立完善文化遗产保护法律制度，提升文化遗产法制保护效力。

---

[1]　杨小飞：《文化遗产保护立法的知与行》，《人民论坛》2021年第2期。

第七章　谋划发展：文化遗产保护发展的
"中国路径"

　　随着经济社会的发展与转型，文化遗产保护所面临的社会、经济环境发生重要的改变，并由此形成两种新的时代趋向。一方面，文化对社会的整合作用日益增强，文化遗产保护因其社会凝聚力而受到空前重视。2005年，《国务院关于加强文化遗产保护的通知》强调文化遗产保护的重要社会意义，提出"到2010年，初步建立比较完备的文化遗产保护制度，文化遗产保护状况得到明显改善。到2015年，基本形成较为完善的文化遗产保护体系，具有历史、文化和科学价值的文化遗产得到全面有效保护；保护文化遗产深入人心，成为全社会的自觉行动"的总体目标。另一方面，大规模持续的城市开发改造和快速推进的城镇化进程，在给城市和农村发展带来难得历史机遇的同时，也使文化遗产保护面临诸多进退取舍的严峻挑战，"由此成为文化遗产保护最危险、最紧迫、最关键的历史阶段。"①在这种新的时代条件下，中国文化遗产保护应走怎样的路径便成为学界探讨的一个热点话题。总括起来，主要集中在以下几个方面：一是文化遗产保护理念创新研究。管宁提出，文化遗产保护利用要进行以设计承载传统精神、提炼美学精粹、

---

　　①　单霁翔：《关于城市文化建设与文化遗产保护的思考》，《中国文化遗产》2012年第3期。

重塑传统文化的理论探索与创新，并进行整体性、行业性和跨界融合的多元化新实践[①]。二是文化遗产保护利用整体研究。林秀琴认为，文化遗产保护创新既要体现对自然和文化环境的"整体"保护，也要突显文化空间中"人"的主体性[②]。霍晓卫指出，要站在"全域遗产"的视野中，关注更广泛完整的时空范围，并基于遗产价值内涵的相互关联性构建全方位、多视角的文化遗产保护网络体系[③]。也有学者将文化遗产保护利用与乡村振兴[④]、精准扶贫[⑤]、国土空间规划[⑥]等相结合，探索新的时代背景下文化遗产保护的新视角、新观点。三是不同类型文化遗产保护利用研究。学者们围绕大遗址[⑦]、工业遗产[⑧]、建筑遗产[⑨]、线性文化遗

[①] 管宁：《中华文化基因与当代中国话语建构——基于文化遗产保护的认知、理念与实践视角》，《江苏社会科学》2020年第1期。

[②] 林秀琴：《整体性保护：价值、理念、实践及挑战——关于文化遗产保护创新的若干思考》，《福建论坛》（人文社会科学版）2020年第12期。

[③] 霍晓卫：《全域视野下的文化遗产保护与利用》，《中国文化遗产》2019年第3期。

[④] 黄永林：《乡村文化振兴与非物质文化遗产的保护利用——基于乡村发展相关数据的分析》，《文化遗产》2019年第3期。

[⑤] 崔磊：《精准扶贫视域下非物质文化遗产开发的平衡机制研究》，《湖北民族大学学报》（哲学社会科学版）2020年第4期。

[⑥] 刘军民、张清源、巩岳、张译丹：《国土空间规划中线性文化遗产的保护利用研究——以咸阳市为例》，《城市发展研究》2021年第3期。

[⑦] 刘卫红、田润佳：《大遗址保护理论方法与研究框架体系构建思考》，《西北大学学报》（哲学社会科学版）2021年第1期。

[⑧] 郑建栋：《价值导向下文物类工业遗产保护利用策略探析》，《东南文化》2020年第4期。

[⑨] 徐进亮：《基于经济学思维的建筑遗产活化利用的探讨》，《东南文化》2020年第2期。

产①、非物质文化遗产②等多样文化遗产类型，提出针对性的保护与利用对策。四是文化遗产保护利用个案研究。有学者引入田野调查③、实证分析④等社会学方法，对文化遗产个案进行跨学科研究。此外，还有大量研究成果主要针对具体文化遗产，分析现状问题、提出对策建议或总结经验启示。

总体来看，近年来文化遗产保护研究涉及的新视角、跨学科与多元化内容不断丰富，提出来的对策建议亦日趋务实对路，但缺乏从理论与实践层面对新时代中国文化遗产保护发展路径的整体研究⑤。

第一节　保护发展定位

一个国家文化遗产保护与发展的能力，关系到文化脉络的延续、民族文化自信和文化话语权建设，关系到国家经济社会发展的总体走向与可持续性动力。促进文化遗产保护发展，是功在当代、利在千秋的伟大

---

①　李麦产、王凌宇：《论线性文化遗产的价值及活化保护与利用——以中国大运河为例》，《中华文化论坛》2016年第7期。

②　蔡晓英：《关于非物质文化遗产保护与利用的辩证思考》，《艺术百家》2020年第5期。

③　武宇林：《"洮岷花儿"的现状与西北"花儿"的传承——甘肃省岷县二郎山"花儿会"田野调查》，《宁夏社会科学》2006年第3期。

④　冯斌、陈晓键、王录仓：《文化遗产周边历史环境再生的时空维度与实证探索——以锁阳城遗址为例》，《现代城市研究》2020年第11期。

⑤　本章参考拙著《中国文化遗产保护发展体系概论》（西北工业大学出版社，2021年）第八章"新时代中国文化遗产保护发展路径选择"大的研究框架，经过部分修订，并丰富大量内容深入研究而成。

事业。文化遗产的价值与地位决定了新时代中国文化遗产事业要树立高品位、精内涵、强特色的保护发展定位，努力加强文化遗产保护传承与创新发展，讲好中国遗产故事，彰显中国遗产精神，凝聚中国遗产力量，为实现中华民族伟大复兴提供强有力的文化支撑。

一、提升品位

新时代做好文化遗产工作，要布局全国、放眼全球，明确中国文化遗产在国际格局中的重要地位与核心价值，在保护发展理念、顶层设计、项目落实诸层面谋求高端定位，立足高起点谋划、高水平规划和高质量实施，全方位、多维度推进文化遗产事业整体发展。

一是高起点谋划。中华文明绵延数千年，文化遗产承载着中华民族的历史渊源、发展脉络和独特创造，可以凝聚和打造强大的中国精神和中国力量，其特殊的历史地位与价值影响，要求我们推进文化遗产事业必须站在引领文明之先、服务国家战略需要、促进民族复兴进程的历史高度，高起点谋划具有"中国精神""中国风格""中国气派"的文化遗产保护发展格局。首先要把文化遗产保护发展融入国家和民族的总体性、时代性战略部署，不能看作是单一的、专业领域的实践探索。在国家宏观设计层面要突显遗产保护与发展的地位，经济社会发展的各个领域需进一步强化与遗产领域的交集和互动，在国家文化安全、区域协同发展、新型城镇化建设和乡村振兴战略中，要将文化遗产保护作为其重要的、有机的构成，在多重国家政策交织共力、相互呼应中彰显文化遗产保护发展的"大战略"理念。其次，要以凝聚中华民族共同体文化根系作为根本立场，以传承中华优秀传统文化、发展中国特色社会主义文化、推动中华文化走出去、建设中华文化话语体系作为顶层设计，以更具前瞻性、系统性、包容性的历史意识和发展视野制定文化遗产保护发展战略，进一步推动文化遗产保护发展与经济社会文化各领域互融互渗，强化城市文脉意识，重塑乡土大地民族文化根系，着力传统文化母体保护与时代创新，谱写好传统与现代、传承与创新的时代华章①。再者，在实践层面，要依托文化遗产的内涵、属性和价值，按照经济社会发展的实际需要，积极运用大众传播学议题设置理论，从科学研究、保护传承、发展创新等方面，高起点谋划设置相关议题，以引导推动文化遗产事业新发展。

二是高水平规划。文化遗产保护发展是一项复杂的系统工程，高水平规划是保障文化遗产保护发展顺利进行的关键，特别是新时代经济社会的高质量发展和人民日益增长的美好生活需要，对文化遗产保护发展规划提出了新的更高的要求。2012年10月，中共中央、国务院印发《黄河流域生态保护和高质量发展规划纲要》②，重点提出高水平保护陕西石峁、山西陶寺、河南二里头、河南双槐树、山东大汶口等重要遗址。2021年11月国家文物局印发《大遗址保护利用"十四五"专项规划》③，提出"提升大遗址展示利用水平""推动国家考古遗址公园高质量发展"两项主要任务，促进大遗址展示利用从强调数量转变为重视开放服务质量和效果。围绕高质量的时代诉求，从国家到地方都在从高水平规划的角度探索创新文化遗产保护发展新思路、新路径。比如，陕西省神木市在保护允许的前提下，对石峁遗址进行科学而有序的规划，通过拟建石峁国家文化遗址公园、石峁博物馆等项目，旨在打造一个世界级的考古研学旅游地，将石峁古城这一文化符号与区域内的旅游发

---

① 林秀琴：《文化遗产保护的中国智慧》，《光明日报》2020年12月6日。

② 中共中央、国务院：《黄河流域生态保护和高质量发展规划纲要》，2021年10月8日（http://www.gov.cn/zhengce/2021-10/08/content_5641438.htm）。

③ 国家文物局：《大遗址保护利用"十四五"专项规划》，2021年10月12日（http://www.gov.cn/zhengce/zhengceku/2021-11/19/content_5651816.htm）。

展互动起来，有力促进遗址文物的良性循环保护，成为陕西省旅游与保护并重的发展样本。这些都是令人鼓舞和欣慰的。但还存在两个方面的问题值得我们重视。一是近年来文化遗产保护发展规划的制定更多关注的是单体且具代表性的重点文化遗产，而对面上的一般文化遗产多有忽略，至于高水平规划更无从谈起。二是注重对文化遗产本体及其周边环境保护规划的制定，至于如何挖掘遗产内涵、传承遗产精神、实现遗产价值、重构遗产功能等事关文化遗产内核方面的内容尚未纳入保护发展规划的视野和范畴。就高水平编制文化遗产保护发展规划而言，笔者以为，以上两个方面是当务之急，需要引起各级文化遗产保护管理部门和学界的高度重视，并切实将其纳入到文化遗产保护发展规划中，尤其是要秉承高水平规划先行的原则，立足长远规划、分步实施目标，以高品位、高水准、高层次要求，编制具有前瞻性、指导性和可操作性的规划文件和实施方案，真正实现文化遗产保护发展从"躯体"到"灵魂"的飞跃。

三是高质量实施。高起点谋划和高水平规划最终都要落脚到高质量实施上。改革开放40多年来，我国经济社会发展由过去大规模扩张式的建设逐步进入到存量改造为主、注重品质提升的全新阶段，特别是美好生活的向往已经从"有没有"转向"好不好"。这一转变为新时代文化遗产保护发展提出了更高质量的目标和要求。文化遗产工作要准确把握高质量发展的内涵要求，着力建设社会主义文化强国。要立足新征程，树牢新发展理念，加强改革驱动，强化创新协调，大力推进文化遗产保护发展科技创新、制度创新、理论创新，不断激发文化遗产事业发展活力；要积极参与城乡建设绿色转型，做好文博场所节能减碳；要聚合各方力量，加强文化遗产保护研究和管理利用，解决发展不平衡不充分问题；要着力统筹协调、促进融合共享，主动融入共同富裕战略部署，实现文化遗产事业更高质量、更加公平、更可持续的发展。在此前提下，高质量实施文化遗产保护发展，要重点在两个方面下功夫。一要依托高效、科学的组织管理和先进、精湛的现代高科技，坚持政府主导、社会参与、注重实效的原则，尤其是要全面调动社会力量，注重联合科研院校、专家学者建立多领域、多层次、综合性的遗产智库，为文化遗产项目的实施提供必要的智力支持和技术支撑，推动文化遗产保护发展水平不断提高。二要大力弘扬精益求精的工匠精神。任何一种文化遗产的诞生，都是工匠精神的产物，同理，保护发展文化遗产更需要以工匠精神为支撑。多年来，我国文化遗产维修保护普遍存在质量不高的问题，当然其中有经费不足、专业人才缺乏等原因，但从根本上来说，工匠精神不足是其主因。所以，要始终以精进、乐业的"工匠精神"执着专注于文化遗产保护发展，主动而为，开拓创新，精益求精，追求卓越。

二、彰显内涵

文化遗产的内涵是有形或无形文化遗存内在本质属性之总和。笔者以为，文化遗产的内涵可分为知识内涵、精神内涵和价值内涵三个方面。保护发展文化遗产，既要保护文化遗产的本体与环境，更要传播、彰显其知识、精神、价值内涵。

一是传播遗产知识内涵。总的来说，文化遗产作为人类自然和社会活动的历史遗存，是不同时代社会成员行为处世方法的物化和非物化表现，蕴藏着自然、社会、人文等多学科多领域的知识内涵，承载着真实、丰富、珍贵的历史信息。文化遗产的知识内涵包含在遗产本体及其所依存的周边自然、社会环境中，同时也体现在遗产地的传统知识里。例如，在古代农业文明中，中国农业之所以能够长期领先于世界其他文明古国，一个重要的原因就是我国的先民们认识到人是大自然的组成部分，强调人与自然和谐相处，主张因时制宜、因地制宜和因物制宜，遵循自然规律开展各种农事活动。在数千年的农耕活动中，人们在"天人合一"的思想指导下，"顺天时，量地利"，植五谷，养六畜，农桑并举、耕织结合，逐渐形成了土地精耕细作、生活勤俭节约、经济富国足民、文化天地人和的优良传统，创造了灿烂辉煌的农耕文明，留下了弥足珍贵的农业文化遗产。这些农业文化遗产中蕴含的农耕知识对中国农业的发展，乃至世界农业的发展都作出了巨大贡献。在今天科技日益进步，社会飞速发展的新的历史时期，这些农耕知识对现代农业的发展仍然具有十分重要的现实意义。文化遗产的知识内涵有两个方面的含义：一方面，体现文化遗产的建造者、制造者、创作者和传承者具有相关的专业知识；另一方面，蕴含文化遗产本体乃至与本体有关的社会科学或自然科学的知识①。比如，河南安阳殷墟遗址，涉及甲骨学、青铜铸造、人殉、手工工艺等多方面的知识，内涵博大精深。保护发展文化遗产，要在系统梳理、深入研究文化遗产丰富内涵的基础上，借用现代传播手段，广泛宣传文化遗产的知识内涵，扩大其覆盖面与影响力。近年来，《中华成语大会》《中华汉字听写大会》《中国诗词大会》等广受人们喜爱和追捧的电视节目将中华优秀传统文化的继承和弘扬推向高潮。这些节目都是利用现代传播手段宣传中华优秀传统文化的有益尝试。然而，应该承认，我们在这方面仍存在较大差距。中国文物交流中心2020年5月发布的《2019年度全国博物馆（展览）海外影响力评估报告》显示，以故宫博物院、上海博物馆、中国国家博物馆等为代表的部分博物馆，在展览及自身的国际影响力方面得到大幅度提升。但与国际知名博物馆相比，中国博物馆及其展览的国际知名度和影响力仍较为有限。其中有文化隔阂的原因，也有中国博物馆IP打造多流于表面，缺乏深意的因

---

① 刘炳元：《文化遗产内涵的本质属性探究》，《中国文物科学研究》2010年第1期。

素。同样是数字化技术探索，中国博物馆往往偏重技术的超炫，对文化遗产内涵的挖掘、理解和展示不够。世界级博物馆关注的是技术的运用对内容的作用究竟能达到什么程度，从而会对每一件文化遗产和细微之处进行深入研究，而这些细微之处亦即知识点，才是真正打动人心的地方。今天，传播文化遗产知识内涵，除中国传统的理论总结和中国道路的学术表达外，要加强对文化遗产知识内涵的当代阐释和大众传播，这无疑对于新时代大众凝心聚神，增强文化认同，提升文化自信，对于以文传声，增强国际亲和力、扩大国际舆论"朋友圈"都有着不可忽视的重要作用。为此，从国家到地方，要选取不同历史时期具有代表性的物质与非物质文化遗产，如黄帝陵、兵马俑、长城、故宫、昆曲、剪纸等，运用各种现代传播手段，从讲座到图书，从电视台的大屏到新媒体的小屏，主流媒体的正向赋能和新型社交媒体的流量效应相互加持，形成个性化、分众化传播新理念，扁平化、多元化传播新生态，让文化遗产的知识内涵抵达更广泛的受众，成为讲好中国故事、提升中华文化软实力的重要内容。比如，就讲好中国故事而言，中国文化遗产作为中华民族文明发展历程最原生态的、最具代表性的综合性物证，其本身就是中国故事的直接依托，文化遗产所包含的遗物、遗址及其承载的历史、文化、生活、社会等信息是中国故事的内容来源，也是最直观、最具信服力的依据和素材。在此意义上，传播文化遗产知识内涵，正是当今讲好中国故事，助推中华文化走出去，扩大中华文化国际影响力的重要手段和力量。

二是挖掘遗产精神内涵。文化遗产表面看是物质的，实际上它又是精神的，在它身上体现着人类的精神品格和精神力量，涉及人们的精神风貌、道德信仰、生产生活方式、价值体系等各个方面，是需要世代传承共同珍爱的精神财富，正如冯骥才先生所说："文化遗产是精神的概念，是一种公共的遗产，是一个民族、一个国家、一个地域的精神财富。"①也正是因为这一点，有学者指出："文化遗产首先满足的是人类的精神需求，它承载着的是人们的想象力与前进的信念。真正支撑我们走下去的往往是蕴藏在文化遗产中的精神力量。"②另有学者进而认为，人类保护文化遗产，不是为了获得直接的经济利益，而是为了获取精神情感上的满足。文化遗产的利用更主要的方面并不是遗产物化的具体产业价值，而是遗产所蕴含的抽象精神价值。保护文化遗产主要是为了满足人们怀旧和好奇的精神需求③。尽管这些说法失之偏颇④，但它却在一定程度上道出了文化遗产精神内涵的重要意义。挖掘、阐释文化遗产的精神内涵，首先要从整体上对遗产精神进行研究界定。笔者认为，文化遗产的精神可分为普遍共有精神和个别特有精神两个方面。普遍共有精神是指所有文化遗产均具有的精神，主要表现为创新精神和工匠精神。我们知道，任何一种文化遗产的诞生，绝不是简单机械地重复与模仿，而是其所在时代的人们在设计理念、制作方法上创新、创造的结果，其中蕴含着鲜明的原创或创新精神。与此同时，每一种文化遗产的形成，又都是其造物者锲而不舍、精益求精的结果，饱含着专注、乐业、精进的工匠精神。个别特有精神是指每一种文化遗产所专有的精神。每一种文化遗产因其所处时代条件、内容构成、功能特征不同，从而又都具有各自独有的精神。挖掘文化遗产精神内涵，一要在思想认识上高度重视挖掘遗产精神内涵的价值与意义，并将其纳入文化遗产保护内容范畴，

① 冯骥才：《灵魂不能下跪：冯骥才文化遗产思想学术论集》，宁夏人民出版社，2007年，第43页。

② 杜晓帆：《文化遗产首先应满足精神需求》，《人民日报》2018年6月13日。

③ 孙华：《文化遗产利用刍议》，《中国文化遗产》2020年第1期。

④ 文化遗产具有多方面的功能与价值，既有人们早先认定的历史、艺术、科学价值，又有后来为学界普遍接受的文化、经济、社会等价值，换言之，文化遗产能够满足社会和个体发展生存的多样需求，而不仅仅是精神需求。

与本体保护、环境保护同部署、齐安排，不可偏废，尤其是要像遗产保护、管理一样，纳入年度目标责任考核任务。二要从总体上立足文化遗产自身传承需要和经济社会发展需求，系统梳理、深入研究文化遗产普遍共有精神的内涵特质、历史贡献和时代价值，让人们在铭记历史、奋进当代中弘扬遗产精神。三要在保护实践中，结合具体保护对象，挖掘阐释其特有精神内涵的时代背景、传承发展和当代意义，既增强人们对遗产的深入了解和对文化的广泛认同，又可达满足精神需求和启智励志之功用。

三是阐释遗产价值内涵。价值问题，是文化遗产保护的核心问题。长期以来，对遗产价值的研究从未停歇，遗产价值的种类也层见叠出，由最初的历史、艺术、科学价值到后来的文化、经济、社会、教育等价值。事实上，穷尽所有的价值类型是徒劳且不现实的，因为价值镶嵌在文化和社会关系中，是伴随人的认知水平的提升和社会发展需要不断变化的，务实的做法是，结合时代语境，从遗产的本质出发，按照时代所需，厘清文化遗产常见价值种类，并深入阐释其内涵、特点，为人们全面认识遗产的价值以及更好地保护传承发展遗产提供参考和建议。笔者在本书第二章第一节提出，文化遗产的价值分为固有价值和创生价值两类，历史、艺术、科学价值属固有价值，文化、经济、社会价值属创生价值。阐释遗产价值要从两个方面开展工作。一方面，要研究、阐释、展示遗产的固有价值内涵。文化遗产固有的历史、艺术、科学价值都是基于遗产包含的历史信息而存在，历史信息是构成遗产的本质和理解遗产价值的核心。也正因此，很早便有学者意识到价值统称为信息价值[1]。就遗产的历史价值来说，其核心即是历史信息。这里的历史信息

---

[1] 蔡达峰：《文物学基础》，《文化遗产研究集刊》（第一辑），复旦大学出版社，2000年，第1页。

包含双层含义：首先是第一史实，如由于重要原因而建造并反映了这种历史实际；见证了重要人物、历史事件或某历史时期的社会风貌等；对艺术史、科技史、宗教史等专题史有突出意义，如代表了某时期的艺术风格和科技成就。其次是第二史实，即在当代人采取保护干预之前，其所经历的发展变化，如某个时代的正当添加和改建[①]。由此不难看出，文化遗产的历史、艺术、科学价值，属性比较超脱，关乎真善美，如审美的愉悦和真实的历史，普通人很难直接认知，需要专家学者和遗产工作者研究和挖掘以后以恰当形式进行阐释和展示，便于公众了解接受。事实上，对文化遗产固有价值的理解认知，正是在不断阐释的过程中实现的。以对遗产艺术价值的理解为例，在我国，很多文物古迹本身的艺术个性或特性并不是特别突出，通俗来讲就是不好看，但随着历史变迁，一代又一代来自社会各阶级的人，以多种形式和古迹产生了大量的互动，如登高凭吊、题字赋诗、撰文作画，产生了怀古诗文和游记等多种文学艺术作品。这些活动和作品，对古迹进行了大量的阐释和展示，在艺术价值上附加了丰富的审美意向，尤其是在普通民众的意识中产生丰富共鸣[②]，方便公众认识接受遗产。今天，保护发展文化遗产，要着力阐释展示遗产固有价值内涵，让更多的人认识到遗产的价值，明白遗产的重大意义，从而发自内心地去保护它。另一方面，要研究阐释文化、经济、社会等文化遗产创生价值内涵的当代意义。相对于遗产的固有价值，创生价值表现为现在时，描述的是遗产与当代社会与人们之间的互动关系，趋向功利，可以给人们带来某种实际利益，与生活直接相

---

① 王巍、吴葱：《浅析中国文化遗产的价值体系——基于价值的特点、关系和本土语境》，《中国文化遗产》2019年第1期。

② 王巍、吴葱：《浅析中国文化遗产的价值体系——基于价值的特点、关系和本土语境》，《中国文化遗产》2019年第1期。

关。所以，要紧扣创生价值可被人们直接感受的特性，多层面、多手段阐释文化遗产文化、经济、社会等价值内涵促进经济社会发展、服务民生改善的现实功用及实现路径，积极推进文化遗产内涵活化和有效利用。

三、强化特色

中华文化遗产是中国历史、中华文化、中华民族发展进程的历史见证和实物见证，铭刻着中华文明从起源形成到不断演变进步的时代印痕，承载着中国历史、中国文化和中华民族的基因密码及内在特质，保护发展文化遗产，有利于强化中国历史、文化特色和中华民族特色。

一是强化中国历史特色。关于中国历史特征，前人多有研究。国学大师钱穆在其《国史大纲》中指出，中国历史有三个特点，一是悠久，二是无间断，三是详密。笔者很赞同悠久和无间断之说。中国历史悠久举世皆知，在我国辽阔的土地上，早在170万年前就出现了旧石器时代的人类。从黄帝时代至今，有着五千年的文明历史。期间虽则历经各种内忧外患，但始终没有像印度历史那样因雅利安人的入侵而被摧毁，也没有像埃及历史那样因亚历山大大帝的占领而希腊化，更没有像罗马历史那样因日耳曼民族的南侵而中断，而是一直保持着独立、连续的发展系统，且具有举世无比的顽强的生命力。在这两个特点之外，笔者认为，文明起源多元是中国历史的第三大特点。我国古代文明起源是一元还是多元？是内源还是外源？这是长期争论的问题，直到现在仍有不同的看法。自司马迁《史记》提倡我国诸民族，特别是三代同源论以后，对后世影响很大，把中原四周地区的文明都看成是中原文明的影响和传播。事实上，中华民族起源不只是黄河中下游一个源头，在各民族的先世和祖先的历史发展到具有文明创造时期，都可能创造先进的文明。随着考古发掘的深入推进，越来越证实这一点。现在，学术界普遍承认中华早期文明呈现出"多元一体"格局。苏秉琦提出"满天星斗说"，认为在距今6000年左右，从辽西到良渚，中华大地的文明火花如满天星斗一样璀璨，这些文化系统各有其根源，分别创造出灿烂的文化。学者陈星灿亦认为，中国古代文明不是从一个地方发源的，包括黄河、长江和西辽河在内的广大地区，都有自己渊源脉络的史前文化且都对中国古代文明的起源和形成作出了自己独特的贡献。越来越多的考古新发现不断揭示出中华文明孕育之初呈现出多元发展的鲜活场景。文化遗产作为历史发展的信息和实物见证，是强化历史特色，增强国人对历史认知的有效载体。如果说上述三个方面是为中国历史特点，那么今天保护文化遗产，就要在强化这些特点上下功夫。例如，针对中华文明起源多元的特点，在保护辽宁凌源牛河梁遗址、甘肃秦安大地湾遗址、浙江杭州良渚遗址、陕西榆林石峁遗址等过程中，要通过解读、阐释其文化内涵、社会状况等问题，认证强化这些文化遗址为中华文明多元一体格局形成过程的重要实证，如近年来在牛河梁红山文化遗址台基上发现的地上建筑基础，与裸礼、燎祭等祭祀行为相关的遗迹均可在《周礼》中找到相关记载，很有可能是这些后世礼仪制度的源头。先后主持多项红山文化重要遗址考古发掘工作的考古学家郭大顺指出，距今6500～5000年的红山文化最显著的核心部分，就是具备较复杂的古礼系统和较为明确的礼仪活动，是中华文明进入古国时代重要的标志和重要源头之一。以红山文化为主要代表的诸多文化类型已成为中华五千多年文明史的重要支柱①。就单体或者单个的文化遗产来说，它们和考古学资料一样，表现

① 刘国祥：《红山文化——研究中华文明起源的重要内容》，《人民日报》2021年8月28日。

出明显的直观性和碎片化特征，如何将其与宏大的历史背景联系起来，并作出合理的历史解释，是每一位遗产工作者面临的任务。今天，保护文化遗产，就保护的具体对象来说，既要看到其特殊性、阶段化的一面，但更要以大历史观，运用时空观念，将其置于历史发展进程之中，用以阐释强化中国历史特色，在深化国人历史认知的同时进一步增强国家历史自豪感。

二是强化中国文化特色。中国文化的特色或者说特性是什么？学界说法较多。有人认为独特性、主体性、持续性、多元性、变通性是中国文化特性。王蒙先生指出，中国文化有六个鲜明特色：一是循环认同，二是一元化逻辑，三是变通性，四是包容性和平衡性，五是有效性，六是自省性[①]。尽管见仁见智，但大家基本认同丰富性、多样性、包容性是中国文化的重要特色。而文化遗产正好是这些重要特色的有力注脚。例如，在三星堆出土的青铜人像、面具、神树等器类中，有造型各异的青铜人像、人头像、面具，奇特的铜树、太阳形器、眼形器，众多的铜龙、虎、蛇、鸟、鸡等动物形象，还有形体虽小但数量和种类丰富的铜戈形器、瑗形器、方孔器、铃和挂件等。这些文物的独特性正是中华文化丰富性、多样性以及兼收并蓄、海纳百川特质的最好表达。再比如，在流传下来的古代绘画中，有两幅《职贡图》最能生动形象体现中国文化开放包容特色。一幅是南朝梁萧绎所绘，绘制的是与南朝梁有外交关系的各国使者，分别为滑国、波斯、百济、龟兹、倭国、狼牙修、邓至、周古柯、呵跋檀、胡密丹、白题、末国的使者[②]。另一幅为唐贞观时期阎立本所绘，绘制的是朝贡的使者喜气洋洋、肩扛手提各种宝物及

---

① 王蒙：《王蒙谈文化自信》，人民出版社，2017年，第144～149页。

② 中国历史博物馆：《中国历史博物馆：华夏文明史图鉴》（第二卷），朝华出版社，2002年，第286、287页，图版329。

珍禽异兽争相朝贡的景象①。苏轼赞《阎立本职贡图》云："贞观之德来万邦，浩如沧海吞河江，音容伧狞服奇庞。横绝岭海逾涛泷，珍禽瑰产争牵扛，名王解辫却盖幢。粉本遗墨开明窗，我喟而作心未降，魏徵封伦恨不双。"上所列举，充分说明文化遗产在彰显中国文化特色上的价值与作用。今天，保护文化遗产，要把保护和阐释相结合，在讲清楚中华文化的历史渊源、发展脉络、基本走向和独特创造、价值观念的过程中，强化中华文化特色，增强国人文化自信和价值观自信，以使人们在与其他文化交流中既不妄自尊大，也无须妄自菲薄，积极通过互学互鉴实现取长补短，并充分展现中华文化的独特魅力。

三是强化中华民族特色。梁启超曾言："凡一国之能立于世界，必有其国民独具之特质。上自道德、法律，下至风俗、习惯、文学、美术，皆有一种独立之精神。祖父传之，子孙继之，然后群乃结，国乃成。"②这些共同的历史记忆和文化认可，是熔铸在民族基因之中世代传承的。习近平总书记指出，我们生而为中国人，最根本的是我们有中国人的独特精神世界，有百姓日用而不觉的价值观。中华民族自古以来就是一个充满自信、追求自强，勇于开拓、不断创新，不畏艰险、积极探索的民族。正是这些独具特色的中华民族精神的深厚涵养和开放包容，绵延了人类历史上最为璀璨辉煌连绵不断的中华文明，发明了造纸术、火药、印刷术、指南针等深刻影响人类历史的伟大科技成果，建造了万里长城、都江堰、大运河、故宫、布达拉宫等气势恢宏的伟大工程。反过来，这些弥足珍贵的文化遗产无不是中华民族自信自强精神特色的充分体现。再从文化遗产看中华民族的创新精神，就浙江良渚遗址和山西

---

① 聂崇正：《中国美术全集：卷轴画》（第一卷），黄山书社，2010年，第36、37页。

② 梁启超：《新民说》，宋志明选注，辽宁人民出版社，1994年，第8页。

陶寺遗址出土的文物来看，我国史前区域文化对外来文明因素的吸收融合大多不是简单地复制性效仿，而是通过改造加以创新。良渚文化玉器具有特色的神人兽面纹之外的鸟纹及变体鸟纹应是源于大汶口文化，进入良渚社会后与神人兽面纹组合成一个整体。之后，进入龙山时代，陶寺文化与社会扬弃式吸收外来先进文明因素，例如创造性使用范铸铜容器，成为辉煌的夏商周三代青铜铸造技术之始。另外，日常用具也有经改造的情形，一些十分重要的器物，如玉器，更少见与原产地完全相同的文化现象，而是创新出多璜联璧、组合头饰、组合腕饰等新的象征物以凝聚族群。再比如，作为中国古代陶瓷工艺代表的唐三彩，其产生本身就是一种创新，是中华民族不断创新的实例。早在西汉中期就产生并流行棕色和绿色为代表的铅釉陶。北魏时期出现了复烧工艺，即对釉陶先采用不上釉的素烧，上釉后再入窑烧制一次。到了北齐，开始出现了局部上釉的单色釉和多色釉，说明人们已经充分掌握了某些釉色的呈色剂并能够熟练运用，最具代表性的是山西太原北齐娄睿墓出土的二色陶盂，已经初步具备了"唐三彩"的基本特征。从目前的测试结果来看，唐三彩两大基本特征的具备就是复烧和多色釉，而这两大基本特征显然必须从单色釉陶谈起，从西汉中期至7世纪中叶诞生真正意义上的唐三彩，技术积累用了800年左右的时间，所以，不能简单地将唐三彩看作是唐代的发明创造，她的产生实际上是中华文明不断创新、自强不息的典型例证[①]。新时代保护文化遗产，要结合文化遗产传承发展的历史与内涵，着力彰显强化中华民族开拓创新、与时俱进、自强不息的进取精神，促进当代国人深刻把握民族精神的核心内容和深层特质，激发伟大创新精神、伟大奋斗精神、伟大团结精神、伟大梦想精神在共筑百年梦想中的内生精神力量，努力创造属于新时代的光辉业绩。

---

① 冉万里：《考古教学中的中华文明传承与表达》，《文博》2022年第1期。

第二节 保护发展举措

新时期中国文化遗产保护发展要立足自身特性与优势，按照遗产保护和经济社会发展需要，坚持以解决问题为导向，走出一条务实、管用、对路的新路子，着力在突显优势、加强弱项、补齐短板上下功夫。

一、突显优势

中国文化遗产具有鲜明的资源优势与研究优势，并且在长期的探索实践中建立了文物科技保护的学科基础，要充分发挥优势作用，推动文化遗产事业全面发展。

一是突显遗产资源优势。据国家文物局最新统计数据显示，我国共有5058处全国重点文物保护单位，3154处国家级非物质文化遗产代表性项目保护单位，56处世界文化遗产和40项人类非物质文化遗产。另外，"十三五"期间，第一次全国可移动文物普查登记1.08亿件（套）国有可移动文物。文化遗产历史悠久，种类繁多，数量巨大，这是我们的资源优势，但如果对其彰显不力、利用不足，优势会变成负担而成为劣势。笔者认为，当前，我国在彰显文化遗产资源优势方面存在数字化力度不强、社会化程度不高两个主要问题。为此，首先要加快遗产资源数字化。文化遗产作为一种历史的记忆包含两方面主要内容：第一，历史特定时期文化遗产形成和存在状态中的社会关系和历史人文信息。第二，历史发展进程中文化遗产自其原始产生到现在所经历的不同时期的文化积累。文化遗产保护传承是共时性和历时性的统一。文化遗产数字化是对文化遗产共时性和历时性的原真性记录和呈现。当今世界，新一轮科技革命和产业变革蓬勃兴起，数字技术快速发展。习近平总书记强调："我们要乘势而上，加快数字经济、数字社会、数字政府建设，推动各领域数字化优化升级。"①近日，中共中央办公厅、国务院办公厅印发了《关于推进实施国家文化数字化战略的意见》②，明确提出到"十四五"时期末，基本建成文化数字化基础设施和服务平台，形成线上线下融合互动、立体覆盖的文化服务供给体系；到2035年，建成物理分布、逻辑关联、快速链接、高效搜索、全面共享、重点集成的国家文化大数据体系，中华文化全景呈现，中华文化数字化成果全民共享，并为此提出了8项重点任务。按照国家战略部署，文化遗产数字化任重道远。当前，我国绝大部分物质和非物质文化遗产尚未进行资料采集和数字化建档，有些号称已数字化的遗产，其中不乏只是简单地用数字技术对文化遗产的外在表现形式进行记录存档，或者简单地用录音录像记录文化遗产的图片影像，而没有透过人们直观所见的文化遗产的种种表象去以数字化的方式记录和呈现文化遗产的文化内涵。这就要求我们要积极运用数字化技术手段，在数量上尽快实现文化遗产资料采集和数字化建档全覆盖。同时在质量上要基于缜密的学术调查研究，针对不同类型文化遗产，采用不同的数字化方式，既进行静态的历史特定时期的文化遗产形成的历史背景、艺术审美、社会文化关系的记录、发展和反映，又灵活地展现其动态的发展演变过程，真正实现文化遗产由物质形态向数字形态的转化，更好促进文化遗产保护利用。其次要加强遗产资源社会化。文化是一个国家的基本识别标志，具有浓厚的艺术色彩和价

---

① 习近平：《国家中长期经济社会发展战略若干重大问题》，《求是》2020年第21期。

② 中共中央办公厅、国务院办公厅：《关于推进实施国家文化数字化战略的意见》，2022年5月25日（http://www.gov.cn/zhengce/2022-05/22/content_5691759.htm）。

值理念，而文化遗产是延展民族文化深度与广度不可或缺的组成部分，带有明显的公共性特征。站在这个角度看，文化遗产保护的利害关系已远远超越了个人和遗产本身，其更深层的意义在于关系着国家、社会以及城乡社区发展公共空间的价值实现。例如，非物质文化遗产保护传承的意义，不仅仅在于遗产类型本身的可持续性，更重要的是其作为活态文化，关联着社会发展各方面，从多民族文化多样性的文化信仰，到不同地域和幸福生活指数相关的衣食住行及作为地方文化资本向地方文化产业的发展，持续民族身份认同和文化记忆等诸多社会发展的现实问题[①]。文化遗产的社会公共性特征以及在社会价值认同中的公民所属权益的平等性，要求文化遗产工作者必须超越个人、部门及地方本位的利益，以高度的人文关怀，把文化遗产保护发展置放在原发公共领域的整体社会存在背景中，让其内涵、精神最大限度、最为便捷地融入社会公共空间，为增强文化认同、文化记忆，激发民族生命机体内驱精神活力和文化创造热情，发挥其潜在的价值与意义，而不能让文化遗产异化为个体或集团利益的工具，或成为经济价值的从属手段。对此，需要引起学界和全社会高度关注的是，长期以来，有些文化遗产，如出土文物，被以撰写考古发掘报告或进行学术研究为名，长期无法"面世"，有些考古资料包括出土文物、标本，在发掘报告完成之后又被重新雪藏，难以有效发挥作用[②]。有些文物因受展陈条件限制，年复一年、代复一代地尘封在文物库房中；有些文物被束之高阁，"孤芳自赏"……这些忽视文化遗产社会公共性的表现，必将因为失去民间公共社会发挥的精神

① 乔晓光：《关注非物质文化遗产传承保护的公共性》，《湖北美术学院学报》2007年第2期。

② 曹兵武：《考古学的公共性及其时代价值》，《中国文化遗产》2022年第2期。

力量和生存情感的认同支撑作用，而直接削弱文化遗产的保护成效，并严重制约着文化遗产满足人文关怀和应对解决相关公共性问题的潜能的释放与发挥。所以，从国家到地方，各级文化遗产管理部门和文化遗产研究者、工作者及舆论宣传从业者，要立足文化遗产的公共性特征，群策群力加强文化遗产资源社会化，积极搭建调动社会参与文化遗产保护的公共机制和平台，强调民众参与与民众共享保护成果，让遗产地居民最大限度地全过程、全方位参与文化遗产保护决策、规划和具体实施，以民众最大程度地"在场"，来保障文化遗产保护"公共性"的有效实现①。

二是突显遗产研究优势。关于目前我国文化遗产研究，就研究队伍来说，主要有国家各级党委政府政策研究部门、高等院校、研究院所、党校（行政学院）和协学会等群团组织五方面有关研究人员，都在程度不等地从事文化遗产的保护传承研究，队伍之庞大，参与人员之多，举世无双，的确是我们的优势。另就研究内容来看，集中于基础理论、个案分析、保护利用、经营管理、方法技术等方面，其中，保护与利用已成为文化遗产研究的热点问题；关注遗产管理实践的个案研究，文化遗产的多学科、跨学科研究与信息技术研究成为文化遗产研究的方向；文化遗产概念体系与理论研究是文化遗产研究的前沿课题②。在文化遗产保护事业深入推进的新的历史时期，要进一步彰显以上两方面的研究优势，从理论与实践层面为文化遗产保护发展献计献策。与此同时，一方面，要坚持以解决问题为导向，针对当前中国文化遗产保护发展存在的

---

① 赵艳喜：《文化生态保护区的公共性及其发展方向》，《文化遗产》2018年第4期。

② 崔卫华、贾婉文：《近十五年我国文化遗产研究的新动向——基于核心期刊的统计分析》，《东南文化》2013年第5期。

主要问题进行深入广泛的研究，在学理和应用上提出切实可行的解决思路与办法。另一方面，要立足中国文化特性和文化遗产特性，围绕中国特色文化遗产保护发展理念、原则、体系构建开展学术研究，为走出一条富有中国特色的文化遗产保护发展新路径提供学理支撑。

三是突显遗产学科优势。无论是就文化遗产自身的内涵、外延，还是研究、保护文化遗产的实际需要来说，都与历史学、考古学等传统学科和物理学、化学、材料学等理工类学科密切相关，例如，研究文化遗产需要历史学、考古学、技术史、艺术史等学科和专门史的知识基础；保护文化遗产需要人类学、社会学、民族学、化学、材料学等学科的学科视野和科学技能；展示和利用文化遗产则需要博物馆学、教育学、传播学等学科知识①。21世纪以来，随着全球化、现代化的快速推进，特别是在世界遗产运动的影响下，我国文化遗产事业出现了前所未有的研究和保护热潮。相应，众多高校、科研院所依托传统学科优势，积极参与文化遗产保护与发展，探索学科人才培养。北京大学、西北大学、四川大学等高校依托考古学专业进行文化遗产研究；浙江大学、复旦大学依托文物与博物馆学、艺术史专业侧重于文物鉴定、保护和修复；清华大学、天津大学、同济大学等高校主要依托建筑学、城市规划与设计专业，侧重于古建筑、历史街区的保护与修缮；中山大学、苏州大学等高校主要依托于民俗学、社会学、艺术学等专业开展文化遗产研究。尤其是近年来，随着文化遗产学的蓬勃发展，一些理工科院校、科研院所开始介入文物考古研究，依托理工类学科在文物材料工艺研究、古代材料标准化研究、文物修复与文物数字化模拟等方面取得了大量实践探索成果。例如，西北工业大学依托其航天、航空、航海等学科专业优

---

① 张颖岚、刘骋、陆余可：《关于"文化遗产学"的几点思考》，《中国文物报》2021年5月7日。

势，于2017年与陕西省文物局联合成立文化遗产研究院，设立了材料科学与科技考古研究中心、文化遗产信息技术中心、文化遗产规划中心等机构，建有科技考古专业实验室、文物保护技术专业实验室等。经过几年的探索实践，在文物材料科学、文物保护技术、考古探测技术等方面产出了许多理论与实践成果。今天，保护发展文化遗产，可在以往的基础上，依靠高等院校、科研院所，进一步发挥传统学科和理工类学科优势，紧紧围绕文化遗产进行更为科学的整体保护、内涵挖掘、精神传承、功能重构、价值实现，通过深度交叉融合，遵循跨学科门类、跨领域、跨院系交叉研究与合作思路，按照文化遗产事业发展对高层次创新型、复合型、应用型人才的迫切需求，激发和培育以文化遗产为研究对象的学科创新点与科技进步，推动文化遗产创造性转化和创新性发展，为中国文化遗产事业发展提供强有力的学术、智力和人才支撑，并助力我国由文化遗产大国走向文化遗产强国。

二、加强弱项

我国文化遗产资源丰富，但由于受文化遗产保护管理体制机制和人才培养机制尚未健全、文化遗产保护与发展并重理念尚未确立等因素影响，在文化遗产保护管理中存在诸多不足或弱项，导致不少文化遗产没有得到有效保护，甚至出现保护性破坏、建设性破坏等问题，特别是专业型、高层次保护管理队伍缺乏，亟须从文化遗产保存数量、保护质量和人才队伍建设等方面创新突破。

一是保数量。文化遗产是长期历史积累中，由特定历史时期的社会、经济、文化和技术等多方面因素共同作用而形成的。由于时间的不可逆性，文化遗产从时间意义上具有稀缺性。任何一种文化遗产被毁坏，都不可能再生。20世纪80年代初期，随着经济发展和城镇化步伐的加快，大量的历史文化建筑被拆除，造成难以挽回的损失。更令人痛心的是，在当前的城市化进程中，又出现了不少的问题，很多地区的传统建筑、历史文化街区在迅速消失，文化遗产遭到破坏的情况时有发生。长城被誉为"世界十大奇迹之一"，但由于自然侵蚀、人为损害和管理不善等众多因素影响，古长城遭到严重破坏，墙体只有8.2%保存状况较为良好，而整个古长城的30%已经消失[①]。传统村落蕴藏着丰富的历史信息和文化内涵，是中国农耕文明留下的最大遗产，近15年来，中国传统村落锐减近92万个，并正以每天1.6个的速度消失[②]。再就名人故居来说，北京市有关部门曾对名人故居进行较系统的调查，核实在四个城区内共有308处名人故居。然而，目前这些名人故居只有8处被辟为博物馆、纪念馆，仅占总数的2.6%。还有少数名人故居实施挂牌明示，而绝大多数名人故居淹没在杂乱无章的建筑之中，鲜为人知。由于缺乏管理、保护和修缮，大多数名人故居已变成大杂院，许多院落房屋年久失修，院内地面坑洼、自建房丛生，早已失去了原有的面貌。原有建筑格局遭到破坏，保护情况不尽如人意[③]。尤其是非物质文化遗产的处境更为艰难，许多传统技艺如皮影戏、修船匠、铜匠、打花带、画年画、编草鞋、画糖画等面临着消失、遗忘、割裂的困境。据不完全统计，20世纪50年代全国有戏曲剧种368个，目前仅有267种，其中60多个现有剧种没有音像资料保存[④]。因此，新时代保护发展文化遗

---

① 王进：《万里长城濒危，三成消失身影》，《京华时报》2015年6月28日。

② 王晶：《每天消失1.6个，抢救濒危中国传统古村落迫在眉睫》，2017年12月11日（https://baijiahao.baidu.com/s?id=15864539499971831744&wfr=spider&for=pc, 2017-12-11）。

③ 刘丽媛：《北京：名人故居该咋保护？》，《中国建设报》2006年6月17日。

④ 李婧：《中国戏曲到了最危险的时候》，《北方音乐》2006年第7期。

产，要切实加强保护力度，努力做到应保尽保、能保则保，使每一项文化遗产有效延展其生命周期与存续时间。对此，关键是要解决好两个方面的问题。第一，在思想上要认识到保护文化遗产不只是保护一幢古建筑、一件文物、一项古老的技艺，更是对一种文化记忆和当下文化交流内容、形式的保护，是对我们自己的历史的保护，从而以一种礼敬的态度重视对每一种文化遗产的保护。因为在相当一部分的心目中，总是认为我国历史悠久，文化遗产种类多、数量大，人为或自然损失一些无关紧要。实则不然，我国虽是文明古国，但保存下来的文化遗产的数量并不值得我们自豪。早在20世纪90年代中期，博物馆学专家苏东海先生就严肃地提出"文物大国的忧患"，多次发出"我国文物匮乏""博物馆贫血""文物事业持续发展困难"的警告，他在《文物大国的忧患》和《再论文物大国的忧患》两篇文章中指出，我国文物不是太多，而是太少，对这一点有清醒的认识，才不会盲目和乐观，才不会以为破坏个把文物无伤大局；才能有深刻的忧患意识，正确面对当前极为严峻的文物保护形势[1]。以英格兰为例，土地面积相当于中国1/74，其登录保护建筑50万处，保护区8000多处。而我国各级文物保护单位仅7万处左右，保护区仅数百处。从国家层面保护的文化遗产状况来看，我国列入保护单位的数量也明显偏少，与文明古国的历史地位不相适应，甚至与同为发展中国家的一些国家和地区相比也存在较大差距。例如埃及由中央政府管理的文物古迹有2万余处；印度由国家管理的文物古迹有5000处左右；越南的国家级文物保护单位也有2823处。而我国列入全国重点文物保护单位的仅为2351处[2]。面对这一严峻的现实，当代国人必须以正

---

[1] 苏东海：《博物馆的沉思——苏东海论文选》，文物出版社，1998年，第283～291页。

[2] 单霁翔：《试论新时期文化遗产事业的发展趋势》，《南方文物》2009年第1期。

确的态度，竭尽全力保护好每一种文化遗产，切实肩负起时代所赋予的文化保护的责任与担当。特别是对一些城市决策者来说，不能将文化遗产视为影响城市建设和经济发展的包袱，错误地坚持不申报或少申报文物保护单位，而要把文化遗产作为当地的文化资源和宝贵财富保护好、传承好。第二，要加强对文化遗产的抢救性保护和预防性保护。对此，笔者在本书第六章第三节"文化遗产保护的任务"中已有论述，兹不赘论。

二是提质量。直面当前我国文化遗产保护、管理实际现状，应该说，在保护、管理质量上存在诸多问题。就保护而言，有些缺乏整体保护规划，遗产工作者似同救火队员，临时抱佛脚，仓促施救；有的保护方案长期议而不决，致使被保护的文化遗产遭受严重损害，甚至消亡；有的保护方案不够科学，造成在较短的时间内修了再修；有的保护方案针对性不强，原本的正向修复变成反向损害；有的文物建筑注重安排重点修缮，缺少日常养护。尤其是非物质文化遗产保护大多停留在一般性号召和口号上，缺乏具体有效的保护措施落地。这些都直接影响着文化遗产保护的质量。再就管理上来看，至少表现出两方面的严重不足。一方面在管理对象上注重对遗产本体现存样貌状态的保护，忽视或淡化文化遗产快速演进的内部因素和动态变化的外部环境，管理目标单一，为保护而管理的僵化管理现象时有所现。另一方面，在管理内容上与时代、社会脱节，未能很好地回应"让文化遗产活起来"的时代诉求，文化遗产管理服务城镇化建设、乡村振兴及民生改善等落得不实不细。为此，新时代保护发展文化遗产，一要在提升保护质量上下功夫。要进行全方位的调查研究，在详细掌握文化遗产特性和特征信息的基础上制定科学可行的保护方案，并做好项目储备；要利用高科技手段，精准监测文化遗产的病害产生诱因和发育情况，最大限度减少各种风险因素造成的危害，留住历史原貌，提升文化遗产完好率；要进一步规范文化遗产保护程序，严格按照事先制定的方案实施保护，确保保护工作的规范化、科学化。同时，要加强对文化遗产定期检查和测验工作，严格遵循修缮原则，避免文化遗产的二次损坏。二要在提升管理质量上下功夫。首先要积极顺应时代和环境变化，不断创新文化遗产管理体制机制，实现管理主体由单一的政府主导向政府与企业经营管理共存、管理机制从传统的政府主导下的专家咨询模式向全民共同参与治理的模式转变。其次，要进一步拓宽管理视野，实现文化遗产管理范围由传统的物质文化遗产向非物质文化遗产延展、管理对象从遗产个体向遗产群体和周边环境延展，满足新时期文化遗产管理目标多元化需求。再者，文化遗产管理者要适时转变角色职责，实现从遗产"看守者"向"遗产内涵挖掘者""遗产精神传承者""遗产功能重构者""遗产价值实现者"转变，充分发挥文化遗产服务经济社会发展的时代价值。

三是强人才。文化遗产行业人力资源是支撑文化遗产事业可持续发展的重要资源，也是最富有活力的资源。人力资源的强弱直接决定着文化遗产事业发展成效的大小。文化遗产保护存在的许多问题，如上文所说的保护质量、管理质量方面的问题，都与人力资源上的不足有着密不可分的关系。笔者认为，当前我国文化遗产行业在人才队伍建设上存在三个方面的弱项。第一，人才总量不足。我国文化遗产数量多，分布广泛，尤其是大量不可移动文化遗产分布在人迹罕至的偏远之地，文物普查、考古、修缮、展览等工作均需足够的人力保障。人员数量不足已成为制约文化遗产事业发展的重要因素[1]。的确，相比我国文化遗产保护这辆"大车"，人才的缺口值得重视。2015年开展的文博系统首次关于全国文物修复人员的调查估算，全国文物保护修复人员缺口约为2.6

---

[1] 徐志鹏：《文化创新比较研究》，《历史文化》2018年第4期。

万人。据2017年公布的第一次全国可移动文物普查数据公报，近四成的文物需要修复。每年，待修复的文物以300余万件（套）的速度在增长。人才短缺在基层区县表现得尤为突出。"在山西省晋北地区的一个区县，当地文物管理所管理着65段明长城墙体的432个敌台、烽火台等文物点。除此之外，文管所的职责还包括其他古建筑与古遗址的保护与修缮、考古及文案工作等。光是春秋两季野外文物点的巡查工作，就需要一两个月。完成这些工作的，只有文管所9名在编人员。"文化遗产人才缺乏的困境不只在山西，"在陕西某县，文物管理所需要负责管理的文物点有560多处，但有编制的工作人员只有6人。"[1]文化和旅游部副部长、国家文物局局长李群在2021年8月的一次报告中指出，全国县级文物行政编制仅有5000多个，平均每县不足2人[2]。这些数据无一不在证明人才总量不足的严峻。第二，专业人才匮乏。专业人才匮乏一直被视为我国文化遗产事业发展的瓶颈。文化遗产保护是一项专业性、业务性、政策性很强的工作，专业技术要求高，非专业人员难以胜任。例如，抢救性考古任务需要考古与历史专业背景人才；文物建筑的保护与修缮需要勘察设计与施工专业人才；历史文化名城、名镇、名村和各级文物保护单位的管理需要大量保护规划与管理类专业人才，等等。但目前行业人员鱼龙混杂，非科班出身的占比很大，高学历人员和专业技术人员比重较低[3]。特别是"在区县一级的基层，大量文物保护工作必须

① 吴婷婷：《6个人管560处文物，无招聘权，基层文博人才短板如何补？》，《中国新闻周刊》总第1047期，2022年6月13日（https://www.cnr.cn/sx/xwdc/20220619/t20220619_525872609.shtml）。

② 李群：《国务院关于文物工作和文物保护法实施情况的报告》，《中华人民共和国全国人民代表大会常务委员会公报》2021年第6号。

③ 闫俊：《文化遗产保护行业人才队伍建设前景展望》，《文物鉴定与鉴赏》2020年第2期。

在广大田野中开展，但是想见到一个文物、考古相关专业的本科毕业生都非常困难"①。多年来，学校培养的文化遗产保护方面的专业人才远远不够，真正的从业人员仅相当于韩国的四分之一②。第三，综合素质不高。文化遗产行业是一个从事保护管理、科学研究、宣传展示和公共服务等的知识密集型领域，不仅涉及人文科学、自然科学等多个学科、多个领域，而且需要多学科交叉和科技支撑，这就要求从业人员在自身专业的基础上必须具有较好的综合素养。而现实是，专业人才的思想素质、理论素质、文化素质及业务素质普遍不高。例如，就文化遗产研究来说，有的研究者只是凭一时兴趣涉猎文化遗产研究，并没有专门从事此项研究的知识储备③，文化素质较低。上述三方面问题为新时代文化遗产保护人才队伍建设提出具体要求。一要壮大人才队伍。首先要结合行政事业单位机构改革，适当增加文化遗产行业行政事业编制。其次要加大财政投入，各级政府要为文博人才的发展提供必要的经费保证，可以考虑在文博部门预算中设置人才引进和建设科目，用于引进高学历、高技术人才，建立待遇与岗位相匹配的用人机制④。再者要拓宽人才引进渠道，可通过政府购买岗位、设立文博专业人才市场、适当降低技能型人才招聘标准等形式，吸引更多有热情、有潜力、有特长的年轻人加

① 吴婷婷：《6个人管560处文物，无招聘权，基层文博人才短板如何补？》，《中国新闻周刊》总第1047期，2022年6月13日（https://www.cnr.cn/sx/xwdc/20220619/t20220619_525872609.shtml）。

② 宿希强、姚小康：《中国文化遗产保护现状：方法技术领先最缺人才》，2016年7月23日（http://news.youth.cn/wztt/201607/t20160723_8331021_2.htm）。

③ 王宪昭：《我国非遗研究人才培养面临三大问题》，2012年5月7日（https://www.ihchina.cn/luntan_details/8020.html）。

④ 闫俊：《文化遗产保护行业人才队伍建设前景展望》，《文物鉴定与鉴赏》2020年第2期。

入到文化遗产保护行业中来。二要加快人才培养。目前，文化遗产保护人才的综合性体现在既要精通历史、考古、古建知识，又要熟知文化、艺术，甚至了解物理化学、工程技术等方面的知识[①]。要支持有条件的高校根据文化遗产行业对人才需求的复杂性和特殊性，通过完善专业设置，优化课程体系，创新教学计划，拓宽实习、实践渠道，加强与文化遗产保护行业的紧密结合，培育更多更高质量的高层次专业人才。同时，要加强对高职院校文物博物馆相关专业的支持和引导，完善布局，为文化遗产保护培养大批合格的技能型人才。三要加强人才培训。要联合高校、研究院所及社会培训机构建立系统的人才培训体系，制定切实可行的培训方案，多渠道、多形式扩大培训规模，提高培训质量，在解决紧缺人才和特殊人才需要的同时，全面提升文化遗产保护人才队伍整体素质。

三、补齐短板

长期以来，中国文化遗产保护发展理论体系尚未健全完善，文化遗产保护国际话语权较弱，文化遗产保护的科技优势没有得到充分发挥，多方因素共同制约着文化遗产保护发展。新时代文化遗产保护发展，要从理论与实践层面补齐发展短板，努力推动文化遗产保护事业取得新突破。

一是补齐思想短板。西方"权威遗产话语"强调文化遗产的真实性、物质性、纪念碑性及其历史、艺术、科学价值，体现了西方启蒙运动以来的现代历史观、文化观和价值观，成为今天国际文化遗产保护的

---

① 宋佳：《文化遗产保护学科、专业与教育体系研究》，南京工业大学硕士学位论文，2012年。

宪章和基本原则，并在很大程度上影响甚至左右着中国文化遗产保护的理念、原则和举措，由此导致中国文化遗产保护发展在理论上存在两个方面的问题：一方面，背离自身文化遗产特性和传统审美崇尚、思维方式及价值取向，丢失本土历史记忆方式和文化思维逻辑，盲目屈从西方权威遗产话语，在思想观念上表现出较强的崇外性，造成文化遗产保护理论混乱和保护实践水土不服；另一方面，提出的理念、制定的原则套用西方文化遗产原真性保护理论，缺乏本土化表达，更多地强调约束性、强制性，似同负面清单，宏观引领、微观指导力不足，在思想观念上表现出较强的教条性。比如《中国文物古迹保护准则》制定的十条保护原则，主要是参照基于西方石质特性文化遗产形成的《威尼斯宪章》而为，"必须""不应"等保护要求约束、强制色彩浓厚。应该说，上述两个方面是中国文化遗产保护发展存在问题的深层次或者说根本原因。尽管近年来，随着我国文化遗产领域思想变革的不断深入，"移植""照搬"论开始受到质疑并逐渐走下神坛，走中国特色文化遗产保护发展路径的吁求愈益强烈，但在遗产工作者，特别是一些专家学者灵魂深处，西方权威遗产话语的影响仍然挥之不去，文化遗产保护理论上的中国特色并不明显。所以，新时代中国文化遗产保护发展，要立足中国文化遗产特性和传统审美崇尚、价值取向，坚守中华文化立场，彻底摒弃崇外和教条，探索形成富有中国特色的文化遗产保护发展理念和原则，补齐思想短板。

二是补齐话语短板。经过多年努力，我国文化遗产保护取得了多方面的成就。例如，在世界文化遗产保护方面，我国自1985年加入《保护世界文化和自然遗产公约》以来，长期致力于推广世界遗产保护理念，积极改善世界遗产保护状况，充分发掘世界文化遗产的当代价值，推动文明交流互鉴。然而，由于我国文化遗产保护起步晚、底子薄等原因，迄今在世界文化遗产领域的理论建树还比较少，在重大议题上的话语权也很小①。同时，由于国家体制和价值观念的差异，在国际层面由我国主导的遗产共识尚不够多。这些都与我国作为世界文化遗产大国的地位极不相称，并直接影响着向世界展示当代中国人的世界观、文明观、文化观和价值观。当前，世界文化遗产事业正处在一个新的转型期，不断受到国际政治、地缘政治和国家利益的干扰。在这种复杂的情况下，中国要积极发挥世界文化遗产大国的作用，主动、广泛参与联合国教科文组织在文化遗产领域开展的培育人才、推广标准、制定规则、普及知识、提供国际援助的各项事务，加强与各国各地区同行的交流合作，推动文明交流互鉴。要利用我国作为"濒危文化遗产保护国际基金"（冲突地区文化遗产保护国际联盟）首批出资国和董事国的身份，积极履职尽责，推动相关项目实施。同时，要把国际上文化遗产保护的中国项目做成科技含量更高、综合学术成果更丰富、社会影响力更大的优质项目②。通过这些举措，紧扣我国文化遗产内涵、价值与特征，进一步加强我国在世界文化遗产领域的理论建树，着力提升我国文化遗产体系在人类文明格局中的话语地位，尤其是要实现文化遗产的话语转换，创新话语表达方式，把本土话语转换成现代话语、大众话语和国际话语，"以人们喜闻乐见、具有广泛参与性的方式推广开来"③，寻求国际社会最大公约数，为丰富和发展世界文化遗产事业作出理论贡献。

---

①　刘曙光：《保护世界文化遗产 推动文明交流互鉴》，《人民日报》2019年5月17日。

②　刘曙光：《保护世界文化遗产 推动文明交流互鉴》，《人民日报》2019年5月17日。

③　习近平：《建设社会主义文化强国，着力提高国家文化软实力》，《人民日报》2014年1月1日。

三是补齐科技短板。科学技术对文化遗产事业的发展起着决定性的作用。在1955年，中国科学院考古研究所副所长夏鼐将碳十四测年这项技术介绍给中国考古界，开拓了现代科学技术对文物工作的应用前景。20世纪60年代，在中国历史博物馆、上海博物馆等相继设立文物保护实验室，开启了运用现代科学技术修复保护文物的理论与实践探索①。1973年，组建成立了文化部文物保护科学技术研究所，全面启动现代科学技术在文物保护事业中的应用。半个多世纪以来，我国文物保护科技工作取得了多方面的成就。但由于我国文物保护科技研究起步晚、基础条件差，文物保护科技水平整体不高，自主科研成果相对较少；文物修复的科技水平亟待进一步提升；文物保护的技术供给总量和技术集成能力不足；考古调查勘探和发掘科学技术水平有待加强。例如，就自主科研成果来说，"目前敦煌研究院针对文物开展无损分析所用到的仪器设备，比如高光谱成像仪、拉曼光谱仪、光学相干断层扫描系统等大多都是进口设备，其间难以见到国产装备的身影。"②文化遗产保护的科技短板十分明显，正如敦煌研究院名誉院长樊锦诗所说："由于我国文物保护专业人才不足，文物保护的科技水平也有待加强，大量文物保护难题因缺乏科技支撑而无法得到及时、有效解决。"③故此，"十四五"时期，在国家文物事业发展规划中，科技创新被摆在更为重要的位置，通过加强顶层设计和整体布局，着力提升文物科技创新能力和应用水平。当务之急，首先是要加强文化遗产科技领域的基础和应用

---

① 路甬祥、周宝中：《中国传统工艺全集：文物修复和辨伪》，大象出版社，2017年，第15页。

② 王红霞：《文物保护亟须科技发力》，《科技日报》2021年3月8日。

③ 王珏：《走出中国特色的文物保护利用之路——回访敦煌研究院名誉院长樊锦诗》，《人民日报》2022年1月24日。

研究，突破关键共性技术，为考古研究和文物保护利用提供有力支撑。通过统筹部署建立一批文化遗产保护领域的国家重点实验室、国家技术创新中心，着力发挥新科技技术、工艺、材料在文化遗产保护发展中的重要作用，重点在遗迹遗物探测、文物信息提取、文物价值挖掘、水下文物探测、古代材料加工、馆藏文物保护修复和监测、智慧博物馆技术等前沿领域，开展深入广泛的基础和应用研究，并保持行业领先优势。其次，要加强装备研发，为文化遗产保护提供利器。要在文物无损分析、考古勘察、文物安全等领域进行关键技术、先进装备研发。要加大对无损检测分析装备的研发力度，尤其是针对纸质类文物，研发专用的高光谱、多光谱仪器；要加强田野考古勘查测绘技术装备的专业化集成和智能化升级，研发出面向远程、野外作业的小型化、可移动装备；要加强绿色环保新型文物保护功能性材料研发与应用效果评估，着力研发文物安全智能监测和预防性保护关键技术与装备①。还要针对文物特性，研发一些能够保障文物安全的专门技术和设备。唯有多措并举补齐文化遗产保护科技短板，才能有效支撑文化遗产事业的系统目标和可持续发展。

第三节　保护发展愿景

　　文化遗产保护既是理论问题，也是现实问题，事关中国特色文化遗产学的学理基础与学科建设，同时与国家、民族实力及民生工作息息相关。新时代文化遗产保护发展，既要建立中国特色文化遗产保护发展学科体系、学术体系、话语体系，又要提升国家竞争力、增强文化软实力、扩大对外影响力，同时还要从形式、内容、品质等方面服务和改善民生。

---

　　①　《文物保护亟须科技发力》，《科技日报》2021年3月8日。

一、构建体系

文化遗产保护是兼具基础性与应用性的社会科学，加强文化遗产学理论体系建设，为文化遗产保护发展提供理论指导与发展方向，将对文化遗产事业的实践和理论都产生积极推动作用。习近平总书记指出，每个学科都要构建成体系的学科理论和概念[①]。加快构建中国特色的文化遗产学，要不断推进学科体系、学术体系和话语体系建设。

一是构建学科体系。文化遗产学科体系是构建文化遗产学的基础和依托。2003年，曹兵武提出"文化遗产学"的构想，指出它是"一门应当和遗产价值及本体研究、管理、经营、动作等密切结合在一起的高度综合性的创新性学科[②]。"后来，杨志刚提出"文化遗产学应该是一门涵盖面甚广、学科交叉性很强的学问"[③]。此外，还有其他学者不断从学科边界、内涵范畴、发展方向、规范要求等方面就文化遗产学科建设提出许多富有见地的见解。不过，受制于我国原有的学科框架体系以及学术界对文化遗产学的学科定位、研究范围、基础理论和研究范式等方面存在不同的思考和认知，时至今日，文化遗产学学科构建尚未取得实质性突破，"相较于文化遗产实践与理论领域的进步，文化遗产学学科体系的建设相对滞后"[④]。当前，伴随国家文化复兴战略的实施和文化产

---

① 习近平：《在哲学社会科学工作座谈会上的讲话》，2016年5月18日（http://www.xinhuanet.com//politics/2016-05/18/c_1118891128_3.htm）。

② 曹兵武：《文化遗产学：试说一门新兴学科的雏形》，《中国文物报》2003年5月30日。

③ 杨志刚：《文化遗产研究与文化遗产学》，《中国文物报》2003年9月12日。

④ 潘鲁生：《关于文化遗产学建设的思考》，《中国非物质文化遗产》2021年第3期。

业的发展，文化遗产学越来越受到广泛关注。为此，要加快文化遗产学科体系建设进度。一要在国家层面将文化遗产学从历史门类中移出设立文化遗产学一级学科，并在国家政策上予以推动和引领。我们知道，党的十九大将"加强文物保护利用和文化遗产保护传承"作为坚定文化自信的一个部分写进报告，设立文化遗产学一级学科符合国家重大文化战略需求。二要从研究对象、研究内容、研究方法、研究任务、基本理论、学科目标、学术价值等方面进行梳理、归纳、研究、创新，进而确定文化遗产学科边界、内涵范畴、发展方向、规范要求。三要从保护理念、理论框架、分类体系、操作方式及培养模式等方面，构建具有中华民族文化特色、反映中华文明特点的学科体系[①]，努力使基础学科健全扎实，新兴学科与交叉学科创新发展，重点学科优势突出，基础研究和应用研究相辅相成，学科研究和成果应用相互促进。

二是构建学术体系。文化遗产学术体系是构建文化遗产学的核心。库恩的"学科范式理论"认为，成熟学科的标志应该是拥有一个科学共同体，该共同体由具有共同的学术背景、学术传统及公认的学术交流载体等学术人员构成。这也就是说，一门独立而成熟的学科的发展应具备规范化的特质，即特定时期该学科的从业人员进行学术研究共同遵守的理论基础、实践规范、基础坐标和方法准则。构建文化遗产学术体系，要从两个方面着力推进。第一，在文化遗产学研究中真正确立成熟学科应有的基本问题意识，如基本的理论框架和方法论等。这方面应更多用力于基础理论研究，而基础理论的突破首先要在两个层面获得深入阐释，即对中国文化遗产保护的历史进行学术上的科学解说和从理论上解决实践中突出而普遍的问题。与此同时，要从提升研究者个人的学术品

---

① 王福州：《"文化遗产学"的学科定位及未来发展》，《中国非物质文化遗产》2021年第2期。

性与能力和加强文化遗产领域共同体建设两个方面，建立和培育良好、健康的学术规范与氛围。第二，从思想、理念、原理、观点、理论、学说、知识、学术和研究方法、材料、工具两个层面加强理论研究和实践运用。一要积极融通古今中外文化遗产保护发展的理论、经验成果，在不断推进知识创新、理论创新、方法创新的过程中，将学科的发展放在生动的历史境遇中加以考量，充分顾及学科本身历史现实的互动关系，以使学科发展具有源源不断的动力和自己的传统，使学科内容富有生命力，体现出文化遗产学在当代经济社会发展进程中所具有的思想活力与独特价值。二要坚持问题导向，认真研究新时代文化遗产保护发展面临的主要问题和矛盾，在解决问题、化解矛盾中积累学术资源，创新学科格局，并不断培育新的文化增长点，助力相关产业发展，完成文化传承和文化发展的使命担当。三要从我国文化遗产保护发展实际出发，在学术体系上研究探索关于中国文化遗产学的学术思想、理论与观点，寻找内在的学理关系与结构，并不断提出具有主体性、原创性的理论和学术观点，着力提升原创能力和水平，形成和强化自身特色与优势。

三是构建话语体系。文化遗产话语体系是文化遗产学术体系的反映、表达和传播方式，是构成文化遗产学科体系的纽结。话语既是思想的外在表现形式，又是构成思想的重要元素。一种理论、思想、学说、知识，从创立、发展到传播运用，需要通过一定的语言来塑造、成型和表达出来。在构建学科体系、学术体系的同时，要加快构建中国文化遗产话语体系。一要对中华民族传承至今的文化遗产进行全面、立体、多维、深入的梳理探索，形成具有中国特色的文化遗产语言①，并要在此基础上，"对中华民族传统文化内涵、历史渊源、发展脉络、基本走向

① 潘鲁生：《关于文化遗产学建设的思考》，《中国非物质文化遗产》2021年第3期。

进行有深度与广度的研究，强调梳理遗产文化的'过去'与'现在'时态的重要性，以更好地构建'未来'中国底蕴与特色的话语体系。"①二要善于提炼标识性概念，发展凝练中国文化遗产的言语符号、概念话术及表达方式，打造易于为国际社会所理解和接受的新概念、新范畴、新表述，用中国理念阐释中国实践、展现中国思想、提出中国主张，做到中国话语、世界表达。三要聚焦国际社会关注的文化遗产保护发展面临的问题与挑战，积极参与国际规则、标准、法律的制定，提升在世界文化遗产保护领域的国际话语权和规则制定权。我们知道，当前国际文化话语权已经成为表达、维护和实现国家文化权益、政治利益、经济利益乃至国家安全的重要手段。要按照中国国家文化战略的旨归，积极开展与联合国教科文组织的合作，并努力创新合作形式、合作模式，利用国际文化话语平台，以文化遗产为载体和素材传播中华文化，参与国际重要文化规则制定，增强国际文化话语权。四要把构建话语体系同办好国际学术交流活动相结合，主动设置文化遗产保护发展重大议题，勇于参与世界范围的"百家争鸣"。面对当前正在重构中的国际文化新秩序，要把握国际话语生产、控制的特征及规律，在引领中国文化遗产界关注国际遗产话语议题的同时，借助一切活动与平台，通过参与调整、解释、建构和传播等方式，增强中国文化遗产议题设置权，拓展中国文化遗产国际话语平台，扩大中国文化影响力。

二、增强实力

文化遗产所具有的文化、经济、社会等价值及其在文化认同上的符

---

① 潘君瑶：《遗产的社会建构：话语、叙事与记忆——"百年未有之大变局"下的遗产传承与传播》，《民族学刊》2021年第4期。

号价值，决定了它在当代社会提升国家竞争力、增强民族凝聚力、扩大文化影响力上发挥着重要的时代价值。

一是提升国家竞争力。国家竞争力主要体现在综合国力层面。综合国力是衡量一个国家基本国情和基本资源最重要的指标，也是衡量一个国家的经济、政治、军事、文化、科技、教育、人力资源等实力的综合性指标。美国哈佛大学教授约瑟夫·奈曾将综合国力分为硬实力和软实力两种形态，指出，一个国家的综合国力既包括由经济、科技、军事实力等表现出来的"硬实力"，也包括以文化和意识形态吸引力体现出来的"软实力"[①]。而文化遗产的时代价值对提升硬实力和软实力都具有十分重要的作用。就"硬实力"来说，文化遗产是发展文化产业的强大文化资源，主要表现在，文化遗产种类繁多、文化蕴含丰富，与经济的可渗透性强、可开发程度高，是发展文化创意产业、特色文化产业强大的资源供给、资产支撑和资本保障。离开了文化遗产资源，文化产业只能是无本之木、无源之水。当务之急是，要针对当前我国大量文化遗产资源尚处于原始的待开发状态，有市场号召力、对群众有吸引力的知名文化产品数量少，文化产业对经济社会发展的贡献率还不高等问题，从两方面加以努力。一要积极借鉴利用。在文化这个问题上，借鉴就是无偿借用，谁的借鉴能力强谁就会有更多的文化资源。例如，美国自身文化资源不多，但它不仅把整个古希腊以来的欧洲文明作为自己的文化源泉，而且还积极汲取非洲和包括中国在内的东方文化的养分。美国迪士尼公司曾以中国花木兰的题材制作了一部动画片，赢得了巨额的全球票房。所以，要以开放的心态积极借鉴利用文化遗产资源，通过用创意激活文化遗产资源、用载体物化文化遗产资源、用市场撬动文化

[①] 〔美〕约瑟夫·奈著，门洪华译：《硬权力与软权力》，北京大学出版社，2005年，第97～110页。

遗产资源、用科技提升文化遗产资源、用产业融合文化遗产资源，使文化遗产成为文化生产的生产资料，实现文化遗产资源向项目转化、向产品转化、向品牌转化，推动经济发展，有力提升国家硬实力。二要积极创新发展。任何文化遗产资源都不能天然地成为产品或商品，只有经过人们的创新发展，才能成为富有知识产权的文化产品。比如日本的动画片《天鹅湖》并不是对柴可夫斯基同名芭蕾舞剧原作的简单模仿和复制，而是根据儿童理解的实际需要进行了创造性转化和创新性发展，里面的角色都变成了动物的形象。为此，要本着在传承中创新、在保护中发展的态度，把传统元素与时尚元素相结合，把民族特色与国际潮流相结合，通过内容、技艺、业态创新，变文化遗产为文化产业，努力提升文化遗产对经济的贡献率。再就"软实力"来说，它是文化和意识形态吸引力体现出来的力量，可以说，软实力在很大程度上表现为文化软实力。文化软实力最终要靠国民素质来支撑，而国民素质首先是道德素质。提升国民道德素质，要以文化遗产承载的中华传统美德为基础，通过传承创新，以文化人、以文育人，使知礼守法、诚信友爱、团结奉献等基本道德规范融入人们的日常工作和生活中，匡正社会风气，陶冶人们情操，使中华文化软实力的光域不断增大，亮度持续增强①。

二是增强民族凝聚力。中华民族凝聚力既是一种物质力量，也是一种精神力量，是几千年来各族人民对经济、文化开发、创造和贡献的汇聚，是一种强大的合力。英国著名历史学家汤因比对中华民族凝聚力给予高度评价，他指出："就中国人来说，几千年来，比世界任何民族都成功地把几亿民众，从政治文化上团结起来。他们显示出这种在政治、文化上统一的本领，具有无与伦比的成功经验。这样的统一正是今

---

① 慎海雄：《让我们的文化软实力硬起来》，《光明日报》2014年1月13日。

天世界的绝对要求。"①历史地看，中华民族凝聚力的形成与增强，很大程度上来源于世代各民族对具有文化符号特征的文化遗产的保护传承与发展创新。文化符号是能超越事物本身的形式而代表某种意义与价值的事物的物质实体，是文化深层次的凝练标记。不同民族的文化符号体现了不同民族的文化基因，其特质与禀赋已深深融入不同民族的血脉。从符号学的观点讲，文化遗产是最具代表性的文化符号，它承载着丰富的文化和历史信息，从各方面反映了当时的生产方式、科技水平和文化意识，是时代的符号和象征。正因此，1994年世界遗产委员会对《保护世界遗产公约实施指南》进行了修订，强调遗产文化符号的价值②。中国文化遗产作为中华文化符号是在历史演进中形成的各民族共有的文化标识，是各民族的共有记忆和共享映像，也是各民族紧密联系的精神密码，它能够以隐喻和转喻的方式进行表征③，表征着文化记忆与民族文化认同④。文化记忆是对文化遗产符号意义的传承，它建构了一个文化空间，产生"凝聚性结构"（KonnektiveStructur），将社会中的"我们"连接起来⑤，在共时性的社会实践与历时性的时间进程中不断形成强大的民族凝聚力，同时也巩固着集体成员的身份认同，强化着民族的文化

① 〔英〕阿·汤因比、〔日〕池田大作著，荀春生等译：《展望21世纪——汤因比与池田大作对话录》，国际文化出版公司，1985年，第283、284页。

② 丛桂芹：《价值建构与阐释——基于传播理念的文化遗产保护》，清华大学博士学位论文，2013年。

③ Urry J. The Tourist Gaze: *Leisure and Travel in Contemporary Societies*. London: Sage, 1990: 129.

④ Park Y. "Heritage tourism: emotional journeys into nationhood." *Annals of Tourism Research*, 2010, 37 (1).

⑤ 潘君瑶：《遗产的社会建构：话语、叙事与记忆——"百年未有之大变局"下的遗产传承与传播》，《民族学刊》2021年第4期。

认同。今天，保护发展文化遗产，要通过阐释展示来传播和传递遗产文化符号，加深文化记忆并扩大影响。尤其是要与时代接轨，现实化活态传承与传播中华民族的价值观与世界观，使民族文化符号融入当代社会语境和社会实践之中，在提高公众对文化遗产的认识、理解与体验的过程中，不断增强民族凝聚力，构建民族认同、文化认同，使全体人民在理想信念、价值理念、道德观念上紧紧团结在一起，为实现中华民族伟大复兴和衷共济。

三是扩大文化影响力。在当今世界文明交流互鉴中如何讲活中国故事、扩大中华文化国际影响力，已经成为文化遗产事业所面临的重要问题。2021年11月24日，中央全面深化改革委员会第二十二次会议审议通过了《关于让文物活起来、扩大中华文化国际影响力的实施意见》[①]。习近平总书记在主持会议时强调，要加强文物保护利用和文化遗产保护传承，提高文物研究阐释和展示传播水平，让文物真正活起来，成为加强社会主义精神文明建设的深厚滋养，成为扩大中华文化国际影响力的重要名片。这既说明文化遗产在扩大中华文化对外影响力中具有重要的地位和作用，又给我们指明了扩大中华文化国际影响力的路径与方法。的确，文化遗产直观形象的外在形式和蕴含丰厚的内在特质决定了它在扩大文化影响力上具有不可替代的特殊优势。正如国家文物局原局长刘玉珠所说："以文物为代表的文化遗产，兼具审美价值、思想价值和历史价值，既超越时空又超越国度，既富有永恒魅力又具有当代价值，民意接受度高。文化遗产生动直观，可以为政治、经贸关系注入文化活力，提供韧性支撑。"[②]比如，若干年前，我国的陕西省、西安

---

① 新华社：《中央审议通过〈关于让文物活起来、扩大中华文化国际影响力的实施意见〉》，2021年11月25日（http://wwj.shaanxi.gov.cn/sy/dtyw/wbyw/202111/t20211125_2201808.html）。

② 刘玉珠：《更大力度促文物活起来 扩大中华文化影响力》，《文艺报》2020年5月25日。

市对西方国家的绝大多数人来说是陌生的，而临潼的秦始皇陵兵马俑却为欧美国家更多的人所了解。扩大中华文化影响力，一定要发挥文化遗产资源的特殊优势。不可否认，进入新时代以来，我们在这方面做了大量的工作，也取得了较好的成效，但还存在不少问题，主要是，文物价值说不清、保护做不实、利用跟不上；文物领域对外交流品牌驱动力量不足，缺乏中国故事的国际表达方式方法，资源配置、资源整合力度不够①。针对这些现状，一要深入挖掘阐释文化遗产价值，从文化遗产资源宝库中提炼中华优秀传统文化的精神标识，运用丰富多样的艺术形式进行当代表达，借以弘扬社会主义核心价值观，满足人民群众对公众文化服务的需求，发挥教育启迪引领的作用。同时，要用文化遗产讲活中国故事，阐释好中国特色，服务于"一带一路"建设和文明交流互鉴。二要统筹打造中国文化遗产精品走出去工程。首先，要着力实施"文物外展精品工程"。随着"一带一路"建设的持续推进，我国文物出境展览事业发展迅速。相关数据显示，十八大以来，我国每年约举办60余个文物出境展览和入境展览。但应该承认，在文物展览理念思路、方式手段和展陈布局等方面尚有很大提升空间。鉴此，我们要从国家层面加强对文物外展的统筹规划，从管理制度、品牌建设、人才培养、评估体系、参与机制、传播方式等多方面，组织实施"中华文物走出去精品工程"②，打造一批"中国故事、世界表达"的文物外展精品项目，广泛拓展国际传播渠道，不断扩大中华文化国际影响力。其次，要积极打造"中国非遗精品"走出去工程。要联动华侨华人、文化体育名人、高出境人群，依托我国驻外机构、中资企业、友好合作组织，大力促进中华

---

① 刘玉珠：《更大力度促文物活起来 扩大中华文化影响力》，《文艺报》2020年5月25日。

② 《潘路：建议编制中华文物走出去精品工程五年规划》，《经济日报》2020年5月21日。

典籍、中华园林、中华武术、中华医药、中华节日等中华优秀传统文化代表性项目走出去，塑造助推遗产外交、活跃人文交流的文化名片。通过举办丰富多样的非遗品牌活动和多国巡览，切实提高非遗走出去的质量和传播实效，在推动文明交流互鉴中扩大中华文化国际影响力。

三、惠泽民生

新时代保护发展文化遗产，要正确处理文化遗产保护传承和创新发展的关系，充分发挥文化遗产对经济社会的促进作用，让文化遗产事业更好地与民生相结合，让文化遗产保护发展成果更好地惠及民生，始终坚守民生之魂，不断丰富民生内容，提升民生品质。

一是坚守民生之魂。民生主要是指民众的基本生存和生活状态，以及民众的基本发展机会、基本发展能力和基本权益保护的状况，它是一个蕴含着人本思想和人文关怀之所在，一种渗透着大众情怀的指代。纵观人类社会发展，其实就是不断解决民生问题，不断改善民生的过程，也是由解决物质民生向解决文化民生问题转化和提升的过程[①]。英国哲学家休谟说过："一切人类努力的伟大目标在于获得幸福。"幸福和快乐需要以物质条件为基础，但更重要的还是情感和精神，源自内心的感受，源自文化的滋养。有人说，就业是民生之本，教育是民生之基，医疗是民生之急，社会保障是民生之盾，这是很有道理的。但笔者认为，更准确全面地说，还应该再加上一句"文化是民生之魂"。公民是否公平享有文化资源和充足的公共文化服务，是决定一个国家和地区基本实现现代化的重要指标。教育、医疗、就业、社会保障是民生，文化也是民生，而且是重要的民生。特别是在今天，随着文化权利越来越成为公

---

① 刘莲香：《论文化也是民生》，《福建省社会主义学院学报》2011年第5期。

民生存权与发展权的有机组成部分和文化元素越来越广泛地渗透于社会生活之中，没有文化就没有真正意义上的民生，因为文化既是凝聚人心的精神纽带，又是增进民生福祉的关键要素，这也正是文化是民生之魂的原因所在。如果说文化是民生之魂，那么作为文化物质与非物质承载者的文化遗产，就是民生之魂的重要支撑者。新时代保护发展文化遗产，要坚守民生之魂，将改善民生作为重要事项，把满足最广大人民群众的基本文化需求作为出发点、依据和目的，充分发挥文化遗产在文化惠民中的价值和作用，提供更多亲民惠民的文化产品、文化设施、文化场所、文化机遇，使人民群众便于参与、乐于参与，最大限度地实现文化建设的公共价值，使每个公民都平等享有文化服务的权利、文化进步的权利和参与文化生活与文化创造的权利。

二是丰富民生内容。文化遗产种类繁多、形式多样、蕴含丰厚，是丰富民生内容的重要资源。可以毫不夸张地说，文化遗产与民生的每一个方面都有着千丝万缕的联系。重要的是，要深入挖掘文化遗产的内涵与价值，通过策划遗产展览、开发遗产文创产品、编写遗产普及读物等方式，同时借助旅游、演出、展览、影视、动漫等文化产品媒介，推动文化遗产表现形式、传播形式的多样化、现代化、创新化，让文化遗产以生动、具象的面貌参与到大众社会生活中，切实丰富民生内容。例如，西安城墙景区管理委员会，依托明城墙这一物质文化遗产持续举办西安城墙新春灯会、古城全球征春联活动、西安城墙国际马拉松赛、大唐风筝节、端午节主题活动、七夕主题活动、中秋主题活动、非遗文化传承活动等数十项丰富多彩的品牌文化活动。另外，结合新时代文化遗产保护发展的需求以及近两年疫情防控要求，适时推出实践云享博物馆，利用自媒体平台搭建"待客"桥梁；通过VR技术，全景式展示含光门博物馆基本陈列、"封泥中的大秦帝国展览"精品展等，在让市民游客足不出户感受优秀传统文化的同时实实在在地丰富了民生内容。今天，保护发展文化遗产，要立足文化遗产的实际功能，结合民生工作的具体需求，让文化遗产在教育、医疗、就业、社会保障等方面有效发挥出丰富民生内容的独特作用。比如，在教育方面，积极推进文化遗产进校园，不断丰富国民教育课程内容；在就业方面，依托文化遗产发展文化创意产业和特色文化产业，向社会提供更多就业岗位；在医疗方面，推动中医药非遗融入现代生活，将中医药非遗方法和技术推向社会，得到更广泛的应用，让中医药非遗真正实现现代化、科普化、大众化，以更多的健康产品和医疗技术满足人民群众的健康需求。

三是提升民生品质。衡量民生品质，不是看外表如何光鲜亮丽或传播如何天花乱坠，而是要看其深层价值内核是否符合历史趋势和民心所向、民之所需。新时期民生工作要从"全覆盖"向"高品质"跃升，不断满足人民群众个性化、多元化、高质量的民生需求。文化遗产自身的文化属性及多重价值，决定了它是提升民生品质的重要资源和力量。要立足"向民之心"，着力增强"足民之需"的能力，有目标、有计划、有重点地挖掘、激活文化遗产资源，打造高品质文化供给的内容设计、人才培养、公共平台和产业布局等系统工程，从文化产品、文化服务、文化设施、文化权益等方面努力提升民生品质。比如，可从文化遗产中精选一批凸显文化特色的经典性元素和标志性符号，纳入城市规划设计，巧妙应用于城市雕塑、广场园林等公共空间，在推进城市有机更新中提升文化品质。要精准预判新时代人民群众在民生上多样化、个性化的需要，积极把文化遗产资源优势转化为提升民生品质的动能优势。尤其是结合城市改造和民生改善，要着重发挥文化遗产的辐射带动作用，让文化遗产与周边环境实现对接与融合，有效带动交通改造、生态建设、文化配套工程，提升区域综合配套水平，从单一的文化遗产保护、旅游景区服务，向完善城市功能、加快产业集合的方向发展，不断丰富市民生活、改善民生环境、提升人民福祉。

第八章 肩负使命：新时代保护发展文化遗产的责任与担当

一个民族的文化遗产作为该民族经济社会发展的物质与非物质成果，总是为孕育产生它的那个时代和保护传承它的不同历史时期的社会发展、文明进步服务的。换言之，每一时代人们保护发展文化遗产都在传承弘扬民族优秀传统文化的同时，肩负着推动该时代经济社会发展的历史使命。新时代保护发展文化遗产，肩负着增强文化自觉、坚定文化自信，以文化人、培育和践行社会主义核心价值观，守正创新、繁荣发展社会主义文艺，参与全球治理、构建人类命运共同体的历史使命。

第一节 增强文化自觉，坚定文化自信

一、保护发展文化遗产，增强文化自觉

费孝通先生在1997年提出"文化自觉"这一概念，对中国社会产生了较大影响。文化自觉是一种深刻的文化思考，是一种广阔的文化境界，是一种执着的文化追求，是一种具有高度人文关怀和社会责任的文化理念。具体来讲，它主要指一个民族、一个国家在文化上的觉悟和觉醒，包括对文化在历史进步中地位作用的深刻认识，对文化发展规律的

正确把握，对发展文化历史责任的主动担当。文化自觉是一种内在的精神力量，是对文明进步的强烈向往和不懈追求，是推动文化繁荣发展的思想基础和先决条件。历史和现实表明，一个民族的觉醒，首先是文化上的觉醒。可以说，是否具有高度的文化自觉，不仅关系到文化自身的振兴和繁荣，关系到社会经济的发展和持续，而且还决定着一个民族、一个国家的前途命运。

文化自觉说起来简单，但要使每一个人都做到文化自觉却并非易事。而问题的关键恰恰在于，不能让文化自觉仅停留在口头上，而要体现在行动上。笔者认为，要使当代国人实现文化自觉，需要做的工作很多，但重点是要从以下几个方面着力。一要增长文化知识。著名思想家左拉说过："生活的全部意义在于无穷地探索尚未知道的东西，在不断地增加更多的知识。"知识已经成为我们这个时代的重要支点。信息时代知识呈爆炸式增长，新理论、新技术层出不穷，只有通过不断学习，才能让知识占领头脑，才能使人超越自我，剔除旧观念，确立新观念。摩尔定律显示，一个本科毕业的电脑工程师如果不学习，两三年后他的知识将会完全过时；比尔·盖茨也曾警告手下的软件开发人员，"再过四五年，现在的每句程序指令都得淘汰"。由此不难看出，不断吸纳文化知识的极端重要性。二要增强文明素养。一个民族、一个社会其文明素养的高低，既是其文明程度和生存状态的主要标志，也必然是其发展支撑的底蕴。文明素养具体体现在三个方面：一是具有丰富的人文科学知识，这是形成文明素养的基础；二是对人类对民族命运的关注和责任意识；三是高尚的人格要素和健康的心理素质。增强文明素养就是要通过人文知识传授、环境熏陶以及自身的实践，将人类优秀的文化成果转化为人格、气质、修养，成为人相对稳定的内在品质。增强文明素养的目的主要是引导人们学会做人、学会关心、学会思考，包括如何处理人与自然、人与社会、人与人的关系以及如何培养自身的理性、情感、意志等方面的问题。三要提升思想境界。思想境界是指人们通过接受教育和自觉修养所达到的思维状态，包括思维发展的水平、能力和程度，是人们对生活意义的理解和追求中形成的一种意识现象，是个人修养状况的总体反映。近代哲学大师冯友兰先生认为，人生的意义各不相同，人生的境界就各不相同，由低级到高级，人生的境界可以划分为四个等级：自然境界、功利境界、道德境界和哲学境界。这里的"哲学境界"就是一种较高层次的思想境界。对于普通群众而言，提升思想境界就是要学会适应自然，适应社会，与贤者为伍，与高尚同行，改进不足，完善自我，不断加强道德修养，不断迈向更高的道德境界，最终达到人生较高层次的境界。

可以说，增长文化知识、增强文明素养、提升思想境界既是树立文化自觉意识的有效途径和手段，也是增强文化自觉的重要内容和支撑。文化遗产因其具有丰富的物质性和精神性特征，从而成为增强文化自觉重要的营养源和素材库。保护文化遗产，要毅然肩负起增强文化自觉的历史使命。首先，要多手段、多层面"外化"文化遗产丰富的人文、自然科学知识内涵，为社会教育提供既贴近实际、贴近生活、贴近群众，又有品位、有趣味、有温度的鲜活内容，让人民群众在不断学习、不断增长知识的过程中增强文化自觉。比如，可组织博物馆开展送展览送文化进社区、进村组活动，让城乡居民在家门口享受高质量的博物馆公共文化服务，得到精神上的滋养，在"富口袋"的同时实现"富脑袋"的目标。其次，要把文化遗产中反映民族思维方式、审美意识、价值取向及道德礼仪等精神内涵融入当代国民文明素养养成教育之中，赋能文明素养提升。我国自古以来就注重文明素养特别是道德的培养，所谓修身、齐家、治国、平天下，修身就排在了第一位，可见道德修养的重要性。要通过多种方式阐释传播文化遗产精神内涵的价值与意义，引导受教育者自觉地将民族文化成果转化为个体的道德品质，在培养国民文明素养中不断增强文化自觉。再者，运用文化遗产特别是文史典籍类文化遗产中体现古代先贤和近现代仁人志士崇高信仰、远大理想、执着追求等思想内容，来砥砺、激发当代国人投身中国特色社会主义伟大建设的意志和激情，在不断提升思想境界中强化文化自觉。

二、保护发展文化遗产，坚定文化自信

自古以来，中华民族就是一个充满自信，追求自尊、自强、自立的伟大民族。《墨子》云："君子进不败其志，内究其情；虽杂庸民，终无怨心，彼有自信者也。"[①]回望历史，代复一代，年复一年，中华民族不断用自身坚定的文化自信推动着经济社会的发展和人类文明的进步，而文化自信的作用随着时间的推移显得更为重要。党的十八大以来，习近平总书记多次强调文化自信的重要性，指出坚定中国特色社会主义道路自信、理论自信、制度自信，说到底是要坚定文化自信，文化自信是更基本、更深沉、更持久的力量。特别是党的十九大报告再次明确指出："没有高度的文化自信，没有文化的繁荣兴盛，就没有中华民族伟大复兴。要坚持中国特色社会主义文化发展道路，激发全民族文化创新创造活力，建设社会主义文化强国。"习近平总书记把文化自信提高到能不能实现中华民族伟大复兴的高度来认识，这既说明文化自信的极端重要性，又对确立文化自信、建设繁荣兴盛的文化进一步指明了方向和奋斗目标。

文化自信是指一个国家、一个民族、一个政党对自身文化价值的充分肯定和对自身文化生命力的坚定信念，以及在此基础上的积极践行。保护发展文化遗产要充分发挥文化遗产坚定文化自信的载体作用。中

---

① 方勇译注：《墨子》，中华书局，2011年，第3页。

国文化遗产作为中华民族最为独特的文化标识和精神标识，是新时代坚定文化自信的精神支柱和塑造价值共识的思想和物质基础。从文化学、社会学、民俗学的角度来讲，中国文化遗产的表现形式、内容构成、价值特征在很大程度上反映着中华民族的思维方式、审美崇尚和价值取向，每一项文化遗产都有其独特的精神意识、思想内涵，是一种集体人格的表征，一经形成，就会使每一位身处其间的成员产生强烈的情感认同和心理归属感，并逐渐构建起其民族身份认同和国家认同。尤其是非物质文化遗产更是植根于民族民间的活态文化，是发展着的传统生产、生活方式，也是现实中人民群众鲜活的生活和创造活动，是一个民族和国家全部的文化积淀之所在，更是解释一个民族和国家的文化身份，彰显文化个性的重要依据。英国著名学者马丁·雅克（Martin Jacques）认为，中国与西方国家不同，中国主要是建立在文明认同而不是民族认同基础上的国家[①]。今天保护发展文化遗产，首先要通过对遗产价值的共享传播，以增强国人对中华文化价值的充分肯定来坚定文化自信。我国不同历史时期创造的种类繁多、形式多样的文化遗产，显示出中华民族高超的造物技艺、艺术水平与创新能力，尤其是中国丝绸、陶瓷、漆器、青铜器等造物文化产品，不仅是那个时代工艺、技术和美学上的引领者，而且许多技艺和制造成就即使在今天也很难被超越。例如，出土于马王堆汉墓的曲裾素纱禅衣，薄如蝉翼、轻若烟雾，整件衣物仅重49克，堪称世界顶级工艺，专家历时2年才得以成功复制[②]。毫无疑问，对文化遗产价值的共享传播，是坚定文化自信的

---

① 〔英〕马丁·雅克著，张莉、刘曲译：《当中国统治世界：中国的崛起和西方世界的衰落》，中信出版社，2010年，第161页。

② 《从素纱单衣"再生"背后的艰难探索，看文保修复工作新思路》，2019年3月27日（http://www.hongbowang.net/news/bwgzx/2019-03-27/12139.html）。

重要途径。近年来，我国在这方面进行了积极的探索和努力，并取得了较好的成效。例如，"国家考古遗址公园"模式的推行，有利于人民群众了解考古成果。但是我们还应看到，在文化遗产保护利用从行业工作走向全民共享的过程中，还存在坚守"专业性"有余，延展"公共性"不足的问题，以文化遗产保护为例，如《国家考古遗址公园发展报告》所指出的，目前还存在"遗址展示手段较为单一、设计雷同，存在可视性差、价值阐释不足、现场展示效果不佳等问题。"再比如，"四大名窟"之一的麦积山石窟，2014年入选"世界文化遗产"，艺术价值比肩莫高窟，被誉为"东方雕塑艺术陈列馆"，却极少被大众所知。其中一个很重要的原因是，出于保护修缮的需要，很多雕像和壁画都被隔离起来，并采取限流的方式来降低旅游活动对石窟的破坏。"各种文物遗迹的保护越来越好，民众游历的需求也越来越大，这就产生了古代遗址、文物保护和民众游历之间的矛盾。"[①]只考虑对麦积山石窟进行保护，却忽略了如何共享传播石窟的多重价值，从而导致出现这种矛盾现象。新时代保护发展文化遗产，要针对当前文化遗产领域价值共享传播环节薄弱、方式单一等实际问题，多措并举，通过本体保护、环境营造、功能延伸、内涵挖掘、产业激活、制度再造等策略手段，深入解读文化遗产的多元价值，把文化遗产保护过程变为让人分享遗产知识、重温历史记忆、领略遗产魅力的过程，认识既往社会的生产生活，汲取跨越时空、具有永恒力量的精神滋养。同时，要广泛运用屏幕化、虚拟化、数字化等科技手段和综合利用移动直播、视频短片、纪录片等新媒体方式，积极传播遗产价值，让文化遗产走进和深入人心，让人民群众真正从价值论意义上增强对中华文化的情感认同和充分肯定，进而保

---

① 刘悠扬：《世界文化遗产大众知之甚少 美术史学者樊林做客"知美学堂"讲述麦积山的力量》，《深圳商报》2019年10月30日。

持对自身文化理念、文化价值的高度信心，以更好更自觉地坚定文化自信。

其次，要通过彰显文化遗产生命力，坚定文化自信。文化遗产既是人、社会与国家共同认同的基础与纽带，更是人、社会和国家价值形态与生活方式对生活意义的一种理解的载体，能为每一个社会成员提供基于文化认同之上的身份认同和情感归属，从而形成强大的文化凝聚力、创造力、影响力，并因此成为延续、增强文化生命力最直接、最有力的支撑。比如，长城作为中华民族的伟大创造和人类重要的历史文化遗产，在数千年历史上，始终饱含着中华民族的凝聚力、创造力、影响力，同时也是中华文化生生不息、永葆魅力的体现和象征。从遗产价值重构的角度来说，新时代保护发展文化遗产，一方面，要系统梳理归纳研究提炼文化遗产蕴含的文化凝聚力、创造力、影响力，并及时运用各种传播平台和手段，全方位、多角度、多层次加以宣传普及，让更多的人在了解认同的过程中深切感受中华文化生命力，坚定文化自信。另一方面，要把文化遗产融入人民群众的生产生活之中，融入国民教育体系的各方面、各环节，成为民众新的生活方式和行为方式的组成部分，成为与民众互动的文化纽带，实现文化遗产在现代社会、不同语境之下与人的有机结合，赋能人民群众文化自信培育。

第二节　以文化人，培育和践行社会主义核心价值观

构建社会主义核心价值观，必须充分吸收利用优秀文化成果。蕴含丰富价值资源的文化遗产，是涵养社会主义核心价值观的重要源泉。要着力发挥文化遗产以文化人、化民成俗的作用与影响，积极促进社会主义核心价值观的培育践行。

一、文化遗产与社会主义核心价值观

核心价值观是一个民族赖以维系的精神纽带，是一个国家共同的思想道德基础。核心价值观作为引导人民、社会价值取向的总要求，在每个时代都发挥着十分重要的作用。历史地看，任何一个时代的核心价值观，都是承上启下，处于一个历史的链条之中，都有对传统的继承和吸收。我国社会主义核心价值观，在集中体现当代中国精神、凝聚全体人民共同价值追求和借鉴世界文明有益成果的同时，继承吸收了中华优秀传统文化的丰厚养分。这正如习近平总书记所指出："中国古代历史讲格物致知、诚意正心、修身齐家、治国平天下。从某种角度看，格物致知、诚意正心、修身是个人层面的要求；齐家是社会层面的要求；治国平天下是国家层面的要求。我们提出的社会主义核心价值观，把涉及国家、社会、公民的价值要求融为一体，既体现了社会主义本质要求，继承了中华优秀传统文化，也吸收了世界文明有益成果，体现了时代精神。"[①]核心价值观的形成与民族文化传统有关，中国文化遗产作为中华民族在长期历史发展中逐渐形成和积淀情感、信仰、身份认同的表达系统，承载着中华民族的思想精华和道德精髓，其精神内涵在国家、社会及个人层面与社会主义核心价值观的内在要求有着相当高的契合度。比如积淀深厚、丰富多彩的非物质文化遗产作为我国传统文化的重要组成部分，蕴含着中国传统的自然观和思维方式，负载着极具中国传统特色的文化元素，在增进民族文化认同、自信心、凝聚力和向心力，维持社会和谐与道德秩序方面，一直发挥着十分重要的作

---

① 习近平：《青年要自觉践行社会主义核心价值观——在北京大学师生座谈会上的讲话》，《人民日报》2014年5月5日。

用。尤其是非物质文化遗产所体现出的"天人合一""以和为贵""尽善尽美"等思想观念及报国情怀、爱国精神等，与社会主义核心价值观的基本精神高度契合，是今天强化人与自然、人与社会和谐相处和弘扬爱国主义精神的鲜活素材。例如，"非遗"中的传统民俗端午节不仅蕴含着民众对屈原的思念，更有着对其爱国主义诗人身份的崇敬。有学者指出，端午节跟现代社会联系最密切的就是其所蕴含的爱国主义精神，纪念屈原符合现代民主国家的价值体系诉求①。文化遗产与社会主义核心价值观，两者的精神价值有着在不同发展阶段的具体表现，但其思想理念、价值追求都有着内在的契合性，其实践的主体要求与目的指向也表现一致，两者相互作用的结果将共同推进中国特色社会主义健康发展。

二、以文化人，培育和践行社会主义核心价值观

社会主义核心价值观的形成发展，与人类精神发展的客观规律相适应，在反映中国传统文化思想精髓的同时，表达出新时期社会主义精神文明建设的时代要求。在此意义上，社会主义核心价值观的培育和践行，本质上就是一个中国传统文化的价值观在建设中国特色社会主义过程中如何调整和转化的问题。文化遗产作为社会主义核心价值观的立足点，或者说基本资源之一，既是我们解读社会主义核心价值观的重要视角，又是我们培育社会主义核心价值观的重要载体。以文化人，培育和践行社会主义核心价值观，首先在思想认识上要确立文化遗产在社会主义核心价值观涵养过程中的重要源泉地位。一方面，要"深入挖掘和阐发中华优秀文化讲仁爱、重民本、守诚信、崇正义、尚和合、求大同的时代

---

① 周南焱：《端午节爱国与民俗的完美结合》，《北京日报》2008年6月2日。

价值，使中华优秀传统文化成为涵养社会主义核心价值观的重要源泉。"[1]
另一方面，要立足文化传统，认真分析、深入论证、全面阐释社会主义
核心价值观倡导的每一种价值理念的内涵和旨归，使传统观念与社会主
义核心价值观真正衔接起来，用文化遗产丰富和阐释社会主义核心价值
观的内涵。其次，要把文化遗产作为传播社会主义核心价值观的重要素
材。文化遗产的形成虽是历史的发生，但文化遗产的传承不是对过往的
依恋，也不是对历史的表象记忆，而是在当代传播中对传统文化基因的
延续与发展。要从道德教化生活化要求出发，把文化遗产中的相关内涵、
故事、人物作为传播社会主义核心价值观的重要素材，让其中蕴含的道
理、意涵、美好理想和价值追求融入人民群众的思想、情感、意志和实
际行为过程之中，借助"核心观念，传统表达"的方式，将社会主义核
心价值观转化为国民个体道德。再者，要把文化遗产作为营造践行社会
主义核心价值观氛围的重要载体。近年来，随着国家文化建设步伐的加
快和文化惠民工程的有效实施，越来越多的文化遗产受到重视和保护，
越来越多的文化遗产走进民众生产和生活，文化遗产已经成为人民群众
生活环境的一部分，人们在日常生活和旅游时对文化遗产的接触比较频
繁。特别是在众多的非物质文化遗产项目中，像庙会、节日习俗是最接
地气的项目，比如在春节、端午节等传统节日期间，老百姓自发参与其
中的踊跃与积极，是任何一场集体活动的标杆。要借助文化遗产的平台
性，按照社会主义核心价值观的主旨要求，筛选一批文化遗产内容，比
如民间文化、传统戏剧、传统美术、传统节日等，利用各种时机和场合，
化民成俗，形成有利于培育和弘扬社会主义核心价值观的生活场景和社
会氛围，使社会主义核心价值观的影响像空气一样无所不在、无所不有。

---

[1]　习近平：《青年要自觉践行社会主义核心价值观——在北京大学师生座谈
会上的讲话》，《人民日报》2014年5月5日。

第三节　守正创新，繁荣发展社会主义文艺

文艺是民族精神的火炬，是人民奋进的号角，最能代表一个民族的风貌，也最能引领一个时代的风尚。实现中华民族伟大复兴，离不开中华文化繁荣兴盛，离不开文艺事业繁荣发展。繁荣发展当代文艺，需要以中华优秀传统文化为滋养和支撑。中华优秀传统文化是中华民族的"根"与"魂"，是文艺创作的重要源泉。习近平总书记指出："博大精深的中华文明是中华民族独特的精神标识，是当代中国文艺的根基，也是文艺创新的宝藏。"① 而具有历时性与共时性特征的物质与非物质文化遗产，是文艺创作者弘扬中华传统文化、进行文艺创作所需要的素材源泉的"活化石"，对激发文艺创作灵感与激情，对增强艺术创造力，创作出更多更好的文艺作品具有非常重要的作用。

一、激发文艺创作的灵感与激情

文艺作品不仅仅只是内容上的体现，更多的是一种灵感的激发。某种灵感的诞生，会促使一种文艺理念的产生。文艺创作实际上在很大程度上来源于灵感，而灵感的激发需要一定的机遇和生活的积累与沉淀。激情可以理解为创作的情绪，是文艺创作者对生活的深刻感受、丰富的社会阅历的激发。毫无疑问，灵感与激情作为文艺创作不可或缺的要素都来源于生活、来源于实践。文艺创作不仅要有当代生活的底蕴，而且

---

① 习近平：《在中国文联十一大、中国作协十大开幕式上的讲话》，2021年12月14日（http://www.gov.cn/xinwen/2021-12/14/content_5660780.htm）。

要有文化传统的血脉。一方面，中华优秀传统文化独特的宇宙观、世界观、人生观及审美意识、社会伦理、道德规范等，为当代文艺创作塑造人物形象、叙写故事情节、表达精神情感、弘扬中华美学精神等提供了源头活水。另一方面，大量优秀传世的文学、书法、美术、戏剧、音乐、舞蹈、曲艺和民间文艺等，为当代文艺创作提供了不可多得的学习范本[①]。这些都是今天文艺创作获取灵感与激情的重要载体与内容。近年来，相继问世的一大批植根于中华优秀传统文化的文艺精品，如《长安十二时辰》《舌尖上的中国》《国家宝藏》《典籍里的中国》《大圣归来》等，都程度不等地在优秀传统文化中获取艺术创作的灵感与激情。今天，保护文化遗产，要借助遗产，走进历史，深入学习，广泛了解遗产背后的深厚历史和文化背景，洞悉其在文化自我演进中承袭的民族生命密码和精神路径，汲取文艺创作的营养和灵感。这里，不妨以著名工笔画家何家英先生担纲的《一带一路——古丝绸之路壁画临摹项目》为例略作阐释。该项目于2016年开始实施，经过5年的实践和探索，完成了对新疆龟兹、吐鲁番以及甘肃敦煌、张掖等地区壁画的临摹，汇集了古丝绸之路壁画临摹作品百余幅，成为我国目前在壁画临摹、研究方面数量最大、规模最广、时间跨度最长、临摹理念与技术手段最新的重大艺术项目，为丝绸之路壁画研究创造了一种更为系统、立体、规范的学术案例。对古代壁画的临摹，不仅仅在尽可能真实地再现其原貌，还在于对传统壁画观念及其造型方式与精神维度的领悟，获得新的材料技法的表现途径与灵感，这既是对中国传统绘画审美认识的提升，也是对当下工笔重彩的现代性创新带来的深刻而久远的启发与借鉴[②]。事实上，

---

① 李凤亮：《中华优秀传统文化是当代文艺创作的源头活水》，《南方日报》2021年12月27日。

② 何家英：《挖掘壁画传统，激发创新活力》，《人民日报》2022年7月24日。

每一种文化遗产都能从其独特的创作创造的动因背景、方法技艺、思想理论等方面，为今天的文艺创作提供灵感与激情。比如，2021年12月上映的国产动画作品《雄狮少年》，就是从"舞狮"这一国家级非物质文化遗产获得灵感与激情而创作的一部国漫精品，电影中光线和毛发的技术处理形象逼真，讲述的故事也更加具有现实意义和人文关怀。相较之前国漫作品中的神话题材，《雄狮少年》展示了一个触手可及的真实世界，体现着一种岭南文化的乡野之美，是对国漫作品一次很好的继承与超越①。这些例证都在有力地昭示出，当前文艺创作，要在保护好文化遗产的前提下，以"收百世之阙文，采千载之遗韵"的姿态，深入挖掘其中蕴含的中华优秀传统文化的思想观念、人文精神、道德规范，把中华美学精神和当代审美追求结合起来，获得更多艺术创造的灵感与激情，激活中华文化生命力，创作出具有鲜明民族特点和时代特征的文艺作品。

二、创作更多更好的文艺作品

繁荣发展文艺事业，最终要体现在更多更好的文艺作品上。而创作更多更好的文艺作品，需要从中华优秀传统文化中汲取养分，"脱离了中华民族传统文化的土壤，我们的文艺创作便只是无根的浮萍，只能在市场的浪潮中随波起伏，经不起时间的考验。只有扎根于传统文化的土壤，在中华民族的传统文脉中汲取生长所需的养分，文艺创作才能像繁茂的大树拥有旺盛生命力，经得起风雨的洗礼，结出真正值得欣赏与品味的文艺果实"②。而文化遗产作为具体的传统文化的表现形式，是当代

---

① 李凤亮：《中华优秀传统文化是当代文艺创作的源头活水》，《南方日报》2021年12月27日。

② 郑长铃：《文艺创作的文化基因与精神家园》，《人民论坛》2015年第10期。

文艺创作的良好内容与素材。站在繁荣发展社会主义文艺的立场，既要保护传承好文化遗产，更要借鉴吸收、创新发展好文化遗产的表现形式、思想内容、精神特质。第一，要深入学习吸收利用，将宝贵的文化遗产转化为文艺作品。在文艺创作过程中，要在素材选取、主题选择、内容形式、表现要求、价值取向等方面，积极借鉴汲取文化遗产的精髓，经过甄别细挑、打磨加工，有效运用到文艺作品中，使文艺作品不仅富有中华优秀传统文化的独特魅力，又具有强烈的时代感召力。例如，1979年在北京首演并获得空前成功的舞剧《丝路花雨》即取材于敦煌壁画。这部反映丝绸之路人民友谊的舞剧，打开了挖掘敦煌古代音乐舞蹈艺术遗产的新路径。创作者在不断深入了解博大精深的敦煌文化，研究掌握敦煌舞姿特点，并通过对比印度古典舞蹈、敦煌早期洞窟壁画舞姿、克孜尔石窟群的龟兹壁画舞蹈，将静态的敦煌古代音乐舞蹈文化遗产转化为鲜活生动的当代文艺作品。《丝路花雨》的每一个场景、每一个人物，甚至服装、造型、道具都有据可考，都是汲取敦煌壁画滋养的结果。著名舞蹈家付兆先先生评价《丝路花雨》时说："在我国现代舞蹈史上，一个新的独立成型的舞蹈语言系统开始创立起来了。它既是我国的古典舞，但又不同于中原的古典舞，而是我国古典舞的一种发展形式，既宗其源又自成体系。"[①]敦煌壁画作为中国古典舞发展最重要的源泉，是挖掘继承中国传统音乐舞蹈文化，创作具有中华民族特色、中国气派的文艺作品不可忽略的宝藏。《丝路花雨》获得巨大成功的一个很重要的原因，就在于创作者从这一宝藏中充分汲取滋养，以不断提升作品精神能量、文化内涵和艺术价值。第二，要勇于突破超越，创新发展。具体而言：一是要有学习前人的礼敬之心，更要有

---

① 许琪：《浅谈敦煌乐舞文化遗产的创造性转化》，2021年10月21日（http://gs.people.com.cn/n2/2021/1021/c183357-34968173.html）。

超越前人的竞胜之心，增强自我突破的勇气，抵制照搬跟风、克隆山寨，迈向更加广阔的创作天地。二是要把握传承和创新的关系，学古不泥古、破法不悖法，让中华优秀传统文化成为文艺创新的重要源泉。三是要正确运用新技术、新手段，激发创意灵感，丰富文化内涵，表达思想情感，使文艺创作呈现更有内涵、更有潜力的新境界。例如，全国各地的民族舞蹈在发展的过程中就依据时代的变化不断创新发展，各个民族的文艺工作者在进行舞蹈创作时融入现代元素，有的将声乐和器乐融合、与杂技融合、与绘画融合、与科技融合等等。再比如，广东省非物质文化遗产河源"忠信花灯"，始于清雍正年间，设计新颖，造型美观，制作精致，集绘画、剪纸、书法、对联、诗词、编制于一体，是客家人生仔添灯（丁）、团结兴旺的吉祥象征和崇拜寄托，逢年过节遍布大街小巷、村落客屋。随着时代的变迁，现在经过融合创新，又赋予其百业兴旺和丰衣足食的文化内涵，在技法、材料和形式方面都在继承传统的特点上与现代艺术进行融合，最大限度满足公众当下的审美需求①。

第四节　参与全球治理，推动构建人类命运共同体

中国作为一个享誉世界的文明古国，对世界各国文化的形成和发展都产生过重要的影响。中国文化遗产作为中国文化的中国性、东方性和世界性的物质和非物质承载者，在当代参与全球治理，构建人类命运共同体中具有重要的价值效应。

---

① 杨俊峰：《用非遗的眼睛视析当代群众文艺创作》，《文艺生活·中旬刊》2020年第5期。

一、保护发展文化遗产要充分挖掘其应对解决人类面临难题的当代价值，以中国智慧贡献世界文明发展

"人类要在21世纪继续生存下去，就必须回到2500年前，去吸收孔子的智慧"，1988年75位诺贝尔奖获得者在巴黎的这一宣言昭示着中国文化遗产蕴含着与未来沟通对话的能力和智慧。今天保护发展文化遗产，要主动回应当代人类面临的一系列全球性问题和困难，如世界经济增长乏力、发展鸿沟日益突出、生态环境持续恶化、恐怖主义、宗教信仰、地区冲突、资源短缺等问题，立足构建人类命运共同体的高度，充分发挥我国文化遗产在国际治理体系中的价值优势，探求人类社会可持续发展之道，贡献中国价值、中国智慧和中国方案。一方面要在追根溯源中历史地解读我国文化遗产的精神内涵、理论特质与深层内核，充分挖掘我国文化遗产对于提升国际社会治理能力的有效价值，提出缓解、消除矛盾冲突之策。要针对国际社会冲突、矛盾发生的深层次原因，深入挖掘和阐发、彰显我国文化遗产讲大同、重合和、辨义利、信忠诚、崇正义的文化精神，努力缓和、解决矛盾冲突。正如习近平总书记指出："中国人自古就推崇'协和万邦'、'亲仁善邻，国之宝也'、'四海之内皆兄弟也'、'亲望亲好，邻望邻好'、'国虽大、好战必亡'等和平思想。爱好和平的思想深深嵌入了中华民族精神世界，今天依然是中国处理国际关系的基本理念。"[①] "中华优秀传统文化蕴含的思想观念，如革故鼎新、与时俱进，脚踏实地、实事求是，惠民利民、安民富民，道法自然、天人合一等，为人们认识和改造世界提供了有益启迪，为治国

---

① 习近平：《在纪念孔子诞辰2565周年国际学术研讨会暨国际儒学联合会第五届会员大会开幕式上的讲话》，《人民日报》2014年9月25日。

理政提供了有益借鉴。中华优秀传统文化蕴含的人文精神，如求同存异、和而不同的处事方法，文以载道、以文化人的教化思想，形神兼备、情景交融的美学追求，俭约自守、中和泰和的生活理念等，滋养了中华民族独特丰富的文学艺术、科学技术、人文学术，至今仍然具有深刻影响。中华优秀传统文化蕴含的道德规范，如天下兴亡、匹夫有责的担当意识，精忠报国、振兴中华的爱国情怀，崇德向善、见贤思齐的社会风尚，孝悌忠信、礼义廉耻的荣辱观念，体现着评判是非曲直的价值标准，潜移默化地影响着中国人的行为方式。"①要通过挖掘、彰显、运用，使我国优秀文化遗产对缓解世界矛盾冲突，提高国际社会治理能力作出新的时代贡献。

二、保护发展文化遗产要努力彰显其推动文明交流互鉴、维护人类文明多样性的独特优势

（一）保护发展文化遗产，推动文明交流互鉴

习近平主席在亚洲文明对话大会开幕式上指出，"文明因多样而交流，因交流而互鉴，因互鉴而发展"，强调"中国愿同各国开展亚洲文化遗产保护行动，为更好传承文明提供必要支撑"。文化遗产是推动文明交流互鉴的宝贵资源。文化遗产因其独特的历史价值，其本身就是文明交流的直接见证和鲜活载体。从历史上看，古丝绸之路上的中心城镇遗迹、商贸聚落遗迹、交通及防御遗迹、宗教遗迹及关联遗迹无不真切、直观地表明了公元前2世纪至公元16世纪东西方文明与文化的融合、交流和对话的盛况。从现实来看，我国从1985年加入《保护世界

---

① 中共中央宣传部：《习近平新时代中国特色社会主义思想三十讲》，学习出版社，2018年，第206页。

文化和自然遗产公约》以来，围绕世界遗产本体保护和环境整治开展了大量卓有成效的工作，带动了遗产地经济发展、民生改善、环境优化，以具有中国特色的遗产实践向世界展现真实立体全面的中国，让世界各族人民更直观、更深刻地认识到中华民族为人类文明发展所作出的贡献，也生动地践行了国际世界遗产保护理念在我国的广泛传播，显著扩大世界遗产在全球的影响力，有力地推动了文明交流互鉴。"人类的历史是文明的历史，文明为人们提供了最广泛的认同。"[①]我国文化遗产在对外交流中已成为极具中国传统文化象征意义的文化符号，已成为塑造国家形象，促进人类文明交流对话的重要媒介和构成性力量，并为我国遗产体系在世界人类文明格局中的话语地位和国际传播提供了卓有成效的实践路径。要在努力促进文明交流互鉴上下功夫。一是要进一步加强国际合作，联合申报世界文化遗产。总结中国、哈萨克斯坦、吉尔吉斯斯坦三国联合申报的"丝绸之路：长安－天山廊道的路网"成功申报世界文化遗产经验，明确工作机制和程序，强化各自职责权限，共同申报管理好世界遗产。二是要广泛参与联合国教科文组织在世界文化遗产领域开展的培育人才、技术支持、普及知识、推广标准、提供国际支援等各项事务，推动文明交流互鉴，尤其是要在推动发展中国家、战乱地区文化遗产保护发展方面发挥作用。

（二）保护发展文化遗产，维护人类文明多样性

多样性是我国文化的重要特征，而内容丰富多彩、形式千变万化的文化遗产是我国文化多样性的如实体现与承载，同时也是今天维护人类文明多样性的重要支撑。2005年10月20日第33届联合国教科文组织大

---

① 〔美〕塞缪尔·亨廷顿著，周琪、刘绯、张立平等译：《文明的冲突与世界秩序的重建》，新华出版社，2009年，第19页。

会通过的《保护和促进文化表现形式多样性公约》指出："文化多样性不仅体现在人类文化遗产通过丰富多彩的文化表现形式来表达、弘扬和传承的多种方式，也体现在借助各种方式和技术进行的艺术创造、生产、传播、销售和消费的多种方式。"每一项文化遗产背后都代表一种生活方式和文化传承，代表着一个民族和国家集体的记忆和民族情感，而这些文化记忆、集体情感正是维护文化多样性的不可或缺的文化个体存在，它不仅是维护人类文明多样性的重要内容，更是促进人类社会发展进步的强大动力和构建人类命运共同体的重要支撑。我国文化遗产不仅是中华文明传播发展的不朽见证和互通桥梁，更是维护世界文化多样性，促进全球交流和展现，共塑包容并茂的世界文化格局，助推全球范围内民心相通的重要支撑力量。习近平在亚洲文明对话大会开幕式的主旨演讲中提出文明交流互鉴的四点主张，即坚持相互尊重、平等相待；坚持美人之美、美美与共；坚持开放包容、互学互鉴；坚持与时俱进、创新发展。这既为亚洲文明交流互鉴提供了中国智慧、中国方案，也是我国文化遗产在国际交往中理应秉持的原则。我们要依托我国文化的多样性，以文化遗产为载体，加强与世界各国、各民族文化的交流与合作。在实践中，要努力彰显我国文化遗产的中国性、东方性和世界性，依托"一带一路"以及上合组织、欧亚联盟、中国—东盟合作平台等区域合作机构和平台，积极参与世界文化遗产保护发展交流对话，展现中国文化遗产保护发展成果，构建具有中国遗产特色、符合中国国情的国际文化遗产保护发展共识，建立以中国文化遗产标识为导向的世界文化遗产价值传播体系，弘扬人类共同的文化遗产价值追求，打造具有国际影响力的人类文化遗产保护发展命运共同体，维护人类文明多样性。

参 考 书 目

一、国内论著

1. 著作

［1］ 李泽厚：《美的历程》，文物出版社，1981 年。

［2］ 司马云杰：《文化价值论：关于文化建构价值意识的学说》，陕西人民出版社，2004 年。

［3］ 张晓明、徐崇龄、章建刚：《文化遗产的保护与经营：中国实践与理论进展》，社会科学文献出版社，2003 年。

［4］ 袁有根、苏涵、李晓庵：《顾恺之研究》，民族出版社，2005 年。

［5］ 顾军、苑利：《文化遗产报告：世界文化遗产保护运动的理论与实践》，社会科学文献出版社，2005 年。

［6］ 单霁翔：《城市化发展与文化遗产保护》，天津大学出版社，2006 年。

［7］ 张朝枝：《旅游与遗产保护——政治治理视角的理论与实证》，中国旅游出版社，2006 年。

［8］ 王文章：《非物质文化遗产概论》，文化艺术出版社，2006 年。

［9］ 朱晓明：《当代英国建筑遗产保护》，同济大学出版社，2007 年。

［10］ 冯骥才：《灵魂不能下跪：冯骥才文化遗产思想学术论集》，宁夏人民出版社，2007 年。

［11］ 权东计、朱海霞：《大遗址保护与遗址文化产业发展：以汉杜陵（雁塔）区域发展为例》，陕西人民出版社，2007 年。

［12］ 单霁翔：《从"文物保护"走向"文化遗产保护"》，天津大学出版社，2008 年。

［13］ 王艳平：《遗产旅游管理》，武汉大学出版社，2008 年。

［14］ 王巨山、于海广：《中国文化遗产保护概论》，山东大学出版社，2008年。

［15］ 鲍展斌：《文化遗产哲思——马克思主义文化遗产观研究》，浙江大学出版社，2008年。

［16］ 顾江：《文化遗产经济学》，南京大学出版社，2009年。

［17］ 陈志华、李秋香：《乡土建筑遗产保护》，黄山书社，2008年。

［18］ 苑利、顾军：《非物质文化遗产学》，高等教育出版社，2009年。

［19］ 邵甬：《法国建筑·城市·景观遗产保护与价值重现》，同济大学出版社，2010年。

［20］ 蔡靖泉：《文化遗产学》，华中师范大学出版社，2014年。

［21］ 黄永林：《从资源到产业的文化创意：中国文化产业发展现状评述》，华中师范大学出版社，2012年。

［22］ 杨正文、金艺风：《非物质文化遗产保护"东亚经验"》，民族出版社，2012年。

［23］ 林源：《中国建筑遗产保护基础理论》，中国建筑工业出版社，2012年。

［24］ 林志宏：《世界文化遗产与城市》，同济大学出版社，2012年。

［25］ 彭兆荣：《文化遗产学十讲》，云南教育出版社，2012年。

［26］ 王云霞：《文化遗产法学：框架与使命》，中国环境出版社，2013年。

［27］ 吴铮争：《国际文化遗产保护理念在中国的适用性研究》，科学出版社，2013年。

［28］ 陈文海：《世界文化遗产导论》，长春出版社，2013年。

［29］ 薛林平：《建筑遗产保护概论》，中国建筑工业出版社，2013年。

［30］ 徐新建：《文化遗产研究》（第二辑），巴蜀书社，2014年。

［31］ 易小力：《文化遗产与旅游规划》，北京大学出版社，2014年。

［32］ 孙麾、林剑：《马克思的文化观与当代中国文化建设》，中国社会科学出版社，2015年。

［33］ 王世仁：《文化遗产保护知行录》，中国建筑工业出版社，2015年。

［34］ 于安澜：《画品丛书》，河南大学出版社，2015年。

［35］ 陈曦：《建筑遗产保护思想的演变》，同济大学出版社，2016年。

［36］　王晨、王媛：《文化遗产导论》，清华大学出版社，2016年。

［37］　单霁翔：《文化遗产保护国际视野》，天津大学出版社，2017年。

［38］　陈琼：《文化IP：在无形资产中创造文化价值》，中国电影出版社，2017年。

［39］　冯骥才：《漩涡里：1990～2013我的文化遗产保护史》，人民文学出版社，
　　　　2018年。

［40］　范周：《中国城市文化竞争力研究报告（2017）》，知识产权出版社，2018年。

［41］　陆地：《建筑遗产保护、修复与康复性再生导论》，武汉大学出版社，2019年。

［42］　徐桐：《迈向文化性保护：遗产地的场所精神和社区角色》，中国建筑工业出
　　　　版社，2019年。

［43］　朱光亚、李新建等：《建筑遗产保护学》，东南大学出版社，2019年。

［44］　王思渝：《价值与权力：中国大遗址展示的观察与反思》，上海古籍出版社，
　　　　2019年。

［45］　杨红：《非物质文化遗产：从传承到传播》，清华大学出版社，2019年。

［46］　满珂：《非物质文化遗产：变迁·传承·发展》，科学出版社，2019年。

［47］　麻国庆、朱伟：《文化人类学与非物质文化遗产》，生活·读书·新知三联书
　　　　店，2018年。

［48］　杜晓帆：《文化遗产价值论探微：人是文化遗产的灵魂》，知识产权出版社，
　　　　2020年。

［49］　刘保山：《走向新遗产：价值为本的文化遗产保护理念与实践》，中国建材工
　　　　业出版社，2020年。

［50］　杜金鹏：《文化遗产科学研究》，科学出版社，2017年。

［51］　李荣启：《非物质文化遗产科学保护论》，中国文联出版社，2021年。

2.　论文

［1］　邢鸿飞、杨婧：《文化遗产权利的公益透视》，《河北法学》2005年第4期。

［2］　徐嵩龄：《西欧国家文化遗产管理制度的改革及对中国的启示》，《清华大学学

报》（哲学社会科学版）2005年第2期。

［3］ 蔡丰明：《中国非物质文化遗产的文化特征及其当代价值》，《上海交通大学学报》（哲学社会科学版）2006年第4期。

［4］ 王晓梅、朱海霞：《中外文化遗产资源管理体制的比较与启示》，《西安交通大学学报》（社会科学版）2006年第3期。

［5］ 胡兆量：《文化资源论》，《城市问题》2006年第4期。

［6］ 贺云翱：《文化遗产学初论》，《南京大学学报》（哲学·人文科学·社会科学版）2007年第3期。

［7］ 梁薇：《物质文化遗产的性质及其管理模式研究》，《生产力研究》2007年第7期。

［8］ 苑利、顾军：《传统节日遗产保护的价值和原则》，《中国人民大学学报》2007年第1期。

［9］ 李军：《文化遗产经济价值探源》，《文艺研究》2007年第1期。

［10］ 王三北、高亚芳：《基于国际视野的遗产保护与开发的若干思考》，《西北师大学报》（社会科学版）2008年第1期。

［11］ 杨亮：《文化遗产资产价值的均衡分析》，《东岳论丛》2008年第4期。

［12］ 邢莉：《谈非物质文化遗产的群体传承与文化精神》，《中央民族大学学报》（哲学社会科学版）2008年第3期。

［13］ 卢永毅：《遗产价值的多样性及其当代保护实践的批判性思考》，《同济大学学报》（社会科学版）2009年第5期。

［14］ 魏书胜：《中华民族的"德性精神"传统及其当代意义》，《现代哲学》2009年第3期。

［15］ 崔卫华、林菲菲：《文化遗产资源的价值评价：CVM的局限性及几点改进》，《资源科学》2010年第10期。

［16］ 陆建松：《中国文化遗产保护管理的政策思考》，《东南文化》2010年第4期。

［17］ 龙运荣：《从意大利和英国管理模式看我国文化遗产保护的新思路》，《湖北社会科学》2010年第7期。

［18］　薛岚、吴必虎、齐莉娜：《中国世界遗产的价值转变和传播理念的引出》，《经济地理》2010年第5期。

［19］　龚坚：《"世遗"的权力与地方的声音——来自武夷山的田野调查》，《内蒙古社会科学》（汉文版）2010年第2期。

［20］　黎志敏：《"文化精神"的永生与"文化体系"的重生》，《天府新论》2011年第6期。

［21］　赵红梅：《论遗产的价值》，《东南文化》2011年第5期。

［22］　王运良：《文化遗产科学，究竟在告诉我们什么》，《文化遗产》2011年第3期。

［23］　张国超、刘双：《中外文化遗产管理模式比较研究》，《福建论坛》（人文社会科学版）2011年第4期。

［24］　唐晓云：《工具理性与价值理性的平衡：遗产旅游的可持续发展之路》，《社会科学家》2012年第10期。

［25］　齐勇、李谦、苏道玉：《当代文化视野下"非遗"资源的精神价值探讨》，《艺术百家》2012年第4期。

［26］　徐红罡、万小娟、范晓君：《从"原真性"实践反思中国遗产保护——以宏村为例》，《人文地理》2012年第1期。

［27］　包晓光：《中国传统文化精神：阶段性、转型与特征》，《学习与探索》2012年第2期。

［28］　刘德胜：《大遗址保护理念与我国文化遗产事业管理体系研究》，《华夏考古》2013年第4期。

［29］　王欣、邹统钎、杨文华：《遗产文化价值的创意构建与体验》，《资源科学》2013年第12期。

［30］　刘德胜、孙树栋：《融合大遗址保护理念的我国文化遗产事业管理体系研究》，《文物》2013年第11期。

［31］　娄芸鹤：《非物质文化遗产的文化价值再造》，《东北大学学报》（社会科学版）2014年第1期。

［32］ 关健英：《旧邦新命与文化传统——兼论中国传统文化创造性转化与创新性发展》，《苏州大学学报》（哲学社会科学版）2015年第6期。

［33］ 伍长云：《文化遗产存在价值论》，《社会科学战线》2015年第11期。

［34］ 黄明玉：《文化遗产概念与价值的表述——兼论我国文物保护法的相关问题》，《敦煌研究》2015年第3期。

［35］ 杜莉莉：《法文"遗产"的词义流变——从物质到非物质的精神建构》，《文化遗产》2015年第3期。

［36］ 杨建营、王家宏：《中国文化的基本精神"自强不息，厚德载物"及其现实价值》，《苏州大学学报》（哲学社会科学版）2015年第2期。

［37］ 厉建梅：《文化遗产的价值属性与经营管理模式探讨》，《学术交流》2016年第11期。

［38］ 周秀梅：《工匠精神与非物质文化遗产保护》，《艺术评论》2016年第10期。

［39］ 张国超、唐培：《我国世界文化遗产管理体制改革研究》，《东南文化》2016年第3期。

［40］ 刘艳、段清波：《文化遗产价值体系研究》，《西北大学学报》（哲学社会科学版）2016年第1期。

［41］ 蔡武进、傅才武：《我国文博管理制度改革发展的基本路径》，《福建论坛》（人文社会科学版）2017年第10期。

［42］ 林淞：《植入、融合与统一：文化遗产活化中的价值选择》，《华中科技大学学报》（社会科学版）2017年第2期。

［43］ 吴必虎、王梦婷：《遗产活化、原址价值与呈现方式》，《旅游学刊》2018年第9期。

［44］ 胡郑丽：《论非物质文化遗产传承中的工匠精神》，《文化遗产》2018年第4期。

［45］ 黄永林：《非物质文化遗产特征的文化经济学阐释》，《文化遗产》2018年第1期。

［46］ 杨璇：《城市更新中遗产保护的市场、权威与价值机制》，《城市发展研究》2019年第9期。

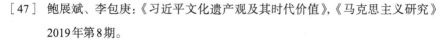

［47］　鲍展斌、李包庚：《习近平文化遗产观及其时代价值》，《马克思主义研究》2019年第8期。

［48］　曹兵武：《遗产自觉·文化自信·发展自智——物人关系的考古文博溯源与遗产化展望》，《南方文物》2019年第3期。

［49］　高小燕、段清波：《传承与传播：物质文化遗产价值的可沟通性》，《人文杂志》2019年第2期。

［50］　林秀琴：《整体性保护：价值、理念、实践及挑战——关于文化遗产保护创新的若干思考》，《福建论坛》（人文社会科学版）2020年第12期。

［51］　张继焦：《换一个角度看文化遗产的"传统——现代"转型：新古典"结构-功能论"》，《西北民族研究》2020年第3期。

［52］　文丽敏：《文化遗产从"开发性保护"到"开发性经营"的价值偏误》，《湖南科技大学学报》（社会科学版）2020年第4期。

［53］　张继焦：《文化遗产的"传统—现代"转型——从"二分法"到"四分法"》，《西北民族大学学报》（哲学社会科学版）2020年第2期。

［54］　王曙光、雷雪飞：《中国文化产业发展：打造强大文化资本的模式创新与制度支撑》，《艺术评论》2020年第2期。

［55］　管宁：《中华文化基因与当代中国话语建构——基于文化遗产保护的认知、理念与实践视角》，《江苏社会科学》2020年第1期。

［56］　高小康：《作为国家发展战略的非遗保护：分形传承与公共化》，《江苏行政学院学报》2020年第1期。

［57］　王福州：《从实践探索到学科建构还须行多久——兼议非物质文化遗产的学科建设》，《文化遗产》2021年第6期。

［58］　李丰庆、刘成：《中国文化遗产管理发展与管理模式构建研究》，《西北大学学报》（哲学社会科学版）2021年第4期。

［59］　徐雅雯：《国际文化遗产管理与研究：范式、趋势和展望》，《文化遗产》2021年第2期。

［60］ 吴兴帜、彭博：《论文化遗产的价值分层》，《中南民族大学学报》（人文社会科学版）2021年第2期。

［61］ 陆地：《本体与符号——不可移动文化遗产的历史价值探源》，《建筑遗产》2021年第1期。

［62］ 任超：《德国文化遗产法律保护的规范体系、发展趋势和借鉴价值》，《河北大学学报》（哲学社会科学版）2021年第1期。

［63］ 苗长虹：《文化遗产保护能够从自然保护中学到什么——以黄河国家文化公园建设为例》，《探索与争鸣》2022年第6期。

［64］ 胡钰：《中华人文精神的内涵与传播》，《当代传播》2022年第2期。

［65］ 黄永林、李媛媛：《文化强国战略背景下的中国文化遗产保护与利用》，《理论月刊》2022年第3期。

二、国外论著

1. 著作

［1］ 〔美〕迈克尔·波特著，李明轩、邱如美译：《国家竞争优势》，华夏出版社，2002年。

［2］ 〔英〕迈克·克朗著，杨淑华、宋慧敏译：《文化地理学》，南京大学出版社，2005年。

［3］ 〔美〕J. 柯克·欧文著，秦丽译：《西方古建古迹保护理念与实践》，中国电力出版社，2005年。

［4］ 〔加〕麦克切尔、〔澳〕克罗斯著，朱路平译：《文化旅游与文化遗产管理》，南开大学出版社，2006年。

［5］ 〔法〕弗朗索瓦丝·萧伊著，寇庆民译：《建筑遗产的寓意》，清华大学出版社，2013年。

［6］ 〔英〕托尼·朱特著，林骧华译：《重估价值：反思被遗忘的20世纪》，商务

印书馆，2013年。

［7］〔英〕德瑞克·吉尔曼著，唐璐璐、向勇译：《文化遗产的观念》，东北财经大学出版社，2018年。

［8］〔英〕维特根斯坦著，楼巍译：《论文化与价值》，上海人民出版社，2019年。

［9］〔澳〕劳拉·简·史密斯著，苏小燕、张朝枝译：《遗产利用》，科学出版社，2020年。

［10〕〔荷〕里默尔·克诺普著，浙江大学文化遗产与博物馆学研究所译：《批判性探索中的文化遗产与博物馆：来自瑞华德学院的声音》，浙江大学出版社，2020年。

［11〕〔澳〕罗德尼·哈里森著，范佳翎、王思渝、莫嘉靖等译：《文化和自然遗产：批判性思路》，上海古籍出版社，2021年。

2. 论文

［1］Rudolf M H. The art-historian values of Tilmann Breuer's theory of cultural heritage value. *Denkmalpflege*, 2011, 69 (1).

［2］Silberman N. Changing visions of heritage value: What role should the experts play? *Ethnologies*, 2014, 36 (1-2).

［3］Fredheim L H, Khalaf M. The significance of values: heritage value typologies re-examined. *International Journal of Heritage Studies*, 2016, 22 (6).

［4］Byeon C, Lim J. Creative succession of cultural heritage: exploring sustainability through interpretive dialogue of utilization and conservation. *Episteme*, 2018, 20.

［5］Rivero J J. "Saving" Coney Island: The construction of heritage value. *Environment and Planning A*, 2017, 49 (1).

［6］Murovec N, Kavaš D. Revitalizing cultural heritage buildings through cultural and creative industries. *Urbani Izziv*, 2018, 29 (2).

［7］Lubritto C, Fedi M E, Liccioli L, et al. Focus point on new challenges in the scientific applications to cultural heritage. *The European Physical Journal Plus*, 2019, 134 (2).

［8］ Lee H K, Son O D, Lee N. From cultural property to cultural heritage: a historical review and critical reflection of Korea's cultural property. *The Journal of Cultural Policy*, 2019, 33 (3).

［9］ 박선희. The paradox of cultural diversity: The UNESCO convention for the safeguarding of the intangible cultural heritage and the statism. *Culture and Politics*, 2019, 6 (4).

［10］ Emiliani A. For a new concept of cultural heritage. *Capitale Culturale*, 2020 (21).

后　记

在拙作《中国文化遗产保护新论》即将付梓之际，我内心油然而生一种十分强烈的"一吐为快"的感觉，终于将我多年来对中国文化遗产保护多视角、多维度、多层面的研究与认知，第一次比较全面、系统地"和盘托出"，无论是学术虚荣心作祟，抑或是学究式的些许学术成就带来的心灵慰藉，都使我感到一种莫大的满足和"释然"，尽管一个人学术水平的高低、学术成就的大小，不是由自己说了算，也并非一时说了算，需要历史和实践给出定性定量的评判。

此外，我想借此特别强调两点切身感受。

一是任何学术研究都要以经世致用、服务现实社会发展为主要目的和追求，不应故弄玄虚，在文字、概念游戏里打转转。记得葛兆光先生2010年在美国普林斯顿大学关于"思想史为什么在当代中国很重要"的演讲里指出，中国知识人的一个习惯，就是林毓生先生曾说过的，总想从思想文化上来解决现实问题，所以形成一种习惯，要从"道"来理解"器"，用"体"来支配"用"，靠"本"来解决"末"，所以有一种以道理为根本，整体主义地把握世界的传统。也正是在这种传统的影响下，越是以脚踏实地的思想耕作和敏锐深刻的问题意识强调学术的现实关怀，就越不能把专业研究与现实关怀分开，也才能使专业研究更具时代激情与魅力！就以学术研究关照当下社会发展的自我要求而言，可以说拙作实现了自己的学术坚守。从本书自序、框架结构到客观叙事、主观论评足以说明这一点。二是创新是学术研究不竭的源泉和动力。学术创新不啻是形式上的新颖、内容上的超越，更需要思想上的前行。时代变革和社会发展催生的人民群众多样的精神物质诉求，都给新时期中国文化遗产保护在形式、内涵、观念上提出了新的创新要求。拙作若能对此有所裨益，将甚感欣慰！

本书能够得以顺利出版，首先要感谢西北工业大学文化遗产研究院董文强院长自始至终的鼎力相助。其次，感谢我的学生余河郦、刘卫红为本书撰写查阅相关资料、提供个别案例。特别是科学出版社赵越编辑为本书提出许多好的修改意见和建议，诚表谢意！另外，需要说明的一点是，我多年来从事中国文化遗产保护发展体系构建研究，并取得多方面研究成果，在此基础上由我承担主要编写任务并吸纳董文强教授、程圩教授和学生余河郦，共同完成《中国文化遗产保护发展体系概论》一书，此次本书的出版采用了该书的部分内容，一并致谢！

李颖科

2023 年 1 月